AF260200

KAUFFMANN

ILLUSTRÉ

PAR JANET-LANGE

LA RUSSIE ET L'EUROPE

HISTOIRE

DE LA

GUERRE D'ORIENT

DEUXIÈME SÉRIE

AVEC CARTE DE LA MER BALTIQUE ET PLAN DE SAINT-PÉTERSBOURG ET DE CRONSTADT

PAR

A. H. DUFOUR.

AVERTISSEMENT DE L'EDITEUR.

L'Europe a les yeux fixés sur l'Orient; l'attention publique est absorbée par les péripéties de la grande lutte qui commence, et dont l'issue est encore indéterminée. Nous avons donc cru répondre à un besoin général en faisant paraître une série de publications destinées à tenir nos lecteurs au courant des événements qui s'accomplissent.

L'éclatant succès de *les Turcs et les Russes* a été pour nous un encouragement. Nous avons donné les plus grands soins à ce nouvel ouvrage, dont la rédaction a été confiée à un écrivain que de longues et consciencieuses études ont initié à la connaissance des antécédents de la question turco-russe. On remarquera la correction, l'exécution nette et élégante de la carte de la Baltique, due au burin savant de M. A. Dufour. Les vignettes dessinées par MM. Janet-Lange, faites d'après les plus authentiques documents, reproduisent exactement les portraits, les types et les costumes.

Les publications que nous consacrons à la guerre d'Orient ne doivent pas être confondues avec d'autres qui ne sont guère que des extraits de journaux. Elles ont un véritable caractère historique et resteront, nous avons lieu de l'espérer, comme des recueils essentiels à consulter pour les hommes qui cherchent à la fois dans leurs lectures le plaisir et l'instruction.

GUSTAVE BARBA.

1

RUSSIE ET L'EUROPE.

CHAPITRE PREMIER.

Changements survenus dans l'état politique de l'Europe, depuis le congrès de Vienne et le traité de Paris. — Modification des idées. — Conquêtes de quarante ans de paix. — La civilisation s'arrêtera-t-elle? — But multiple de la Russie. — Périls de la situation. — Intérêt qui s'attache à la guerre actuelle. — L'amiral Hamelin. — L'amiral Dundas. — Le maréchal Saint-Arnaud. — Lord Raglan.

I.

Encore une fois les nations du nord et de l'occident de l'Europe marchent vers l'Orient; elles s'avancent de ce côté par deux routes, non point unies dans une pensée commune, mais divisées en deux camps. C'est dans les plaines qui entourent le Pont-Euxin, sur les bords des fleuves qui se déversent dans cette mer, sur les montagnes qui les premières saluent le soleil, que les nations venues du Nord et de l'Occident, comme des chevaliers accourus de loin à un rendez-vous de bataille, vont engager une lutte terrible. Pour l'une d'elle il s'agit de la conquête d'un monde; pour les autres, de leur propre salut.

Spectacle plein d'intérêt que celui d'un empire lentement démembré, enveloppé, cerné, enserré presque de toutes parts par un ennemi infatigable, résistant avec courage, rappelant sa vieille énergie, retrouvant dans les souvenirs du passé la force de se défendre, ralliant tous ses peuples dans un suprême effort, et voyant tout à coup, par le seul point qu'il a gardé libre, deux nations venir à son aide à travers les mers, en même temps qu'elles attaquent son ennemi sur les frontières opposées de son empire.

Ces deux nations n'ont pas voulu que l'ennemi commun pût choisir seul son champ de bataille, son aire dès longtemps préparée, les routes qu'il a déjà parcourues, qu'il pût combiner tous ses moyens d'attaque contre des places qu'il a déjà investies, contre des citadelles dont il connaît les points les plus faibles, dont il sait les moyens de défense, les ressources. La guerre était circonscrite au terrain de leur allié, par une habile diversion elles la portent sur le terrain de l'ennemi; elles s'avancent vers sa capitale qui, depuis un siècle et demi qu'elle existe, n'a jamais vu leurs vaisseaux de guerre, elles essayent de frapper leur adversaire au cœur, et une lutte gigantesque éclate à la fois dans les glaces du Nord et sur les chauds rivages de l'Asie; dans deux mers éloignées l'une de l'autre, aux portes de deux capitales que six cents lieues séparent.

Moment solennel et terrible où se joue la destinée des peuples!

Depuis le jour où le congrès de Vienne et le traité de Paris démembrèrent la France dont la grandeur et la puissance effrayaient les nations rivales, de son manteau déchiré taillèrent dix manteaux de roi, et réglèrent l'état politique de l'Europe, quelques changements sont survenus. Au nord, la Hollande s'est vu amoindrir par la perte de la Belgique érigée en royaume; au sud, la Turquie s'est vu arracher ses provinces par la constitution d'un État grec, ombre affublée d'un beau nom qu'elle n'a pas la force de porter, résultat d'un élan généreux de deux puissances prises dans une intrigue russe; elle a perdu encore sur les États moldo-valaques une souveraineté primée hier par un protectorat, aujourd'hui détruite en fait par l'invasion.

A l'est, le royaume nominal de Pologne s'est fondu dans la grande unité moscovite; sans acquérir plus de force, le czar a fait disparaître la vice-royauté, dernière consolation laissée à une portion d'un peuple détruit, partagé; l'ombre de nationalité qui planait encore sur le tombeau des Jagellons et ralliait ses fils s'est abîmée dans le sang.

Enfin, la petite république de Cracovie a été incorporée à l'Autriche, après avoir été occupée par trois puissances, sous prétexte qu'un État de cent vingt mille âmes, qui avait une armée de trois cent cinquante hommes, était un danger pour trois grandes nations, et en réalité pour renverser tout ce qui restait debout de l'ancienne Pologne. La porte de Saint-Florian, la seule qui restât de sa vieille enceinte, est aujourd'hui gardée par des soldats autrichiens, et le tertre élevé à la mémoire de Kociusko n'est plus qu'un monument séditieux en ce qu'il rappelle une illustration et des souvenirs de luttes glorieuses d'un peuple vaincu.

A part ces modifications, malgré le froissement des nationalités et le bris des intérêts subordonnés à une froide politique, malgré les douleurs imposées aux peuples forcés de changer de nom et de lois, perdant leurs vieux souvenirs, distribués entre les vainqueurs comme des troupeaux entre des héritiers, dont les âmes, comptées comme des têtes de bétail, ont été partagées pour établir un prétendu équilibre, l'Europe se retrouve après quarante ans, sous le rapport du territoire assigné à chaque peuple, telle que l'a faite la Sainte-Alliance.

Longtemps après avoir défriché un bois, le laboureur trouve au fond du sillon des racines qui arrêtent sa charrue; longtemps après avoir succombé sous la force, un peuple garde vives et profondes la mémoire du passé, l'espérance dans l'avenir. Durant ces quarante ans, des nationalités détruites, étouffées, ont fait des efforts pour revivre, pour se constituer de nouveau, mouvements généreux de peuples opprimés, qui ont produit de longues commotions et qui n'ont pas toujours été couronnés de succès. Chez les peuples qui n'avaient pas le joug de l'étranger à briser, les deux principes qui gouvernent les sociétés se sont livré de rudes batailles; ainsi, au nom de la nationalité, au nom de la liberté, au nom du despotisme, la Turquie, l'Italie, l'Allemagne, la France, l'Espagne, le Portugal, la Russie, ont été ensanglantés par des révolutions ou des tentatives de révolution.

La France a chassé deux monarchies, elle a fait ou subi des changements notables dans ses lois politiques, et malgré ces modifications, rien n'a été changé dans ses relations extérieures et le traité de Paris règle encore ses rapports avec les autres nations.

II.

La paix a fait éclore des idées nouvelles, a donné naissance à des intérêts nouveaux, a renoué des liens trop de fois brisés, les a étendus, les a resserrés; à l'exception de la Russie, ce n'est pas vers les conquêtes de territoire en Europe que les peuples ont tourné leurs efforts.

Soulagés du fardeau de la guerre qui absorbait leurs forces, leurs trésors, leurs idées, leur vitalité, les peuples ont vu un autre but à atteindre que la destruction, d'autres œuvres à tenter, d'autres progrès à accomplir que la perfection des moyens d'attaque, de défense et de ruine. Ils se sont demandé si leur mission était de s'égorger, et ils ont compris que ce qui était criminel de particulier à particulier ne l'était pas moins de nation à nation.

Chacun consentit à oublier quelque peu ses victoires et ses défaites, source éternelle de jalousie, de rancune et de haine; l'Europe respira, et toutes les imaginations, toutes les aptitudes se portèrent vers les arts de la paix et de la civilisation.

Les ingénieurs qui, sous le feu de l'ennemi, au péril de leur vie, auraient jeté sur la rivière des ponts légers, mobiles, dangereux, destinés à donner passage à cet ouragan qu'on appelle une armée, et à disparaître sans laisser d'autres traces que quelques cadavres dans l'abîme, des taches de sang sur les rives, les ingénieurs appliquèrent leur savoir à inventer des ponts plus solides et surtout plus utiles, faits pour établir des relations suivies, permanentes, entre les hommes d'une même contrée coupée en deux par un cours d'eau, qui les faisait étranger les uns aux autres.

Tel qui aurait rêvé le perfectionnement d'un pont de bateaux à jeter sur le Rhin, sur le Danube ou l'Oder, imagina au cœur de la France un pont suspendu, reposant sur les deux bords, franchissant d'une seule travée une rivière ou un profond ravin; tel autre le pont américain horizontal, soutenu par ses enchevêtrements; celui-ci substitua des arcs de fonte à la pierre au au bois, celui-là des tubes; alors, les idées de paix progressant, des rives que jusque-là on avait eu soin de défendre l'une contre l'autre devinrent amies; l'herbe envahit des fortifications sans objet, les canons qui les garnissaient allèrent s'endormir dans les arsenaux. Ainsi que les hommes, les blés, les vins, les divers produits du sol circulèrent d'un point à un autre avec plus de facilité; l'abondance d'une contrée vint compenser la disette d'une autre; la richesse s'augmenta, les jouissances s'accrurent.

Au lieu de courir péniblement sur les champs de bataille, à l'assaut des villes, rêvant la conquête des femmes et des filles des vaincus, bravant la mort pour obtenir un grade ou un signe distinctif, les hommes appliquèrent leur intelligence aux études de la mécanique, de la physique, de la chimie; on demanda à la nature ses secrets, on les lui arracha en la fouillant, en la domptant. La vapeur venait de naître, ou plutôt, éternellement existante, sa force, sa puissance avaient été reconnues, puis appliquées, au dernier siècle, elle était venue s'offrir à celui-ci comme moyen de navigation, le génie de la guerre n'avait pas eu le temps de l'étudier et l'avait repoussée; elle reparaissait, elle remplaçait la force humaine dans les fabriques, elle permettait de créer à bon marché des produits jusque-là réservés à un petit nombre, elle décuplait, centuplait la fabrication; elle parcourait les fleuves, elle sillonnait les mers malgré les vents et les tempêtes, et pour étaler sa puissance, remorquait les vaisseaux que l'orage empêchait de marcher; elle se montrait sur des côtes éloignées, dans des parties inconnues du monde et, au lieu d'y porter la guerre et la dévastation, elle y jetait les produits des manufactures, des arts de la paix, et les échangeait contre ceux du pays.

La terre, le ciel étaient simultanément étudiés; des mines s'ouvraient, mines de fer, mines d'or, mines de houille, cet aliment de l'industrie, que la nature forme dans les entrailles du sol, comme elle nous donne les forêts à la surface. La science de la chimie distillait le charbon, et des rayons resplendissants illuminaient les rues des cités. La charrue s'améliorait et en donnant moins de fatigue au laboureur augmentait le produit de sa récolte; tous les instruments de l'agriculture devenaient plus faciles à manœuvrer. La rivière pouvait geler sous l'action du froid, ou se tarir sous l'action du soleil, la vapeur faisait mouvoir les meules qui broyaient le blé.

Les lois de l'électricité lentement devinées créaient de nouvelles industries, de nouveaux arts, et au milieu des nuits sombres, projetaient tout à coup un soleil qui prolongeait le jour pour les ouvriers dont les travaux ne pouvaient pas être interrompus.

La filature du coton devait à une mécanique les progrès les plus merveilleux, et le tissage avait suivi le progrès. La production de la soie s'était étendue, sa fabrication s'était propagée par toute l'Europe.

Tel qui aurait fondu des canons forgeait des rails, construisait des steamers, des locomotives, les chemins de fer sillonnant les campagnes ne s'arrêtaient plus au frontières, et couraient d'une capitale à l'autre porter des voyageurs amis, le salut de la paix, les ballots de la manufacture, confondant, reliant ainsi tous les intérêts, de plusieurs nations n'en faisant qu'une. Et dans ce progrès constant le sort des hommes s'améliorait.

L'empire de la Chine jusqu'ici fermé au monde s'ouvre au commerce et commence à dérouler à nos regards les immenses trésors de son industrie. La civilisation pénètre chez des tribus sauvages. Dans les parlements de l'Europe les discussions les plus vives, les plus dignes d'intérêt sont celles qui ont pour objet les réformes intérieures, les traités de commerce, les lois de douanes; des ministres tombent où s'élèvent parce qu'ils accueillent ou repoussent la liberté des échanges. C'est pour des lois sur les céréales que les chambres anglaises se passionnent; ce sont des conventions postales, de propriété littéraire, d'abaissement de tarifs que les chancelleries étudient et préparent. Une confédération de producteurs et de consommateurs, le Zollwerein, s'établit à côté de la Confédération germanique et rallie ce qu'elle divise. Une délimitation de frontières reste à faire entre deux Etats, on ne tranche pas la difficulté par l'épée, des envoyés pacifiques la résolvent.

Le monde européen a pris une autre physionomie, une autre allure, il a d'autres tendances, il est emporté par des aspirations nouvelles; l'amour de la paix est entré dans les cœurs parce que ses bienfaits ont frappé tous les esprits; on comprend bien que la paix seule étendra la civilisation, que la guerre porte une torche et non un flambeau.

L'esprit humain a besoin d'animation, il veut être ému, remué, il appelle ce qui est grand, ce qui est beau, il se passionne pour ce qui est hardi; beauté, grandeur, hardiesse ne manqueront pas; toutes les écoles, en peinture, en poésie, en statuaire, en littérature, étalent au soleil des œuvres qui changent les règles de l'art, font monter vers le ciel de magnifiques chants inentendus jusque-là, agitent les spectateurs transportés d'enthousiasme ou terrifiés de surprise et tout rêveurs devant ces choses inconnues.

C'est l'idée qui occupe le monde, qui sonde, fouille, discute, propose, ouvre des horizons nouveaux; la matière a repris sa place de servante de l'intelligence, cette véritable maîtresse du monde.

III.

En voyant les merveilleuses conquêtes de la paix, plus douces, moins coûteuses, plus durables que les conquêtes guerrières faites par la force, reprises par elle, on sent s'établir la fraternité des nations; des voix s'écrient joyeusement : « C'en est fait de l'empire du » glaive, il est passé pour ne plus revenir; les mains des hommes se » sont pressées, bientôt il n'y aura plus de frontières; à quoi servi- » raient-elles entre des peuples jouissant de la liberté, dotés d'insti- » tutions appropriées à leur caractère, à leur tempérament, et iden- » tiques au fond ? Différents par le langage, par les mœurs, par » l'influence extérieure du climat, les peuples sont désormais unis » par la fraternité du cœur, l'identité du but, la similitude des in- » térêts, la guerre est maintenant impossible, rien n'arrêtera plus les » progrès de la civilisation ! »

Erreur! Les espérances d'union sont brisées, les intérêts se divisent, la guerre surgit de nouveau avec son affreux cortège de meurtres, de pillages, d'incendies, de douleurs et de larmes; le travail est suspendu, la misère s'étend; les navires marchands qui transportaient les produits de peuple à peuple pourrissent dans les ports, les voiles repliées, ou ne transportent plus que le matériel de la destruction; les joyeux matelots du commerce se sont transformés en marins, qui vont combattre et mourir; les pionniers de la science explorant les contrées éloignées pour y porter l'abondance, la richesse, les produits des arts, sont devenus les pionniers de la barbarie; la civilisation s'arrête aujourd'hui pour rendre demain peut-être. L'humanité va reprendre en arrière sa marche constante, opérer sa révolution dans un cercle fatal que l'on croyait enfin brisé.

Ainsi, au point de   ence, de l'industrie, de la civilisa-

tion, quand la paix est devenue l'état normal de toute l'Europe, si la guerre de résistance à l'invasion est une nécessité, une loi de salut public, la guerre d'agression est un crime.

Et maintenant la vapeur qui dévorait l'espace emportant et semant sur toutes les routes des germes de bien-être ne portera-t-elle plus que la dévastation et la mort? Le fil électrique faisant converser les hommes d'un continent à l'autre dormira-t-il brisé au fond de la mer? Le soleil créé par la science pour éclairer des travaux utiles durant les nuits obscures ne projettera-t-il sa lumière que sur les champs de bataille, ne brillera-t-il et ne prolongera-t-il le jour que pour permettre de prolonger le combat? L'esprit humain abandonnant la route suivie depuis quarante ans et marquée déjà par tant de découvertes heureuses s'élancera-t-il de nouveau à la recherche de ce qui détruit le plus sûrement et avec le plus de rapidité? De l'étude des moyens propres à donner plus de bonheur à l'humanité, à augmenter le bien-être, passera-t-il à l'étude des moyens qui font rayonner un moment au front de quelques hommes ces éclairs qu'on appelle la gloire, la gloire achetée de tant de sang et qui ne laisse rien après elle?

Le rôle civilisateur de l'Europe est-il terminé, allons-nous retomber dans la nuit de la barbarie qui a pesé sur nos pères, et devrons-nous y dormir jusqu'à ce qu'un monde nouveau qui s'élève sur l'autre rive de l'océan Atlantique nous rapporte cette civilisation éteinte chez nous ?

IV.

Telles sont les questions que soulève aujourd'hui la guerre intentée par la Russie, car la possession de Constantinople n'est pas l'unique but que se propose le czar. Immense conquête déjà, Constantinople ne serait qu'un moyen d'accroître ses chances de succès en marchant à des conquêtes nouvelles; ce serait un hivernage, un camp bien approvisionné où les troupes moscovites se reposeraient, se ravitailleraient, répareraient les pertes éprouvées dans les combats, réorganiseraient leurs forces pour reprendre leur marche. La conquête de l'Europe occidentale et de l'Inde, voilà le double but de la Russie. Le czar descendu de Saint-Pétersbourg, maître de trois routes de l'Inde par l'Egypte, la Perse et ses possessions d'Asie, ne guiderait pas lui-même une expédition vers ce grand empire, rêve de Sésostris, de Darius, d'Alexandre, de Séleucus, d'Antiochus, de Thamas-Kouli-Kan, de tous les grands capitaines de l'Orient; il déléguerait cette mission à ses fils, à qui il donnerait des armées recrutées dans ses nouvelles provinces, autant pour faire oublier aux soldats l'asservissement de leur pays que pour les éloigner d'une patrie qu'ils pourraient tenter de relever, et les attacher à celui dont ils partageraient la gloire.

Quatre routes conduisent de l'Europe dans ce vaste empire indien objet de si nombreuses tentatives, qui a créé une rivalité longtemps sourde, patente aujourd'hui, entre l'Angleterre et la Russie, et que nous verrons prendre bientôt des proportions gigantesques.

La route par l'Egypte, Suez et le golfe Arabique;
La route par l'Euphrate, le Tigre et le golfe Persique;
La route de terre, ouverte aux conquérants venant d'Europe et à ceux venant d'Asie;
Enfin la route de l'océan Atlantique par le cap de Bonne-Espérance.

La première de ces quatre routes, celle qui attire principalement l'Europe occidentale, dont la possession excite la convoitise des puissances industrielles et commerçantes, part du fond du bassin de la Méditerranée, traverse l'Egypte pour gagner Suez et le golfe Arabique. Elle peut s'ouvrir, selon les besoins et les convenances des nations qui l'empruntent, sur plusieurs points du littoral de la mer intérieure : à Alexandrie, à Beyrouth, à Rosette, à Damiette, à Tineh.

Par Alexandrie, ainsi que par Beyrouth, elle traverse nécessairement les deux grands bras occidental et oriental du Nil par une ligne oblique tracée à travers le delta que forment ces deux bras, de leur point de séparation à la mer. Par Rosette, située entre les deux embouchures du fleuve, la route remonte ce delta et ne franchit qu'une fois le Nil. Par Damiette, elle longe seulement un bras du Nil sans le traverser. Par Tineh elle est de beaucoup plus courte que par les autres points, mais si elle peut être favorable à des opérations militaires, pour atteindre plus promptement un but déterminé, elle a l'immense désavantage de traverser des contrées désertes, où le commerce n'aurait ni à semer ni à recueillir, et où des troupes seraient dans l'obligation de tout porter avec elles.

C'est de la route d'Alexandrie à Suez que les Anglais ont obtenu la concession de la Turquie et du pacha d'Egypte. Ils y ont établi un chemin de fer qui va aujourd'hui d'Alexandrie au Caire, en attendant qu'il se prolonge jusqu'à la mer Rouge. De ce point de départ la route est de beaucoup plus longue que par les autres désignés plus haut, mais elle a l'immense avantage de partir d'un port important, vaste entrepôt des marchandises de l'Europe, de l'Asie et de l'Afrique; de traverser des contrées extrêmement peuplées. L'inauguration de ce chemin de fer a eu lieu en avril 1851 avec une grande solennité, et on le comprend, car cette fête était celle de la civilisation, celle du comerce ; le canal de Suez, que depuis des siècles les sables ont malheureusement comblé, était remplacé par des rails, la vapeur sillonnait cette Égypte pleine de grands souvenirs, et l'Angleterre faisait pacifiquement une de ses plus brillantes conquêtes. À de pareils triomphes la joie a le droit d'éclater.

À Suez on entre dans le golfe Arabique, qui débouche dans la mer des Indes par le détroit de Bab-el-Mandel, sur les côtes de l'Abyssinie. Le golfe Arabique a environ cinq cents lieues de longueur ; de l'entrée du détroit à la côte de Malabar il y en a environ huit cents de vingt-cinq au degré.

Depuis qu'elle est établie dans l'Inde, l'Angleterre a convoité l'Égypte, qui est en effet la route la plus courte, la plus heureusement située entre l'Europe et cette partie de l'Asie. L'Égypte se développe d'un côté sur la Méditerranée et touche de l'autre au grand Océan par le golfe Arabique ; elle a été dans les temps anciens la route de tout le commerce asiatique, qui y revient aujourd'hui après avoir été un moment détourné par la découverte du cap de Bonne-Espérance et par la navigation qui s'y établit. Comme la Russie marche constamment du nord au sud, de même l'Angleterre ne s'arrête jamais dans son travail de rapprochement entre l'Inde et la Grande-Bretagne ; mais, plus heureuse sous ce rapport que la Russie, elle fait des conquêtes par les deux points opposés.

Le premier traité qui autorise les Anglais à faire circuler en Égypte toutes sortes de marchandises moyennant un droit modéré fut passé en 1775 entre lord Hastings, alors gouverneur du Bengale, et le bey d'Égypte. Elle avait déjà établi un service de navires qui allaient des côtes indiennes à Suez. L'Angleterre et la France étaient en lutte dans l'Inde, la France succomba, sa puissance fut détruite, ses colonies disparurent et augmentèrent les possessions anglaises. Lorsque le gouvernement de la république se résolut à frapper l'Angleterre dans son commerce, dans les sources de ses richesses et par conséquent de sa puissance, et qu'il envoya le général Bonaparte s'emparer de l'Égypte, l'Angleterre comprit bien le danger qui la menaçait. Sa route était interceptée, et des bords de la mer Rouge pouvait partir une armée qui aborderait au fond du golfe du Bengale ; car la France se reliait à l'Égypte, et par la possession de l'île de Malte, emportée en passant par l'expédition d'Orient, dominait dans la Méditerranée. La guerre avec l'Angleterre suivit de près.

Abandonnée par les Français, l'Égypte fut attaquée par les Anglais, qui s'emparèrent d'Alexandrie en 1807 ; ils l'évacuèrent cependant bientôt après, par suite d'un changement de ministère et d'un revirement de système politique. Depuis la paix générale en Europe, l'Angleterre, toujours en lutte dans l'Inde, toujours étendant son territoire, n'a pas attaqué l'Égypte à main armée par la Méditerranée ; c'est par les traités de commerce qu'elle a conquis dans ce pays une prépondérance très-grande en même temps qu'elle s'en rapprochait par des conquêtes successives sur les bords inférieurs de la mer Rouge.

Elle obtint d'abord d'établir une poste anglaise à travers l'Égypte, de Suez à Alexandrie ; en même temps elle créait un service de bateaux à vapeur de Bombay à Suez. Longtemps les vapeurs relâchaient à Moka, petit port où il avait ses entrepôts de charbon. Sous prétexte que ce port était incommode et peu sûr, les Anglais, qui avaient jeté leurs vues sur Aden, demandèrent au vice-roi d'Égypte une lettre de recommandation pour le cheik de cette place, afin d'obtenir de celui-ci la permission d'établir un entrepôt de charbon dans ce port. Méhémet-Ali donna la lettre, et quelque temps après le consul général anglais vint remercier le vice-roi d'avoir par son intervention procuré à l'Angleterre la cession du port d'Aden. Méhémet-Ali comprit l'abus que l'on avait fait de sa lettre, et essaya de parer le coup en promettant qu'il enverrait des troupes pour occuper la ville et protéger les magasins anglais. C'était trop tard, le consul répondit que l'Angleterre ne voudrait pas imposer de pareilles charges au trésor égyptien, et qu'elle protégerait elle-même son entrepôt. Il fallait ou rompre avec l'Angleterre ou céder ; Méhémet-Ali, qui avait en vue la souveraineté héréditaire en Égypte, ne devait pas se brouiller avec les Anglais, dont il aurait peut-être besoin. Il céda.

La conquête pacifique d'Aden avait été faite d'une façon assez singulière. Un navire marchand, venant de Madras sous pavillon anglais, toucha sur un rocher dans la baie d'Aden et se perdit. Les Arabes, habitants de la province d'Yémen, pillèrent les marchandises et maltraitèrent l'équipage ; tel fut du moins le grief mis en avant. Le délit fut nié, on répondit que les Arabes avaient seulement recueilli quelques épaves, et avaient laissé les Anglais s'établir tranquillement sur le rivage. Quoi qu'il en soit, un vaisseau de guerre anglais vint demander satisfaction, exigeant du cheik arabe douze mille piastres ; mais comme celui-ci ne pouvait payer, le capitaine du vaisseau lui offrit quittance de la somme et une gratification de mille piastres s'il voulait faire cession de la ville et du port à l'Angleterre. L'Arabe accepta.

Quelque temps après des troupes anglaises arrivèrent pour prendre possession ; mais les enfants du cheik, qui ne voulaient pas être dépossédés, dénièrent à leur père le droit de céder la ville et le port ; le sort des armes décida entre les Anglais et les Arabes ; quinze cents hommes partis de Bombay vinrent assiéger Aden, et après des combats assez meurtriers parvinrent à s'en emparer.

Aden est située à l'extrémité du golfe Arabique, dans le détroit de Bab-el-Mandeb, qui ferme cette mer longue et étroite. C'est donc une position non-seulement commerciale, mais encore une position stratégique d'une haute importance.

Lorsque l'Angleterre se déclara contre le vice-roi d'Égypte en 1840, elle combattait la France, qui soutenait Méhémet-Ali, et elle avait déjà la certitude d'obtenir du sultan, réintégré dans son droit effectif de souverain, la cession de son chemin de fer d'Alexandrie à Suez. Depuis, elle a obtenu l'autorisation de former des entrepôts de charbon sur la côte abyssinienne opposée à Aden, en sorte qu'elle est à peu près maîtresse du détroit de Bab-el-Mandeb. Des bateaux à vapeur portant la malle des Indes arrivent de Calcutta à Suez ; des voitures la transportent de ce point au Caire ; le chemin de fer, du Caire à Alexandrie ; là l'attend un steamer qui l'amène à Marseille, d'où elle part pour traverser la France.

L'ouverture du rail-way d'Alexandrie à Suez facilitera le commerce de toutes les nations occidentales de l'Europe avec la péninsule indienne et une partie de l'Asie ; mais dès aujourd'hui l'Angleterre a en Égypte une armée qui pour être pacifique, industrielle, commerçante, n'en est pas moins puissante. Dès ce moment l'Égypte est à l'Angleterre, et cette possession consolide son pouvoir dans l'Indoustan menacé par la Russie.

La seconde route est celle de l'Euphrate, du Tigre et du golfe Persique, qui débouche aussi dans l'océan Indien en traversant le golfe d'Oman. L'Euphrate et le Tigre, dont les noms rappellent tant de beaux souvenirs, qui ont vu sur leurs bords tant de magnifiques cités dont on fouille en ce moment les décombres et dont l'emplacement même était naguère inconnu, comme si le destin se jouait de la vanité humaine, l'Euphrate et le Tigre descendent, le premier d'Erzeroum, le second de Diarbékir, entre les trois mers Méditerranée, Noire et Caspienne, qu'ils semblent destinés à mettre en communication avec les Indes ; ils marchent en longeant la Turquie d'Asie et viennent se réunir un peu au-dessus de Bassora, d'où ils se dirigent vers le golfe Persique, où ils se jettent par plusieurs embouchures. Ces deux fleuves sont assez rapprochés d'Erivan et de trois autres provinces que la Russie a encore enlevées à la Perse. Déjà Pierre Ier, dans sa campagne de 1722, saisissant avec habileté l'occasion d'intervenir dans les affaires intérieures de la Perse, s'était fait céder les villes de Bachu, de Derbent, et les provinces de Guilan, Mazanderan et Asterabad, qui forment la plus belle partie de l'ancienne Médie. Il se rapprochait de cette route. L'Euphrate, qui fait depuis Erzeroum jusqu'à son embouchure un trajet d'environ trois cents lieues, se trouve à Erz-Inghiam à environ cent cinquante kilomètres du golfe de Trébizonde, et il ne serait pas impossible d'établir une communication entre ce fleuve et la mer Noire en mettant à profit les nombreux cours d'eau qui sillonnent le pays pour établir un canal qui aurait son point de partage dans la dernière chaîne du mont Taurus ; l'un de ces cours d'eau, assez considérable, descend de cette chaîne et va, presqu'en droite ligne, se jeter dans la mer, près de Trébizonde.

Cette route est située, dans la partie qui se fait par terre, dans la Turquie d'Asie, mais elle est très-rapprochée des provinces persanes qui appartiennent à la Russie ; en descendant vers le sud elle passe entre la Perse et l'Arabie, qui reconnaît la suzeraineté du vice-roi d'Égypte. Le golfe Persique, qui continue la route vers l'Inde, s'étend entre la Perse et l'Arabie. Tout en prenant possession de la première route, l'Angleterre n'a pas négligé la seconde ; car la Russie est encore sur ce point l'ennemi qui la menace, et il fallait s'emparer des positions avant elle.

Dans quelques années l'Angleterre demandera la concession d'une nouvelle route ferrée qui partira d'Acre, passera par Damas, traversera la Syrie, et ira aboutir d'abord à Bagdad. Si l'Euphrate, dans lequel ses bateaux à vapeur sont entrés, qu'ils ont remonté, exploré, depuis quinze à dix-huit ans, offre à la navigation des eaux assez profondes, le rail-way s'arrêtera là. Si la navigation ne peut être établie sur des proportions assez vastes, un chemin de fer se prolongera jusqu'à Bassora, où elle trouvera un large bassin formé par l'Euphrate, le Tigre et plusieurs autres cours d'eau réunis. En attendant ce moment, qui n'est pas éloigné, l'Angleterre s'assure des positions dans le golfe Persique et dans le golfe d'Oman.

Dans le milieu du siècle dernier, un Hollandais qui dirigeait à Bassora le comptoir de sa nation fut chassé de cette ville par le pacha à l'instigation des Anglais. Le directeur de ce comptoir, qui était un homme habile et déterminé tout à la fois, se retira sur l'île de Khareck, qui, dans le golfe Persique, domine les embouchures de l'Euphrate ; il s'y fortifia avec les Hollandais partis avec lui. De là, il arrêtait tous les bâtiments arabes et indiens qui remontaient vers Bassora ou en descendaient. Le pacha comprit sa faute, fit la paix, et dédommagea le directeur du comptoir, M. de Knyphausen ; mais celui-ci craignant de nouvelles avanies ne voulut pas quitter l'établissement de Khareck. Il n'arrêta plus les navires, car ils s'y rendaient tout naturellement, et bientôt cette petite île de six lieues de tour attira la plus grande partie du commerce de Bassora. Le successeur de M. Knyphausen n'avait pas son habileté, il laissa dépérir l'établissement et en fut un jour chassé par les Arabes.

Cette île fut cédée en 1807 à la France, qui ne la conserva pas longtemps; elle appartient aujourd'hui à l'Angleterre, qui l'a fortifiée. Après s'être établie à l'extrémité supérieure du golfe Persique elle a songé au point opposé; elle s'est fait céder par l'iman de Maskate, sur la côte arabique, plusieurs territoires, et elle est aujourd'hui à peu près maîtresse du détroit d'Ormouz par lequel le golfe Persique communique à la mer des Indes. La Russie la rencontrera donc sur cette route comme sur l'autre.

La tête de la troisième route de l'Inde se trouve par compensation sur le territoire russe, et le cabinet de Pétersbourg, s'il n'avait pas des vues de conquêtes commerciales en même temps que des vues de conquêtes militaires, pourrait se contenter de celle-ci destinée à donner passage à ses armées si l'intervention de la France et de l'Angleterre ne l'arrête pas dans sa marche vers le sud. En effet, laissant à l'ouest la mer Caspienne et la Perse, cette route descend

Elle est tout à la fois et trop longue et trop éloignée des possession russes.

Ces détails étaient nécessaires pour faire bien comprendre l'impor tance que les Russes attachent à la possession des routes de l'Inde l'intérêt qu'a l'Angleterre à les défendre.

Il est hors de doute que le czar possesseur de Constantinople, suze rain et bientôt maître de l'Egypte, enverrait des expéditions vers le Indes et s'emparerait ainsi de tout le commerce de l'Asie. Quant lui, c'est vers l'Europe occidentale qu'il dirigerait ses forces. Se flottes, depuis vingt ans construites dans les chantiers de la me d'Azof, sans bruit, dérobées, pour ainsi dire, aux regards des Euro péens derrière les côtes de la Crimée, dans le port de Sébastopol dans le détroit de Caffa, franchiraient enfin le Bosphore et les Darda nelles, ce constant obstacle objet de la convoitise perpétuelle de Russes. Il les pousserait ensuite vers les côtes de la belle et rich Méditerranée, il étreindrait l'Europe par le sud, en même temps qu ses vaisseaux sortis de la Baltique l'attaqueraient par le nord, e

UNIFORMES DE L'ARMÉE ANGLAISE. — Cavalerie.

des steppes des Kirghiz et du Turkestan, s'avance vers Hérat et vers Caboul, et se dirige droit sur l'Indus, ce fleuve tant de fois franchi par les conquérants. Les Russes ont fait plusieurs tentatives de ce côté, dont ils se rapprochent constamment: Catherine songea à envoyer une armée par Boukhara et Kachemyr; Nicolas Ier a fait attaquer Hérat par les Persans, auxquels il prêtait l'appui de ses officiers supérieurs.

Les Russes trouvent encore de ce côté de vives résistances dans des populations immenses, guerrières, peu disposées à se laisser envahir; les Anglais eux-mêmes ont échoué contre elles lorsque, faisant une expédition dans un sens opposé à celui des Russes, ils traversèrent le haut Indus.

Nul peuple ne pourrait aujourd'hui prendre cette route de l'Inde, sans y rencontrer les Russes. Celle de l'Euphrate est inévitablement destinée à être occupée par eux si la guerre actuelle n'empêche pas leur envahissement; on comprend dès lors quel immense intérêt s'attache pour eux à la possession de la route de la mer Rouge par l'Egypte; elle les rend maîtres du commerce de l'Inde et bientôt du pays, ou, tout au moins, menace sérieusement la domination anglaise.

La quatrième route, celle de l'Océan, qui suit la côte occidentale d'Afrique, double le cap, remonte dans la mer des Indes, passe deux fois sous l'équateur et, pour arriver au fond du golfe du Bengale, fait quatre mille lieues, n'est pas la route qui tente la Russie.

que ses armées s'élanceraient sur ses flancs des bords de la Vistule.

C'est la richesse de l'industrie anglaise et belge, c'est la fertilité de la France, c'est le doux climat de l'Italie, de la Grèce et de l'Espagne qui appellent et convient le Tartare; c'est la joie, le bonheur de la conquête, c'est la vanité qu'elle donne à ceux dont l'âme est encore fermée aux grandes et fécondes effluves de la philosophie. Une autre pensée anime le czar: c'est le foyer des idées d'émancipation politique, de progrès, de liberté, qu'il faut éteindre en Angleterre, en France, en Allemagne, car le rayon intercepté; le foyer n'est pas éteint; c'est encore, mais en seconde ligne, par vanité pure, sans croyance profonde, sans foi véritable, mais comme moyen de domination sur les masses ignorantes, le culte romain qu'il importe de détruire au profit du culte grec, le pape de Rome qu'il faut remplacer par le pape de Saint-Pétersbourg.

Non moins que les considérations politiques, les intérêts commerciaux et industriels poussent la Russie vers ce double but: l'Inde et l'occident de l'Europe. Les produits d'une partie de l'Asie ont pris depuis longtemps la route des provinces russes par la mer Caspienne et la mer Noire; des caravanes contournant ces mers apportent régulièrement les marchandises de l'Orient dans les grands entrepôts de Moscou, où affluent en même temps celles de l'Europe, et où viennent puiser le Nord et le Sud faisant un échange perpétuel.

Pour favoriser ce mouvement, pour le rendre régulier, il fallait relier les voies navigables par des cours d'eau artificiels, dispenser les marchandises des frais de transbordement; dans ce but des canaux de communication ont été creusés. Ce fut Pierre Ier qui le premier en traça les plans et les fit commencer avec cette activité fiévreuse qu'il apportait à toutes ses entreprises. Le Volga fut mis dans son cours supérieur en communication avec d'autres rivières, puis avec le lac d'Ilmen; de canaux en rivières on arriva peu à peu jusqu'au lac de Ladoga. Ses successeurs ont continué cette œuvre gigantesque, vraiment utile au commerce, à la civilisation, et aujourd'hui le Dniéper, le Don, le Volga et les canaux intérieurs, alimentés par des prises d'eau dans les rivières, font communiquer la mer Caspienne et le Pont-Euxin avec le golfe de Finlande, c'est-à-dire avec la Baltique et le grand Océan, à travers la plus grande partie de l'empire russe, comme le Rhône et la Saône portent de la Méditerranée à l'Allemagne les produits des deux mondes par le canal du Rhône au Rhin. Bientôt, pour abréger encore les distances, le chemin de fer de Pétersbourg à Moscou descendra vers le sud et étendra ses rails au pied du Caucase, si la Russie reste maîtresse de la partie de la Circassie qui longe la mer Noire.

Mais ce n'est pas à cet empire dont la population, toute grande qu'elle est, n'est pas en rapport avec l'étendue, qui renferme d'immenses steppes où ne passent que les conducteurs des troupeaux qui s'y nourrissent. Le commerce de l'Inde, si on peut le diriger par la Russie, créera des centres de population, de production, augmentera la richesse et la force de l'État. Il faut contre-balancer l'importance de la route de l'Océan, amener les marchandises à prendre le chemin de la Russie asiatique.

Pierre Ier a négocié dans ce but avec les Persans, avec les Chinois, ses traités ont suivi le cours de toutes choses, qui disparaissent tour à tour; ses successeurs l'ont imité et les produits de l'Asie ont afflué vers la Russie.

A la richesse du transit que le gouvernement russe a su créer à travers ses États il a voulu joindre la prospérité que donne l'industrie. L'exemple de l'Europe occidentale excitait l'émulation, le résultat de ses efforts était trop remarquable pour que la Russie n'enviât pas les trésors que les manufactures y font affluer. La Russie fournit à l'Occident les laines et les peaux des troupeaux de ses steppes, les blés et les chanvres de ses plaines, les fers de Sibérie, le cuivre et l'or de ses montagnes, elle a tendu à faire entrer dans son mouvement commercial les produits fabriqués. En même temps qu'elle était une nation guerrière, elle a voulu être une nation industrielle : sauf à appuyer l'extension de son industrie par ses armes.

Dans ce but des filatures ont été créées, des fabriques de draps, de toiles, de cotonnades, de soieries, se sont élevées depuis plus d'un siècle sous la protection du gouvernement; mais le marché de l'Asie et la consommation intérieure ne suffisent pas à leur imprimer l'activité, à leur donner la prospérité auxquelles toute industrie aspire. Un remarquable mémoire sur le commerce et les manufactures de Russie fut adressé il y a vingt-deux ans au czar par un de ses anciens conseillers qui remplissait alors à Varsovie une mission importante, les armées russes marchaient alors vers Constantinople, comme aujourd'hui, et ce mémoire, plein de chiffres, plein de faits, démontrait l'insuffisance du marché asiatique pour le commerce russe, et concluait nettement, carrément, sans ambages, à la prise de possession de Constantinople et des routes de l'Inde, en attendant l'occasion favorable d'en chasser les Anglais, afin d'ouvrir des débouchés à l'industrie moscovite.

La paix ouvre l'Europe aux manufactures russes comme à celles de toutes les nations, elle appelle la concurrence, la beauté et le bas prix sont les seules conditions imposées à ceux qui se présentent sur les marchés; mais les produits russes ne peuvent rivaliser avec ceux des fabriques de France, d'Angleterre, de Belgique, de Suisse, de Prusse, et l'avantage du bas prix disparaît devant leur infériorité. Une guerre heureuse qui mettrait les Russes en possession de Constantinople et de la Méditerranée, l'oppression des nations occidentales qui en serait l'inévitable résultat donneraient à l'industrie moscovite de riches débouchés où la loi du plus fort briserait toute concurrence sérieuse. Un temps d'arrêt serait imposé à l'art industrie jusqu'au moment où la Russie aurait franchi la distance qui, sous ce rapport, la sépare de l'Europe occidentale.

<h3 style="text-align:center">V.</h3>

Tel est le but multiple vers lequel les czars marchent avec lenteur, mais sans se détourner jamais de la route. Que l'on mesure maintenant la résistance au danger. Les récriminations contre l'ambition russe sont inutiles, il faut les laisser comme consolation à l'impuissance. Chaque nation a tour à tour cherché à s'agrandir par la conquête ou par les alliances, à acquérir la prépondérance dans les affaires générales de l'Europe, à devenir la plus puissante entre toutes g. L'état de guerre, de lutte, sourde ou patente, a été longtemps l'état normal de la société, et chaque peuple a pu avec raison reprocher à un autre l'ambition dont celui-ci était animé. Ces accusations, ces reproches ne sont qu'un appel à l'opinion quand on a besoin de s'appuyer sur elle, un appel à la justice, lorsque la persuasion de la justice de la cause embrassée peut donner plus d'ardeur aux combattants.

Puisque, malheureusement, l'état normal a été la guerre, puisque la pensée constante des peuples a été une pensée d'agrandissement, de prépondérance, les nations n'ont rien à reprocher à la Russie de ce qu'elle a fait antérieurement au congrès de Vienne. Elle a combattu, triomphé et profité des chances de la guerre. Les nationalités vaincues ont protesté par des insurrections ; cela était noble, grand, courageux, légitime; les nations témoins de la lutte sont restées spectatrices immobiles, sans porter aide et secours à l'opprimé, sans jeter leur épée dans la balance; elles ont calculé de quel côté étaient leurs intérêts, dans l'abstention ou dans la prise de parti; sage ou erronée, étroite ou habile, leur politique d'abandon a donné raison à la Russie, non point d'une façon absolue, mais dans ce sens qu'elle a consacré ses conquêtes. Elles n'ont pas rompu avec elle, leurs ambassadeurs ont continué à résider à Saint-Pétersbourg, ceux des czars n'ont pas cessé leurs fonctions, ou les ont reprises bientôt auprès des puissances; les relations diplomatiques n'ayant pas été brisées ou ayant été rétablies, il serait puéril de reprocher à la Russie ce qu'elle a fait avant 1814 : on l'a toléré, on l'a reconnu, on l'a consacré par l'abstention.

Mais la Russie, la plus puissante des nations alliées contre la France, a réuni à Vienne, puis à Paris, un congrès formé des grandes puissances de l'Europe ; toutes ensemble, après à l'œuvre de destruction, ont démembré la France privée de frontières, ouverte de tous côtés, sous les Alpes comme sur le Rhin ; elles ont déterminé les limites de chaque État, elles se sont engagées par serment, au nom de Dieu, à ne pas les agrandir, à ne rien entreprendre les unes contre les autres, que du consentement de toutes; elles ont proclamé leur volonté de donner la paix à l'Europe, de la maintenir. Dès lors elles sont irrévocablement liées.

Et depuis ce serment solennel, la Russie a travaillé sans relâche à la destruction de l'empire ottoman, à la conquête de Constantinople, de toute la Turquie. La paix n'a été pour elle qu'un moyen, la paix n'a été qu'un mensonge.

Cependant la France a chassé la branche aînée des Bourbons, qui avait pris part aux délibérations du congrès de Vienne, qui avait sanctionné le démembrement de la France ; sous le contre-coup de cette révolution, la Belgique s'est levée, a voulu se réunir à la patrie dont elle avait été séparée quinze ans auparavant; la France l'a refusée. Qu'elle ait eu tort ou raison, ce n'est pas une question à discuter ici, il n'y a plus qu'un fait, on le constate.

Quand la France a donné cet exemple, quand aucune nation n'a accru son territoire en Europe, quand toutes ont respecté l'œuvre du congrès de Vienne, toute violente et fatale qu'elle était, est-ce pour permettre à la Russie, qui a dicté ses volontés à ce congrès, de détruire un empire dont elle a juré de maintenir l'intégrité, de s'emparer d'une capitale, de briser un peuple, par le seul motif que la situation topographique de ce peuple tente son ambition et doit la conduire à la réalisation plus prompte de ses vues politiques, est-ce enfin pour laisser le czar enserrer l'Europe occidentale de tous côtés et préparer contre elle une invasion plus ou moins éloignée mais inévitable si les Russes parviennent à s'emparer de Constantinople et à s'y maintenir?

Ainsi :

Le danger réel de l'Europe, voilà la question ;

La violation des traités, non-seulement consentis et souscrits, mais imposés, voilà le grief;

La situation des divers peuples de l'Europe au début de la guerre, leurs intérêts, leurs aspirations, leurs passions, leurs désirs justes ou erronés, voilà les complications.

La France et l'Angleterre vont combattre, défendre l'empire ottoman, opposer une barrière à l'envahissement, obtenir l'émancipation politique, civile et religieuse des raïas d'Orient; elles sont jusqu'à ce moment seules dans cette lutte terrible. Les autres gouvernements attendent, regardent, veulent choisir leur heure, comme si le danger n'était pas commun. Une grande pensée plane sur le monde; vingt fois étouffée, elle renaît toujours, comme le cœur de Prométhée : c'est la pensée des peuples ; ils écoutent si une voix fera retentir pour eux un cri de liberté, ils regardent si un bras s'armera pour défendre leur cause.

<h3 style="text-align:center">VI.</h3>

Les peuples ne voient pas au premier coup d'œil tout ce qu'une guerre peut contenir d'éventualités; ils n'en saisissent pas d'avance toutes les complications, mais ils sentent parfaitement ce qui les froisse, tout grand événement leur paraît une occasion d'améliorer leur sort, et ils s'informent s'il en doit sortir quelque chose de favorable. Dites aux Italiens, aux Hongrois, aux Polonais, que l'indépendance de l'Europe est menacée, les hommes éclairés répondront par un cri de guerre, on verra soudain accourir à Constantinople les exilés du duché de Varsovie, du duché de Posen, de la Gallicie, de Venise, de Milan, demander avec instance le droit de combattre, de verser leur sang pour une cause sainte, les paysans écouteront avec

indifférence et vous répondront : « Que nous importe que le czar
» triomphe ou soit vaincu ! Victorieux, quelle liberté nous prendra-
» t-il, puisque toutes nous ont été ravies? Battu, en quoi sa défaite
» améliorera-t-elle notre condition? Si ceux qui vont combattre pen-
» sent que les sympathies des peuples peuvent donner à leur cause
» une grande force morale, qu'ils nous appellent au nom de la li-
» berté, nous les seconderons. Si l'issue de la bataille ne doit avoir
» aucune influence sur notre sort, que les destinées s'accomplissent! »
Et cependant malgré l'absence d'enthousiasme un vif intérêt s'attache à cette guerre ; l'Europe entière est remuée, tous les regards
sont tournés vers l'Orient, toutes les imaginations sondent les profondeurs de l'inconnu, demandant à l'imprévu ce qu'il recèle d'heureux ou de fatal. On est impatient de détails, on maudit les glaces de
la Baltique, les vents du Pont-Euxin, la vapeur ne va pas assz vite,
on attend fiévreusement.

L'Allemagne, brisée en quarante Etats, demande si de la guerre
actuelle naîtra son unité, qui lui rendra avec elle sa force, sa puissance ; si elle retrouvera son parlement national, ses libertés proclamées à Vienne, à Berlin, à Dresde, à Munich, à Darmstadt, à Cas-
sel, à Bade, et brisées depuis et noyées dans le sang ; Venise, si elle
renaîtra de ses ruines, Venise tour à tour vaincue par les Turcs et
par les Autrichiens, dont les palais sont déserts, dont les murailles
portent encore les traces du dernier siége, dont les espérances se
sont naguère si promptement envolées ; la Lombardie, si elle retrouvera sa nationalité ; Naples, qui arrêtera les exécutions, les exils, les
emprisonnements ; toute l'Italie, si elle sera libre ; l'Espagne et le
Danemark, qui empêchera que l'on brise leurs constitutions, en ce
moment même attaquées, à l'heure où la guerre éclate.

Ainsi tous les peuples comptent sur les efforts des flottes et des
armées des deux grandes puissances occidentales et sur le talent militaire des hommes auxquels elles ont confié la direction de cette
guerre importante.

L'amiral Hamelin, qui remplace l'amiral Lassusse depuis le mois
de juin 1853, est un marin expérimenté. Né le 2 septembre 1796, il
prit du service dès l'âge de dix ans : il était enseigne avant sa sei-
zième année, et il a conquis glorieusement tous ses grades.

L'amiral anglais James Whitley Deans, lord Dundas, est dans un
cas absolument identique. Parvenu maintenant aux plus hauts emplois, il était simple volontaire en 1799, à quatorze ans. Pendant les
guerres de l'empire, il se distingua en combattant le pavillon auquel
celui de sa patrie est actuellement associé.

Le maréchal Leroy de Saint-Arnaud (Armand-Jacques) a fait ses
premières armes en Algérie sous le règne de Louis-Philippe, mais
longtemps auparavant il appartenait à l'armée. Né à Paris le 20 août
1801, il entra, le 16 décembre 1816, dans la 1re compagnie des gar-
des du corps reconstitués, puis il fut attaché, en qualité de sous-
lieutenant, à la légion départementale de la Corse et à celle des Bou-
ches-du-Rhône. Vers la fin de la restauration, il avait renoncé à la
carrière militaire pour s'ensevelir dans la retraite ; mais après 1830
il redemanda du service. D'abord lieutenant au 64e régiment de
ligne, il fut nommé le 15 août 1837 capitaine dans la légion étrangère, où le gouvernement avait réuni des réfugiés polonais, italiens
ou de diverses autres nations. Il alla gagner en Afrique un avancement rapide. Décoré le 1 août 1837, appelé le 25 août 1840 au grade
de chef de bataillon dans le 18e régiment d'infanterie légère, il passa,
huit mois plus tard, au corps des zouaves, soldats hybrides, moitié
arabes, moitié français, qui ont contribué puissamment à consolider
en Algérie la domination française. Le 25 mars 1842, Leroy de Saint-
Arnaud était lieutenant-colonel ; le 29 octobre 1844, il prenait le
commandement du 53e régiment d'infanterie de ligne. Ce fut à la
tête de ce régiment qu'il combattit Bou-Maza, dont la reddition lui
valut la croix de commandeur de la Légion d'honneur (25 janvier 1846).

Nommé général de brigade et commandant de la division de Con-
stantine après la révolution de 1848, M. Leroy de Saint-Arnaud fut
chargé de soumettre les Kabyles, qui, exaltés par les prédications de
leurs marabouts, avaient pris les armes sous la conduite d'El-ben-
Baghla, de la tribu des Zaaouas. Le corps expéditionnaire, divisé en
plusieurs colonnes, pénétra dans des gorges presque inaccessibles,
incendia de nombreux villages, emporta les positions où les ennemis
s'étaient retranchés, et se rendit entièrement maître de la Kabylie
dans une campagne de quatre-vingts jours, à la suite de laquelle
M. Leroy de Saint-Arnaud, nommé général de division, quitta l'A-
frique pour commander la deuxième division de l'armée de Paris.

Ici sa carrière militaire est suspendue ; sa carrière politique commence. Appelé au ministère de la guerre le 26 octobre 1851, on sait
quelle attitude il prit à ses débuts oratoires à l'assemblée législative;
débuts qui firent dire à un vieux représentant expert : « Il me semble
entendre le tambour du 18 brumaire. »

Sénateur, grand écuyer, grand-croix de la Légion d'honneur à la
suite du 2 décembre 1851, M. Leroy de Saint-Arnaud a été nommé
maréchal de France un an après le jour anniversaire du coup d'Etat.

Lord Raglan, qui commande l'armée anglaise, était connu, avant
d'être élevé à la pairie, sous le nom de sir Fitzroy-Somerset. Ce

fut un des aides de camp de Wellington, et il laissa un bras sur
champ de bataille de Waterloo.

CHAPITRE II.

La Russie. — Politique des czars en harmonie avec le testament de Pierre
— Marche constante des Russes vers l'Europe occidentale et vers Constant
ple — Causes qui ont empêché l'empereur Nicolas de s'établir à Consta
nople en 1829 et en 1833 — Vingt ans de préparatifs. — Prétexte du con
— Comme moyens d'action, la Russie favorise le panslavisme et fait na
l'espérance de l'établissement d'un royaume de Pologne. — Considérations
ont déterminé le czar à faire la guerre en ce moment. — Esquisse de mœ
en Russie. — Les diverses classes de la société. — Comment se payent
cadeaux de l'empereur. — Les émissaires russes. — Serfs. — Une exécu
militaire.

I.

Nul document n'est plus propre à éclairer les esprits sur la pol
que moscovite que le testament de Pierre le Grand transmis
Louis XIV par l'ambassadeur de France à Saint-Pétersbourg. Il s
le guide constant de tous les actes de la Russie; le but qu'il tra
celui vers lequel elle dirigera ses efforts. Elle aura une diploma
habile, rusée, peu difficile sur les moyens, dédaigneuse de la vie
hommes, toujours prête à dissimuler ses vues secrètes sous de mi
leuses paroles hautement exprimées, pompeusement proclamées.
ambassadeurs auront toujours des instructions doubles ; le but qu'
poursuivront publiquement ne sera jamais celui qu'ils voudront
teindre, mais seulement un échelon pour s'élever plus haut. La for
la violence, les promesses, l'argent, les czars prodigueront tout po
réussir.

On ignore la date de cette pièce si importante non-seulement po
les annales de la Russie mais encore pour l'histoire générale
l'Europe, dont tous les peuples qui auront des intérêts à discuter av
cette puissance seront tour à tour les alliés et les ennemis. Lorsq
mourut Pierre Ier, en 1725, il y avait dix ans que Louis XIV n'é
plus. Le czar avait donc rédigé cette savante instruction longtem
avant la fin de son règne, afin de laisser à ses successeurs l'expre
sion entière de sa pensée dans le cas où il serait surpris par la m
soit sur un champ de bataille, soit par un de ces meurtres si f
quents à la cour de Russie, soit par le cours ordinaire des choses.

L'histoire pouvait dire à ses héritiers comment il avait trouvé
Russie *rivière*, selon ses expressions, comment il l'avait faite *fleuv*
il allait leur enseigner par quels habiles moyens ils la feraient eu
mêmes *grande mer*.

Quelle que soit l'époque à laquelle ce vaste plan fut conçu, médi
tracé, il est difficile de n'en pas admettre l'authenticité lorsqu'on vo
Pierre lui-même et tous ses successeurs en suivre religieusement l
prescriptions à ce point que ce testament résume tout leur systèm
de conduite depuis près d'un siècle et demi. Il pourrait, il est vra
passer pour un résumé historique, aussi bien que pour un plan m
thodiquement suivi ; mais il n'est pas probable que la politique mo
covite ne se fût pas démentie un seul jour au milieu des passions
toute sorte qui ont agité les successeurs de Pierre Ier, s'ils n'eusse
eu un guide tracé par le véritable fondateur de l'empire, par le cré
teur de ses armées, de sa marine, de ses villes, par un des pl
grands hommes de son temps, dont le règne est encore l'orgueil d
la Russie, car il est l'origine de sa puissance.

On ne s'étonnera pas que cette pièce ait pu passer dans les mai
de l'ambassadeur français en Russie si on se rappelle, — et les mé
moires du temps en font foi, — que Louis XIV avait organisé sur
plus vaste échelle l'espionnage dans les cours étrangères, qu'il entre
tenait dans toute l'Europe des agents secrets, qu'il recevait d'eux de
correspondances suivies, qu'il avait à ses gages parfois les ministr
même des rois ses alliés ou ses ennemis ; tactique, peu loyale, pe
digne, que les autres rois ne tardèrent pas à imiter. Pierre Ier, dés
reux, que son plan servît de règle à ses successeurs, dut lui donne
de son vivant une certaine authenticité, un certificat de sincérité;
dut le transcrire sur quelque registre signé par ses conseillers intim
Quelque danger qu'il pût y avoir à donner une copie de cette pièc
importante, on n'ignore pas que les archives des chancelleries son
pleines d'instructions secrètes destinées, dans la pensée de leurs au
teurs, à ne jamais voir le jour.

II.

Pierre Ier, en débutant, appelle le mysticisme à son aide. Les che
d'Etat invoquent d'ordinaire les lumières d'en haut, les chefs de re
ligion déclarent qu'ils les ont reçues. Le czar n'était pas encore
pape de l'Eglise grecque, mais il était déjà son maître. Le patriarch
de cette Eglise était mort à la fin du siècle précédent ; le czar, à qu
appartenait le droit de le nommer, déclara qu'il n'y en aurait plus
il abolit donc cette dignité, il dicta des lois ecclésiastiques, et, pou
les faire exécuter, nomma un synode dont tous les membres durent
lui prêter un serment dont il avait rédigé et signé la formule. « J

» jure d'être fidèle et obéissant serviteur et sujet à mon naturel et
» véritable souverain, aux augustes successeurs qu'il lui plaira de
» nommer en vertu du pouvoir incontestable qu'il en a. Je reconnais
» qu'il est le juge suprême de ce collége spirituel ; je jure, par le
» Dieu qui voit tout, que j'entends et que j'explique ce serment dans
» toute la force et le sens que les paroles présentent à ceux qui le
» lisent ou qui l'écoutent. »

Quelles précautions contre les restrictions mentales ! et n'est-il pas
évident que le czar se regarde déjà comme le chef de l'Eglise ? Il
constate donc que Dieu l'a inspiré, et, dès les premières lignes, il déclare le peuple russe appelé à la domination générale de l'Europe.
L'histoire lui montre le Nord comme la pépinière des conquérants
de l'Orient et de l'Occident ; il constate le fait, et il va prescrire les
mesures qui doivent aider à sa nouvelle réalisation.

Pierre Ier conseille d'entretenir la Russie dans un état de guerre
continuelle, et au conseil il joint l'exemple : nul ne dépensera une
activité égale à celle de cet homme courant avec rapidité de Moscou
en Finlande, des rives de la Néva aux bords de la mer d'Azof, visitant pour s'instruire une partie de l'Europe, s'initiant à ses lois, à
ses mœurs, à sa civilisation, engagé toujours dans quelque périlleuse
entreprise, guidant ses armées de la Livonie, de l'Ingrie, de la Carélie sur les bords du Tanaïs et du Pruth, courant des Suédois aux
Turcs, combattant dans les provinces polonaises et dans les plaines
moldo-valaques, réparant le désastre de Narva par la victoire de
Pultava, se sauvant par un traité lorsque sa situation dans les champs
moldaves paraissait désespérée, que son armée et lui-même étaient
sur le point de tomber au pouvoir de l'ennemi qui les enveloppait
de tous côtés.

Le maréchal Leroy de Saint-Arnaud, général en chef de l'armée d'Orient.

Si la marche de la société européenne à travers les siècles avait été
tracée à l'avance par une puissance inconnue, mystérieuse, infailli-
ble, les faits constatés par Pierre Ier étant vrais dans le passé, sa prédiction pour l'avenir pourrait effrayer l'Europe. Mais, de ce que les
faits invoqués par lui se sont réellement produits, s'ensuit-il qu'ils
doivent inévitablement se produire de nouveau ? La barbarie est-elle
en réalité le grand réservoir où les nations doivent retrouver leur
séve perdue, leurs forces usées, leur énergie détruite ? Les Russes
d'aujourd'hui sont-ils encore ceux d'il y a un siècle et demi ? Est-
elle la même qu'au temps de Louis XIV cette Europe dont la régé-
nération a commencé avec la grande révolution française ? Un élément nouveau de vigueur et de résistance, l'élément démocratique,
ne s'est-il pas révélé, mêlé au mouvement politique ? n'a-t-il pas son
œuvre d'émancipation à accomplir, son cycle à parcourir ? La régé-
nération de l'Europe n'est point encore terminée, l'Europe n'a point
encore abusé des forces qu'elle y doit puiser, puisque ces forces ne
se sont pas produites d'une manière complète. Il est donc permis de
mettre en doute la réalisation de la prédiction du czar.

Pierre Ier avait été un politique habile dont l'œil avait sondé les
profondeurs de l'avenir, mais qui, ne pouvant deviner la transfor-
mation que la civilisation devait opérer, avait tracé à ses successeurs
une ligne de conduite parfaitement en harmonie avec les idées de
son temps. Les hommes qui, placés au faîte d'une société qu'ils dominent et inspirent, peuvent dégager leur esprit du milieu dans lequel ils vivent, sont une rare exception dans l'humanité ; ce n'est
guère que dans l'adversité et la retraite que, recueillis en eux-mêmes, ils peuvent appliquer leur génie à apprécier la marche de la
société. Tant qu'ils sont au pouvoir, le bruit ne leur permet pas
d'entendre, l'éclat ne leur laisse pas voir ce qui se prépare en dehors de leur cercle. Que l'Europe eût continué à marcher dans la
voie où le czar Pierre l'avait laissée en mourant, et ses prévisions
seraient déjà réalisées.

Sans voir au delà, ses successeurs ont suivi avec une religieuse
ponctualité la ligne de conduite qu'il leur avait tracée. La guerre a
tenu constamment en éveil le peuple russe : il a lutté à la fois au
nord, à l'ouest et au sud, ne s'est arrêté que devant les glaces et a

pénétré en Amérique par le nord-est, contrairement aux autres peuples. Durant les cent vingt-neuf ans qui se sont écoulés depuis la mort de Pierre le Grand jusqu'à ce jour, ce peuple n'a pas eu une période de dix années de calme et de repos.

Les czars ont dépouillé la Suède afin de posséder les deux rives du golfe où se déverse la Néva et où ils ont jusqu'ici abrité leurs flottes de tout danger. L'un d'eux, Alexandre, pour s'assurer la possession de la Finlande, est passé du camp des alliés ligués contre la France dans le camp de Napoléon, qu'il devait abandonner quand il ne pourrait plus rien espérer de lui. Ils sont devenus les maîtres réels de la Baltique, où les capitales de la Suède et du Danemark, Stockholm et Copenhague étaient hier encore à leur merci. Réparant les désastres passés ils ont repris Azof, que Pierre lui-même avait dû abandonner et remettre aux Turcs. Ils ont conquis la fertile Crimée,

qui menace perpétuellement l'Allemagne et ouvre aux czars une route vers le Rhin. Les alliances de famille peuvent leur fournir des moyens d'action sur les peuples qui entourent la Russie et dont ils veulent faire les agents de leur politique, au besoin les alliés de leurs armes, et ils se mêlent, s'unissent aux maisons royales de Hollande, de Wurtemberg, de Prusse, de Danemark; déjà ils sont les héritiers éventuels d'un royaume allemand qui ferme la Baltique.

Pierre Ier avait recommandé d'appeler des capitaines étrangers pendant la guerre, des savants étrangers pendant la paix; et, donnant l'exemple, il avait confié des commandements dans ses armées à des officiers prussiens et allemands, employé des Français réfugiés, engagé des Hollandais, des Suisses. Ses successeurs attirent des officiers et des marins pour façonner leurs armées à la tactique et à la discipline européennes, pour développer leurs forces maritimes. Ils

Lord Raglan, général en chef des troupes anglaises de l'armée d'Orient.

grenier et ressource de l'Europe dans les années de disette; ils ont fondé Sébastopol, leur port et leur arsenal, et Odessa, le grand entrepôt du commerce de la mer Noire; ils ont surpris la possession du delta formé par les bouches du Danube, et sont devenus ainsi les maîtres de la navigation de cet immense fleuve, qui remonte au cœur de l'Allemagne et communique avec la France par un canal qui le relie au Rhin; ils ont occupé les pentes du Caucase et conquis la Géorgie.

L'Europe les conviait, ils se sont mêlés à ses luttes toutes les fois qu'ils en ont trouvé l'occasion; des différends éclataient en Allemagne, ils s'offraient pour arbitres. Afin de s'avancer vers l'ouest, ils ont agité et affaibli la Pologne jusqu'au moment où, complétement impuissante, ils l'ont partagée sous prétexte qu'elle était dangereuse, menaçante pour la tranquillité des Etats ses voisins; en attendant qu'ils puissent reprendre à la Prusse et à l'Autriche la part qu'ils leur ont faite dans ce partage pour les enchaîner par la complicité, ils se sont adjugé un territoire qui fait une pointe entre les Etats de ces deux puissances restées sans frontières susceptibles de défense : position

appellent à Pétersbourg, à Moscou, dans leurs palais, des écrivains, des peintres, des artistes, qui, après quelques années de travaux, reviennent dans leur pays jouir des pensions de retraite qu'ils leur font et s'extasier sur les bienfaits d'un gouvernement en réalité plein d'égards et de libéralité pour eux. Ainsi les successeurs de Pierre Ier ont fait plus que celui-ci n'avait rêvé, car ils font jouir la nation russe des avantages artistiques, des conquêtes de la civilisation des autres peuples, et renvoient chez ces peuples des apôtres qui font de la propagande russe sans se douter le plus souvent de la mission qu'ils remplissent.

Pierre Ier avait écrit dans son testament ces paroles remarquables : « S'approcher le plus près possible de Constantinople et des Indes; » celui qui y régnera sera le roi du monde. » Aucun des czars venus après lui n'a oublié ce conseil que lui-même avait mis en pratique par ses expéditions vers le Pruth, vers Azof et le détroit de Caffa. Catherine II, parvenue au trône par une conspiration, par la déposition et le meurtre de son époux, eut toujours présente à la pensée la recommandation du grand czar; partagée entre ses amours passagères, ardentes toujours, sanglantes parfois, et l'organisation administrative qui allait donner plus de cohésion et de force à l'empire, au milieu des troubles, des assassinats, des grandes et des petites choses de son règne, elle marcha résolûment vers la réalisation de cette pensée. Les bords du Pruth aussi bien que les bords de l'Euxin, les rochers de la Circassie comme les plaines de la Géorgie portent l'empreinte des pas de ses armées conquérantes, et ses ministres purent écrire ces mots significatifs : *Route de Constantinople*, sur les poteaux qui bordaient la route où passait la czarine descendant vers le sud, car ils rendaient parfaitement la pensée de leur souveraine.

Alexandre, un moment en trêve avec la France, demanda aux négociations ce que la victoire lui refusait alors et parut vouloir s'entendre avec Napoléon sur une organisation des Etats de l'Europe partagée en deux grandes zones, sur l'une desquelles chacun des empereurs eût exercé la souveraineté ou un protectorat qui, sans briser la nationalité des peuples, ne leur eût laissé aucune liberté d'action. Un ordre politique nouveau eût été créé en Europe, où il n'y aurait eu dès lors que deux grandes puissances, capables de se tenir mutuellement en respect, mais dont le choc eût été terrible en cas de collision. Dans les pages écrites, ou dictées, ou inspirées par ses conversations à Sainte-Hélène, Napoléon constate que dans ce partage l'empereur Alexandre voulait obtenir Constantinople et qu'il n'a pu se résoudre à lui abandonner cette importante position. Empruntant les paroles du testament de Pierre Ier, il ajoutait que celui qui possédera Constantinople régnera sur le monde.

C'est probablement de cette pensée d'alliance avec la Russie, qui ne fit que traverser l'esprit de Napoléon, qui était née de la lutte implacable soutenue alors par l'Angleterre contre la France, de la nécessité de lui susciter des ennemis et de fermer à son commerce des débouchés importants, qu'est éclose l'opinion, aujourd'hui encore persistante dans un certain nombre d'esprits, que l'alliance russe est préférable à l'alliance anglaise.

Alexandre n'avait pas pu obtenir que Napoléon le laissât s'emparer de Constantinople, la Turquie étant l'alliée de la France et Napoléon comprenait trop bien le danger que cette prise de possession eût fait courir à l'Europe; mais Alexandre voulait du moins se saisir des principautés danubiennes et porter ses frontières au Danube. Dans la célèbre entrevue d'Erfurt, il fut stipulé entre les deux empereurs : qu'Alexandre pourrait s'emparer de la Moldavie et de la Valachie et que la reconnaissance de cette possession, ainsi que de celle de la Finlande, par l'Angleterre, serait une condition absolue de la paix avec cette puissance.

La rupture qui éclata bientôt après entre Alexandre et Napoléon n'empêcha pas le premier de marcher contre la Moldavie et la Valachie ; les nouvelles complications qui surgirent ne lui permirent pas de les garder.

Si le czar ne put détruire alors l'empire de Turquie, si les provinces danubiennes lui fermèrent encore la route de Constantinople, en revanche il s'étendait bientôt en Asie, enlevait à la Perse quatre de ses provinces et commençait à s'ouvrir un chemin vers les Indes. Au moment de se retirer de la Moldavie et de la Valachie, qu'il venait d'envahir, pour aller défendre ses propres Etats contre Napoléon, il obtenait de la Porte la cession de la Bessarabie par le traité de Bucharest (1812).

Nicolas Ier montait à peine sur le trône, qu'il arrachait à la Porte, par une menace de guerre, par l'intimidation, le traité d'Akermann qui lui donnait le protectorat des provinces danubiennes. Bientôt après, lorsque sa flotte détruite à Navarin, l'affaiblissement de son armée dans la lutte contre la Grèce, et les conspirations de l'intérieur ne permettaient plus au sultan de soutenir la guerre avec quelque chance de succès, les troupes du czar reprenaient le chemin de cette antique Byzance objet de constants désirs. Elles traversaient le Pruth, le Danube, les Balkans ; le czar achetait de la trahison la reddition de Varna qu'il n'avait pu emporter de vive force, marchait sur la capitale et s'arrêtait au moment d'y toucher.

L'ambassadeur français à Constantinople, l'amiral anglais qui commandait la flotte de la Méditerranée exposèrent au général Diébitsch l'état de la capitale exaspérée, divisée par les partis, où la vie du sultan n'était pas même en sûreté, et le prièrent de suspendre la marche de ses troupes. Le général russe n'accéléra ni ne retarda les mouvements de son armée, déjà il avait posé à la Porte Ottomane les conditions de la paix, il avait fixé le 13 mars comme terme de rigueur pour la signature des traités qu'il proposait et dont il ne pouvait le faire départir; il attendait jusqu'au terme fixé, prêt à marcher en avant, ou prêt à opérer sa retraite, sans se laisser intimider par la France et l'Angleterre, qui n'avaient pas un soldat pour couvrir Constantinople, et dont les vaisseaux auraient été, à ce moment tardif, impuissants à la défendre, en supposant que les deux gouvernements l'eussent voulu. M. Guilleminot fit du sentiment auprès de Diébitsch, M. Gordon fit approcher quelques bâtiments pour servir au besoin d'asile aux sujets anglais. L'escadre française était à Smyrne sous les ordres de l'amiral Rosamel ; sur une dépêche de son ambassadeur lui annonçant que des difficultés s'élevaient pour la conclusion de la paix, il quitta son mouillage le 16 septembre sur le *Trident* suivi

du *Breslaw*, de *la Fleur de lis*, de *l'Eglé*, du *Loiret*, etc. La paix était signée du 14.

III.

A ce moment, la Russie, enivrée de son triomphe, pouvait briser l'empire ottoman. La France, gouvernée par M. de Polignac, sous la maison de Bourbon, que des liens de reconnaissance attachaient à la Russie, n'aurait pas fait une vive opposition; l'Autriche eût été apaisée par une augmentation de territoire. Il restait l'Angleterre, qui, assurément impuissante contre les Russes gardant les Dardanelles et l'entrée du Bosphore, aurait pu agir vigoureusement dans la Baltique ; mais l'Angleterre, après avoir promis des secours à la Porte, venait de l'abandonner; elle calculerait les chances d'une guerre et les chances d'un arrangement; des concessions pour son transit à travers l'Egypte, pour son commerce dans la mer Noire, pourraient faire tomber les armes de ses mains.

A peu près tranquille du côté des puissances, le czar fut arrêté par d'autres pensées graves, sérieuses, et qui, au point de vue de la conquête, annoncent une profondeur que l'on ne peut méconnaître. La Russie n'est point un torrent qui envahit les terres, puis passe et les abandonne, c'est une mer qui conquiert pied à pied et ne se retire pas; elle ne se distingue pas par la rapidité de ses mouvements, mais par son action constante; elle ne réunit pas à son empire des provinces que la dissemblance des lois, des mœurs, des intérêts, du langage, l'exposerait à perdre bientôt, ou à voir constamment agitées; elle se les assimile d'abord, tout en leur laissant leur vie propre, une certaine liberté d'action. Elle les fait Russes dans le fond avant de les faire Russes par la forme. Que l'on considère sa conduite à l'égard de la Pologne si rapprochée du cœur de l'empire, partagée depuis longtemps; elle pouvait, en 18 4, la réunir purement et simplement à l'empire russe, elle a préféré lui laisser une ombre de nationalité: puis elle a attendu dix-neuf ans et une occasion favorable, pour achever de la tuer.

Avant d'arriver à Constantinople pour n'en plus sortir, il fallait avoir entre cette ville et les limites encore éloignées de l'empire russe des populations sur lesquelles on exerçât une certaine action, dont les chefs fussent amis et dévoués, sur lesquels on pût compter au besoin. Les provinces moldo-valaques ne tenaient plus à la Turquie que par le lien de la suzeraineté ; le sultan donnait l'investiture aux hospodars, mais ceux-ci étaient dès lors indépendants. Conquérir sur eux un droit de protection, de conseil, de direction, acheter des dévouements, faire organiser les administrations selon ses vues, gagner les chefs du clergé, les instituteurs, s'emparer du commerce par le Danube, se réserver le droit d'occuper les principautés en cas d'agitation, c'était en réalité faire un pas immense vers le but, et, d'une étape, d'un camp passager, faire une station fixe, un lieu de ravitaillement, un grenier.

Tous ces avantages furent conquis par les deux traités d'Andrinople, du 14 septembre 18 9.

C'est donc une tactique d'atermoiement, de patience, de lente conquête, d'assimilation, qu'elle a suivie à l'égard des provinces danubiennes, et on a pu juger des progrès qu'elle avait faits dans les principautés lorsqu'on l'a vue y entrer, en 1853, sans coup férir, sans résistance, comme on entre dans son domaine après avoir écrit à son intendant de tout préparer pour vous recevoir.

Les traités d'Andrinople n'ont pas été stériles. La Russie n'avait pas obtenu seulement la confirmation de son protectorat sur la Moldavie, la Valachie et la Servie ; elle y avait gagné en Asie les places d'Anapa, de Poti, d'Akhazik, d'Atzbora, d'Akhalkalaki; elle était maîtresse de ce côté du littoral de la mer Noire, du terrain qui sépare le Pont-Euxin du pied des monts Caucase; son commerce, auquel on n'attache pas en Europe l'importance qu'il mérite, son commerce allait prendre un large développement dans cette mer. Il n'est pas inutile de rappeler comment on jugeait, en 1829, à Saint-Pétersbourg, les résultats du traité d'Andrinople.

L'empereur Nicolas venait de publier un manifeste dans lequel il résumait les traités d'Andrinople, et, le 3 octobre, deux jours après cette sorte de compte rendu, on écrivait de Saint-Pétersbourg la lettre suivante, qui était reproduite dans les journaux de l'époque :

« Le manifeste publié le 1er de ce mois a fait sur toutes les classes » de la population de cette vaste capitale la sensation qu'on pouvait » se promettre d'un acte aussi mémorable sous tous les rapports.

» Notre cabinet a donné des preuves éclatantes de sa sagesse, » comme nos armées ont mis hors de doute leur valeur héroïque. Les » résultats du traité qui vient d'être conclu sont incalculables pour » l'empire russe. Nos relations commerciales devront prendre désormais un élan tout nouveau et tel qu'il convient à la richesse de » notre sol, au génie du peuple et à l'activité de nos classes industrielles. Les flottes marchandes de toutes les nations se rencontreront à l'avenir aux embouchures de la Néva et dans les excellents » ports de la mer Noire, aussi fréquemment que jusqu'à présent elles » se rencontraient dans la Tamise et dans la Manche. Notre cabinet » sera, dès à présent, dans la politique générale, l'ASTRE AUTOUR DUQUEL » TOURNERONT TOUS LES AUTRES CABINETS.

» Avant tout, notre gouvernement cherchera à conserver sur l'em-

» pire ottoman l'influence qu'il vient de conquérir. Le fort n'a pas
» besoin des manœuvres tortueuses de la diplomatie, nous ne nous
» servirons point de pareils moyens pour soutenir notre prépondé-
» rance dans les conseils du Grand Seigneur. »

Cette curieuse correspondance, dont les termes semblent indiquer une origine officielle, a l'avantage d'être fort explicite en peu de mots. La Russie n'avait pas eu besoin de briser l'empire ottoman, de garder Constantinople, elle avait conquis la mer Noire, cela lui suffisait pour devenir l'astre autour duquel devaient tourner tous les cabinets. Cette pensée est exprimée d'une façon nette et précise. La prépondérance que la Russie entend exercer dans le divan n'est pas plus dissimulée. Quant aux manœuvres tortueuses de la diplomatie, le cabinet russe avait de bonnes raisons pour les répudier à l'avance : car il devait les employer souvent.

Lorsque appelé par le sultan Mahmoud, en 1833, au secours de la Turquie sérieusement menacée par Méhémet-Ali, le czar vit ses troupes envelopper Constantinople, il pouvait assurément se déclarer maître de cette ville, proclamer que la Turquie d'Europe n'existait plus, et refouler le sultan dans ses possessions d'Asie. Mais il jugea très-sainement la situation, et ajourna l'exécution de ce plan.

Un tel acte en effet eût immédiatement tourné contre lui trois ennemis, la France et l'Angleterre, dont les flottes étaient dans les Dardanelles, et le pacha victorieux, qui ne songeait à rien moins qu'à s'emparer de la Turquie, à remplacer le sultan Mahmoud abreuvé d'humiliations, n'opérant ses réformes qu'avec les plus grandes difficultés, obligé de vaincre de vives résistances.

Méhémet-Ali, mahométan comme Mahmoud, Turc lui-même, quoique devenu le représentant de la race arabe, était appelé par le parti des fanatiques, mécontents de voir s'effacer les distinctions qui séparaient les chrétiens des musulmans; il était favorisé secrètement par les hommes que froissaient les nouvelles réformes, dont elles blessaient les intérêts. Tout ce qui tenait aux vieux abus condamnés dans l'esprit du sultan à disparaître de l'administration était disposé à aider le pacha. Les grands feudataires, ramenés par la force ou par la crainte à l'obéissance, pouvaient saisir ce moment de se proclamer indépendants et faire ainsi une puissante diversion en sa faveur, ce qu'ils n'auraient pas fait avec la perspective d'avoir pour souverain un chrétien dont le triomphe allait donner la suprématie aux Grecs.

Le czar n'avait pour lui que les chefs grecs, quelques familles turques gagnées par son or; excepté en Grèce, les chrétiens de son Eglise, satisfaits des premières réformes acceptées comme une promesse de plus grandes améliorations, ne montraient pas d'enthousiasme : tous les éléments qui pouvaient favoriser le pacha manquaient donc au czar, il ajourna encore.

IV.

Le travail d'assimilation dans les provinces danubiennes, les préparatifs dans la mer Noire, ont duré vingt ans.

De quelque mystère que la Russie couvrit ses projets à l'égard de l'empire ottoman, il était impossible qu'il n'en perçât quelque chose aux yeux de l'Europe. Des chantiers de construction avaient été ouverts sur tous les points favorables des deux rives de la mer Noire; les forêts de l'Asie fournissaient les plus magnifiques matériaux, et une formidable flotte de guerre s'élevait. Or, la Russie n'avait aucun ennemi à combattre; les traités passés avec la Porte et les puissances ne permettaient pas qu'aucun vaisseau de guerre se montrât dans les Dardanelles; si les flottes des puissances occidentales ne pouvaient pénétrer dans le Pont-Euxin, celles de la Russie, de leur côté, n'en pouvaient pas sortir. Sans doute le gouvernement russe fondait là une école maritime, créait des marins, les exerçait aux manœuvres; mais dans cette mer étroite, dont elles ne pouvaient dépasser les limites pour entrer dans la Méditerranée, à quoi devaient servir ces flottes, sinon à attaquer Constantinople lorsque l'occasion deviendrait favorable, à favoriser les mouvements d'une armée de terre marchant contre cette ville, à déborder ensuite dans la Méditerranée?

A moins de supposer aux cabinets européens l'incurie la plus complète des actes de la Russie, la confiance la plus aveugle en ses promesses, l'oubli de ses expéditions si souvent répétées, l'ignorance de ses desseins tant de fois manifestés, on ne peut admettre que les puissances n'eussent pas conscience de ce que méditait la Russie contre l'empire ottoman et contre l'Europe occidentale. Cependant elles se sont laissé devancer.

V.

Cette fois la Russie a essayé d'éviter les complications auxquelles pouvait donner lieu la conquête de la Turquie par les armes; elle a voulu déjouer l'opposition que les puissances occidentales ne manqueraient pas de faire à l'établissement du czar dans la capitale de l'empire ottoman : elle a cherché à tourner la difficulté, elle a tenté la conquête par d'autres moyens que la diplomatie appelle de l'habileté, mais qui ont un autre nom dans le langage des honnêtes gens. Reprenant de vieilles négociations dont le but, parfaitement dissimulé d'abord, fut hardiment nié quand il apparut trop visiblement, elle

se servit de la religion pour arriver à la domination réelle, à la possession de la Turquie d'Europe.

La ruse n'était pas nouvelle; en même temps que les expéditions militaires établissaient l'autorité des czars sur la mer Noire, détachaient des provinces de l'empire ottoman, fondaient sa prépondérance dans celles qui obéissaient encore nominalement, fictivement à la Porte, la protection à donner aux chrétiens de l'Eglise grecque, sujets du sultan, servait à couvrir les intentions de l'empereur de se saisir d'une partie de l'autorité de la Porte, de se substituer à elle, de créer en réalité deux pouvoirs dans l'empire turc, d'en diviser les habitants en sujets du sultan et en sujets du czar, non point suivant les localités habitées, mais suivant le culte professé, c'est-à-dire partout.

Ainsi, en 1805, il y a un demi-siècle, un agent russe à Constantinople faisait, au nom du czar, la proposition suivante au premier ministre du sultan : « Tous les sujets de l'empire turc qui professent » la religion grecque passeront sous la protection de la Russie, et » toutes les fois qu'ils seront molestés par les Turcs, la Porte sera » tenue de faire droit aux représentations de l'ambassadeur russe. »

C'est à peu près la même proposition que dernièrement M. Menschikof présentait au nom d'un autre empereur de Russie à un autre sultan. La forme diffère, le fond est identique parce que le but n'a pas changé; le mode de présentation est toujours le même : un traité d'une main, une épée de l'autre.

A ce moment le czar avait des troupes à Odessa; il occupait l'île de Corfou; les Grecs étaient insurgés, la Géorgie révoltée par l'influence de la Russie, sous la domination de laquelle elle allait bientôt passer; le sultan Sélim, auquel le czar adressait cette audacieuse demande, était entouré d'agents de son ennemi, qui s'étaient glissés jusque dans son conseil; son premier ministre lui-même était gagné; une conspiration, qui triompha deux ans plus tard, menaçait son trône et sa vie, et cependant le sultan ne céda pas, bien persuadé que du jour où l'empereur de Russie pourrait légalement s'immiscer dans les affaires intérieures de la Turquie, c'en était fait de l'existence de cet empire.

En effet, il eût mieux valu pour les sultans tomber les armes à la main en défendant leur dignité personnelle et l'indépendance de leur nation, que de descendre peu à peu, jusqu'au moment de la fuite, minés à la fois par la puissance toujours croissante de l'ennemi et par la déconsidération attachée à tous ceux qui, placés à la tête des nations pour les diriger et les défendre au besoin, en méconnaissent ou en trahissent lâchement les intérêts.

A cette époque comme aujourd'hui l'ambition se couvrait du masque de la religion, mais dans les deux circonstances le masque ne couvrait pas le visage, la pensée véritable, unique, apparaissait sous le voile destiné à la dissimuler.

Quelques lignes suffiront pour bien faire comprendre la situation. La Turquie d'Europe, allant de la mer Noire à la Hongrie, enveloppant l'archipel grec et s'étendant jusqu'à l'Adriatique par l'Albanie, est habitée par environ douze millions d'individus, Turcs, Grecs, Slaves et Tartares. Neuf millions appartiennent à la religion chrétienne, trois millions au culte mahométan, qui est le culte de l'Etat, le culte des vainqueurs, car dans ce pays la loi religieuse a été jusqu'ici étroitement unie à la loi politique. Celle-là ne permettait pas aux mahométans de s'unir aux femmes d'une religion différente, il en est résulté qu'après plusieurs siècles d'une vie commune, les races ne se sont pas mêlées; les souvenirs des défaites des uns, du triomphe des autres, de la conquête turque, ont ajouté des éléments de division à ceux qui naissaient de la différence du culte, en sorte que ces peuples sont encore divisés en races conquises et en dominateurs.

Les neuf millions de chrétiens qui habitent la Turquie d'Europe sont divisés entre eux en chrétiens de l'Eglise grecque et en chrétiens de l'Eglise latine, mais ces derniers ne forment qu'une petite minorité.

On confond souvent la question des lieux saints avec celle de l'Eglise grecque en Turquie; elles sont complètement distinctes. Les lieux saints sont à Jérusalem, c'est-à-dire sur les confins de l'Asie et de l'Afrique, car la Turquie est le point de jonction des trois parties de l'ancien monde. Les chrétiens des deux rites intéressés dans cette question habitent la Syrie et les montagnes du Liban; ici les Latins forment une immense majorité. En Syrie, comme elles l'ont fait longtemps en France, les deux communions se montrent fort intolérantes l'une vis-à-vis de l'autre; le fanatisme les égare, elles se traitent mutuellement de schismatiques, et, loin d'imiter la sagesse de quelques populations suisses, qui, divisées en catholiques et protestants, célèbrent tour à tour leurs offices dans le même temple, on a vu les Latins et les Grecs, dans une église commune aux deux rites, se disputer par la force la possession d'un autel. De pareilles querelles sont déplorables partout, mais elles le sont plus encore dans un pays où la liberté religieuse n'est pas complète, où on s'efforce de l'obtenir en invoquant l'appui de nations étrangères, éloignées, avec lesquelles on n'a d'autre lien que celui d'une croyance commune : les populations musulmanes, assez peu tolérantes à l'égard des chrétiens, ne pouvaient trouver dans le spectacle de ces luttes sans dignité qu'un encouragement à les opprimer.

Depuis trois siècles, la France, par suite de son alliance avec la Turquie, est devenue le défenseur officieux des chrétiens de Syrie. Elle a réclamé contre les agressions des musulmans, elle a dans ses traités stipulé pour les chrétiens de tous les rites le droit de suivre librement leur culte, elle a obtenu de la Porte des firmans qui consacraient ce droit ; quand il a été violé, ses ambassadeurs ont fait entendre des plaintes, demandé réparation. La discussion des immunités, des priviléges, des droits des chrétiens, a traversé toutes les époques ; l'affaire des Druses et des Maronites a occupé plusieurs années sous le règne de Louis-Philippe ; les dernières concessions de la Porte ottomane, plus larges, plus généreuses, plus dignes de notre époque et des mœurs d'une nation qui se régénère, sont toutes récentes.

Les populations chrétiennes de Syrie avaient donc l'habitude de tourner leurs regards vers la France, de lui demander satisfaction de leurs griefs légitimes ; elles sont allées quelquefois plus loin et ont cherché à obtenir, sous la protection française, une prépondérance sur les musulmans. C'est l'histoire de toutes les races qui ont des lois politiques et des croyances différentes. Le gouvernement français s'est généralement tenu en garde contre ces prétentions dissimulées, couvertes par la religion. La question était donc fort simple : la France demandait pour les chrétiens d'Orient le droit de suivre leur religion, d'exercer leur culte sans être molestés, mais aussi sans vouloir les affranchir de l'obéissance qu'ils devaient à leur gouvernement.

La Russie a depuis longtemps compliqué cette question en demandant à exercer à l'égard des chrétiens du rite grec une sorte de protection qu'exerçait la France à l'égard de tous les chrétiens, sans acception de rite. Elle l'a obtenu. Des missionnaires de l'Église anglicane se sont établis en Syrie, et le gouvernement anglais a réclamé pour ses nationaux la liberté du culte et la protection de l'autorité. L'Autriche a eu son tour ; en sorte que toute personne ou toute communauté qu'on eût molestée pour sa foi religieuse aurait trouvé dans l'ambassadeur de sa nation auprès de la Porte, ou plus immédiatement dans son consul, un appui et un défenseur du privilége qui lui était accordé.

Il eût été assurément plus avantageux à la Turquie de proclamer la liberté des cultes dans ses Etats, de la protéger contre tous les actes auxquels le fanatisme pouvait entraîner les musulmans, sans permettre à aucune puissance de s'immiscer dans ses affaires intérieures ; mais cela était difficile dans un pays où la foi religieuse est ardente, où le chef du clergé jouit d'un pouvoir que le sultan lui-même ne pourrait pas toujours braver sans danger. Il serait, au surplus, fort injuste d'exiger de la Turquie plus que ne font quelques États de l'Europe qui se disent plus avancés en civilisation. Il suffit de jeter les yeux autour de soi pour reconnaître que le principe de la liberté des cultes n'a réellement triomphé que dans un petit nombre d'États ; qu'il est sourdement ou ouvertement attaqué dans ceux qui l'ont hautement proclamé ; et, à voir comment marchent les choses, on peut affirmer que la Turquie régénérée ne sera pas la puissance qui le respectera le moins.

Telle est la question des lieux saints réduite à sa plus grande simplicité. Mais l'exercice des droits accordés à des puissances étrangères, outre qu'il blesse la susceptibilité nationale, est hérissé de difficultés, peut fournir l'occasion de complications de tout genre, et mettre en péril l'autorité de la Porte sur ses sujets.

Des discussions s'élevèrent en 1850 entre le divan et le gouvernement français sur cette question délicate, à propos d'empiétements faits par les chrétiens grecs sur les droits des Latins, auxquels ils avaient enlevé la possession de quelques sanctuaires ; empiétements dont la France demandait la cessation et la réparation en vertu d'un traité qui ne laissait aucun doute sur son droit. Le cabinet russe, voulant encore ses projets, heureux de trouver une occasion de réaliser un plan longuement préparé, habilement suivi, entravait de tous ses efforts la négociation, demandait le maintien du *statu quo*, c'est-à-dire la sanction des faits dont se plaignait la France, et menaçait la Porte d'une rupture si elle faisait droit aux réclamations du gouvernement français. La discussion dura, avec des phases diverses, jusqu'en 1852 ; la Russie, qui l'avait un moment emporté, fut battue à son tour ; il semblait d'abord n'y avoir dans cette question qu'une lutte d'influence entre la Russie et la France, mais la pensée du cabinet russe allait bien au delà.

Quant à la question de l'Église grecque en Orient, quoique découlant de la précédente, quoique présentée par la Russie sous le même aspect, elle a une tout autre importance, un intérêt bien supérieur, puisqu'elle touche au sort de neuf millions d'individus formant la majorité des sujets du sultan dans la Turquie d'Europe. C'est une question politique où la religion, malgré le rôle qu'on lui fait jouer, n'est en réalité que la partie secondaire, un prétexte, un moyen, un appui donné à l'ambition. C'est elle qui aujourd'hui met en jeu l'existence de la Turquie.

Si tout homme a le droit inné, naturel, primordial, d'adorer Dieu comme il l'entend, on comprend que neuf millions d'hommes récla-

ment énergiquement ce droit et l'obtiennent. Les chrétiens de la Turquie d'Europe jouissent en réalité de la liberté de leur culte ; ils ont leurs prêtres, leurs temples, leurs écoles, leurs cimetières, leurs couvents : soumis, sous le rapport politique, à la loi turque, ils n'obéissent, sous le rapport religieux, qu'à un chef chrétien, le patriarche.

Les Turcs ne sont plus ce qu'ils étaient lors de la conquête de l'empire grec, les exterminateurs des chrétiens, les convertisseurs au moyen du sabre, les apôtres de la violence ; le gouvernement ottoman est animé d'un grand esprit de tolérance, et cette qualité, qui n'est que de la justice, n'est pas nouvelle, n'est pas due aux craintes que de récents événements auraient pu inspirer ; elle a été constatée depuis longtemps ; elle a porté les sultans à donner à quelques provinces habitées par des chrétiens non pas des gouverneurs musulmans, mais des gouverneurs professant le même culte que leurs administrés. Dans son Histoire de Russie, où il montre beaucoup d'admiration pour Pierre Ier et beaucoup de propension à justifier tous ses actes, Voltaire, en parlant des provinces moldo-valaques que le czar appelé par la trahison venait d'envahir, écrit le passage suivant : « Enfin ces » provinces ont été entièrement soumises au padisha ou empereur » turc, qui en donne l'investiture. Le hospodar ou vaivode que la Porte » choisit pour gouverner ces provinces est toujours un chrétien grec. » Les Turcs ont, par ce choix, fait connaître leur tolérance, tandis » que nos déclamateurs ignorants leur reprochent la persécution [1]. »

Il y a près d'un siècle que ces lignes si précises ont été publiées. Elles se rapportaient à des faits passés en 1711, et si Voltaire eût trouvé dans l'intolérance des sultans l'excuse de ceux qui appelèrent le czar au delà du Pruth, il n'eût pas manqué d'invoquer ce motif dans l'intérêt de son héros.

Le gouvernement turc ne met donc pas d'obstacle à l'exercice de la religion chrétienne dans ses Etats, mais, jusqu'à ces derniers temps, cette tolérance ou cette justice n'était pas allée au delà du culte ; les chrétiens portaient encore le poids de la conquête, ils étaient encore les Grecs soumis par la force et considérés comme des vaincus ; entre eux et les Turcs, l'égalité n'existait pas. Ils ne pouvaient pas aspirer aux fonctions publiques d'un ordre élevé ; ils n'étaient pas admis dans l'armée, et par suite de cette disposition, ils étaient soumis à un impôt nommé le *karadj*, fort arbitrairement perçu par les fermiers du revenu public. C'était une sorte de capitation, c'était le rachat du service militaire. Le sultan Mamhoud, qui a inauguré en Turquie l'ère des réformes, pour faire cesser les plaintes auxquelles donnait lieu la perception de cet impôt, le fixa, par un firman rendu en avril 1834, à quinze, trente et soixante piastres, suivant la fortune de l'individu.

En 1849 un autre firman permit aux chrétiens d'aspirer aux grades et fonctions de vizir et de pacha.

Enfin, continuant l'œuvre de la réforme et de l'émancipation des chrétiens sujets de la Porte, le sultan a, dans le mois de mars 1854, par suite de l'intervention de la France et de l'Angleterre, et pour ôter à la Russie tout prétexte de guerre, supprimé l'impôt du *karadj* ; il a fait plus, il a par le même firman prononcé l'admission des chrétiens dans l'armée ottomane : il les a ainsi relevés de la déchéance qui pesait sur eux. Quels que soient les motifs ou les influences qui ont amené cet acte réparateur, ce n'en est pas moins un fait immense au point de vue politique comme au point de vue religieux ; il supprime toute distinction entre les habitants d'un même empire, il fonde un peuple nouveau en faisant disparaître l'infériorité résultant du culte professé ; au lieu d'une nation divisée en conquérants et en conquis, il fait une nation d'hommes égaux. Les derniers vestiges du triomphe des uns, de l'abaissement des autres, s'effacent dès ce moment, et une nationalité nouvelle est créée. En même temps l'action politique du gouvernement s'élève, et la religion n'occupe plus que le second rang puisqu'elle cesse d'imprimer un caractère qui ordonne la préférence. Il faudra du temps pour que le vieux parti turc, le corps des ulémas et les fanatiques s'habituent à cette égalité de races ; mais le premier pas est fait, le principe est proclamé, l'œuvre s'achèvera.

Toutefois, si la tolérance du gouvernement turc ne peut pas être sérieusement mise en doute, cette tolérance n'a pas pénétré dans les mœurs de la masse de la nation, les employés du gouvernement eux-mêmes ne l'ont pas toujours prise pour règle de leur conduite, ne l'ont pas toujours pratiquée. Dans les provinces éloignées surtout, obéissant au vieil instinct musulman, aux vieilles passions religieuses, ils ont fermé les yeux sur les exactions, ils ont mis obstacle au libre exercice de leur culte, ils se sont livrés à des actes de violence envers les chrétiens, ou ils ont toléré ceux des fanatiques contre ces mêmes chrétiens dont ils couvraient les plaintes d'un profond silence. Ceux-ci, à leur tour, irrités des mauvais traitements, forts de leur nombre, ont rarement laissé échapper l'occasion de se venger, et les garnisons ainsi que les populations turques ont éprouvé souvent de sanglantes représailles.

Toutes les fois que les chrétiens grecs ont à souffrir des vexations,

[1] *Histoire de Russie*, part. II, ch. 1er, Campagne du Pruth.

des persécutions, des dénis de justice, des plaintes sont portées au patriarche, leur intermédiaire naturel entre eux et le gouvernement; le patriarcat est l'autorité qui exerce ouvertement son action, mais au-dessus de lui il existe une puissance, un synode, un pape de l'Eglise grecque qui sans pouvoir exercer aucune autorité politique patente en Turquie y jouit d'une haute influence morale, vers lequel se tournent les regards des chrétiens grecs. Persécutés, ils l'appellent pour mettre fin à leurs souffrances; non persécutés, ils l'appellent encore pour faire triompher le christianisme sur l'islamisme, pour faire de Constantinople la capitale d'un empire grec; disposition commune à toutes les religions, aspirations de tous les peuples vaincus; c'est donc à une conquête politique, matérielle, autant qu'à une conquête religieuse, qu'ils convient l'empereur de Russie.

L'ambition des czars n'a pas besoin d'être aiguillonnée, l'histoire le prouve suffisamment; mais elle s'attache habilement à se couvrir de motifs avouables, elle provoque les plaintes, elle les grossit et les amplifie. C'est dans l'état des chrétiens en Orient qu'elle prend aujourd'hui le prétexte de la guerre qui éclate; mais, démasquant sa pensée plus qu'elle ne l'avait fait jusqu'ici, et comme pour rendre la lutte inévitable, elle ne se borne plus à réclamer des priviléges, des immunités, des droits pour les chrétiens, elle exige de la Porte qu'elle reconnaisse l'empereur de Russie comme le protecteur des chrétiens de l'empire turc. En effet, M. le prince Menschikoff, ambassadeur du czar, se rend à Constantinople pour terminer l'affaire des lieux saints; sa mission est présentée comme n'ayant pas d'autre but. Il signale son arrivée par une haute inconvenance qui amène la dislocation du cabinet ottoman, la retraite d'un ministre opposé à la Russie. Les ambassadeurs d'Angleterre, d'Autriche et de Prusse interviennent entre ceux de France et de Russie, les amènent à une apparente conciliation, la Porte prend un moyen terme pour ne blesser aucune des deux puissances, enfin on croit pouvoir se féliciter d'une solution qui donne des garanties au maintien de la paix.

Mais en même temps qu'il travaillait ouvertement à terminer l'affaire des lieux saints, M. Menschikoff remettait à la Porte un projet de traité secret que les ambassadeurs des autres puissances devaient ignorer, et dans lequel le protectorat de la Russie sur les églises grecques de tout l'empire ottoman était stipulé d'une manière nette et précise. « On est convenu, par la présente convention, des condi-» tions suivantes, savoir : la religion grecque (ailleurs elle est ap-» pelée gréco-russe) sera toujours protégée dans toutes les églises; » les représentants de la cour impériale auront le droit, comme » par le passé, de donner des ordres aux églises, tant à Constanti-» nople que dans d'autres endroits et villes, ainsi qu'aux ecclé-» siastiques, et comme ces conseils viennent d'un gouvernement » voisin et ami, ils seront bien accueillis. » *Article 1er du projet de traité secret.*

Les prêtres du culte grec dans les Etats du sultan ne remplissent pas seulement des fonctions religieuses; magistrats civils vis-à-vis de leurs coreligionnaires, ils jugent les procès qui s'élèvent entre eux, constatent les mariages, les décès, les naissances, exercent une sorte de police municipale; ce sont donc des chefs réels de communautés; en accordant à l'empereur de Russie ce qu'il demandait par ce traité, le sultan lui donnait la direction de la religion, de la justice civile dans ses Etats, dans sa capitale; c'était une abdication déguisée, c'était un suicide; plus encore, c'était une trahison envers la nation turque, conquérante, maîtresse de l'empire byzantin, et dont le sultan est le chef.

Le sultan indigné refusa; cet article premier du traité secret fut rédigé en d'autres termes; la forme changeait, le fond restait le même; la pensée de domination, bien arrêtée dans l'esprit du czar, surnageait toujours au milieu des termes ambigus sous lesquels on essayait de la voiler. Modifié, adouci, atténué dans la forme seulement, le projet fut soumis aux délibérations d'un conseil composé de quarante-cinq personnes, ministres et hauts fonctionnaires; mais le secret avait naturellement transpiré; les ambassadeurs des diverses puissances jugeaient parfaitement de la gravité de la situation; ils avaient voulu prévenir une rupture, une guerre dont ils voyaient tous les dangers pour la Turquie; mais ils ne pouvaient méconnaître que du jour où il accéderait aux demandes de la Russie l'empire ottoman était perdu. Quelque réserve qu'ils dussent mettre dans l'expression de leur pensée, au milieu de conjonctures si difficiles, ils ne pouvaient pas conseiller la soumission aux exigences du czar, abaissement que les puissances dont ils étaient les mandataires avaient intérêt à ne pas permettre, en vue de l'avenir.

Lors même que les ministres et fonctionnaires turcs n'eussent pas été décidés à repousser à tout prix les prétentions de la Russie, ils y auraient été encouragés par les sympathies des ambassadeurs; mais leur indignation suffisait, la proposition de M. Menschikoff fut rejetée par quarante-deux voix, trois seulement l'appuyèrent. Le plénipotentiaire russe quitta Constantinople.

La guerre était dès lors inévitable, et tous les efforts plus ou moins sincères des puissances occidentales ne devaient avoir d'autre résultat que de permettre à la Russie de réunir ses forces et de marche à son but.

VI.

Pour parvenir plus facilement à ce but, qu'on a vu tout à l'heure largement et complétement révélé, la Russie dès lors suscite de tous côtés des ennemis à la Porte Ottomane; elle prend tous les masques, remue tous les sentiments, invoque toutes les passions basses ou généreuses; elle veut des auxiliaires, elle en appelle de tous les points, elle les accepte tous sans regarder leur drapeau, s'en remettant à sa force pour régler les démêlés qui pourraient s'élever plus tard entre elle et eux. Les catholiques romains peuvent lui donner un appui, un concours; elle agite en Turquie, au nom de la foi chrétienne, les hommes professant ce catholicisme qu'elle persécute et ruine dans ses propres Etats; elle excite la vanité de l'Eglise grecque, la passion religieuse par l'espérance d'un triomphe rêvé depuis des siècles, par la promesse de planter la croix grecque sur le dôme de Sainte-Sophie, d'élever Constantinople plus haut que Rome.

Quand la foi religieuse n'est pas assez puissante, son or soudoie les dévouements à sa cause, les agitations qui peuvent la servir. Une nationalité courbée jadis sous le sabre des Ottomans jette-t-elle quelque part un soupir de regret, la Russie rallume une espérance, elle qui achève de briser la nationalité polonaise dans ses Etats et s'efforce de détruire la nationalité des montagnards du Caucase! Aucun élément de succès ne sera négligé; elle poussera l'habileté pour susciter un ennemi de plus à la Turquie, jusqu'à égarer la vaniteuse ambition du roi des Grecs, à le bercer de la pensée de devenir empereur d'Orient, lorsqu'il peut à peine, sous la protection de trois puissances, se soutenir sur une ombre de royaume et régner sur les ruines des monuments élevés au temps d'une force disparue, d'une splendeur éteinte, par une civilisation noyée dans le sang.

Pendant que la Russie, les regards tournés vers l'Orient, préparait la conquête de Constantinople, elle devait songer à sa tranquillité intérieure, chercher à détruire les germes de toute résistance contre elle, et en même temps préparer les moyens d'arracher à l'Autriche et à la Prusse les provinces polonaises qui leur étaient échues dans le partage. Des intérêts se fondaient, s'unissaient; des liens naissaient entre le peuple réuni et ses dominateurs. Empêcher par la guerre cette fusion lente, mais inévitable, était impossible; l'Autriche et la Prusse opposeraient une résistance énergique, l'Europe occidentale pouvait prendre parti en une ligue formidable; puis, en supposant le succès, que résultait-il pour la Russie de tout l'ancien royaume de Pologne? C'était réunir en un seul faisceau tous les intérêts opposés jusque-là partagés en trois, combattant sourdement trois ennemis; c'était tourner vers un seul point tous les efforts d'affranchissement.

Il y avait donc deux buts à atteindre : apaiser la haine des Polonais contre la Russie, empêcher ceux qui habitaient les provinces données à l'Autriche et à la Prusse de s'attacher à ces puissances; la Russie allait le tenter avec cette rare habileté qui distingue sa diplomatie.

On connaît l'attachement de la plupart des hommes pour la race dont ils descendent, attachement inhérent à la nature humaine; par lui l'homme n'est plus isolé sur la terre, il a une famille dans le passé, il a des intérêts communs à toute une race, il a des souvenirs, des traditions, une mission à remplir, des exemples à suivre et à léguer; c'est la responsabilité commune, la solidarité, mises à la place de l'individualisme. Ce sentiment résiste aux événements qui partagent les races et les forment en Etats séparés, il lutte contre les démembrements; il se ravive souvent dans les proscriptions, dans l'ilotisme qui suit les conquêtes et est imposé par elles aux vaincus. C'est lui qui fait espérer.

Il y a, éparpillée en Europe, en Russie, en Prusse, en Autriche, en Servie, en Valachie et en Moldavie, une race qui paraît plus que toute autre avoir conservé le souvenir de sa puissance au temps où elle était unie : c'est la race slave. Peut-être ne doit-elle cette vivacité de sentiments qu'à son éparpillement et à l'état de faiblesse où celui-ci l'a réduite.

Raviver les souvenirs des temps écoulés, rappeler la communauté d'origine à des populations entrées dans le contingent de plusieurs nations, faire naître la pensée d'un nouvel empire qui réunirait toutes ces forces divisées, c'était affaiblir tous les Etats que les Slaves font partie. C'est ce que fit la Russie; on ne pouvait pas la soupçonner de mauvais desseins, puisqu'elle-même régnait sur une portion du peuple slave.

Elle avait fait de grand efforts pour prohiber, pour effacer la langue polonaise, elle en appliqua de non moins grands à ressusciter la poésie et la littérature slave; par ses encouragements les vieilles légendes, les vieilles ballades, les chants des rapsodes furent recueillis, imprimés, publiés; l'Europe vit avec étonnement cette littérature oubliée renaître, se former en un corps.

Ce mouvement parut à quelques hommes un nouvel effort d'une nationalité vaincue, brisée, qui essaie de se reformer par les productions de l'imagination. D'autres y virent la protestation politique de ce peuple, qui, courbé sous le joug, donnait encore signe de vie. Quelques-uns comprirent.

Il en résulta pour un grand nombre de Polonais un éloignement plus marqué pour la race allemande, un amollissement dans la haine qu'ils portaient à la Russie. Mais le résultat le plus positif fut la naissance ou, si l'on veut, une grande expansion du panslavisme, la pensée de réunir en un seul peuple tous les membres éparpillés de la race slave. C'était une complication jetée dans les affaires des autres nations, des embarras pour l'avenir dont on semait le germe. D'un côté, la pensée de fonder une patrie purement polonaise s'effaçait pour quelques-uns dans la vastitude du plan qui consistait à rallier tous les débris de la race; d'un autre côté, la Russie se créait des amis, des partisans, dans les provinces que ses armées devaient traverser en marchant contre la Turquie lorsque le moment de porter le dernier coup à l'empire turc lui paraîtrait venu.

C'est ainsi qu'elle a préparé les esprits à la lutte solennelle qui commence. Elle a fait plus à l'égard des Polonais qui habitent les provinces incorporées à l'empire russe. Prévoyant qu'une insurrection pourrait naître des complications de la guerre, elle a cherché à la prévenir en faisant semer un bruit fort invraisemblable, mais qui trouve créance, tant ceux qui souffrent sont disposés à accepter les promesses les moins sincères, les espérances les plus vagues. Quelque temps avant le passage du Danube, c'est-à-dire au moment où la lutte allait s'engager entre elle et les trois puissances, le bruit s'était répandu que le czar allait rétablir le royaume de Pologne, lui donner une constitution et placer l'un de ses fils sur le trône.

Ce bruit ne circulait pas seulement en Pologne, où l'espérance de le voir se réaliser pouvait retenir ceux qui auraient été disposés à aller demander du service en Turquie afin de combattre les Russes, il était habilement répandu en France, à Paris; il était propagé par les agents de Saint-Pétersbourg, par des hommes faciles à tromper, qui croient sans examen. Une guerre avec la Russie devait naturellement amener à Constantinople quelques-uns des proscrits polonais toujours ardents, toujours prêts à combattre; on parlait déjà de la formation d'une légion polonaise. Éveiller un espoir au cœur de ces hommes, c'était peut-être désarmer des ennemis; la politique russe n'hésita pas, sauf à répondre plus tard par les baïonnettes à ceux qui auraient accepté ce leurre comme une sainte promesse.

Tout se préparait au dehors, mais il fallait agir au dedans de l'empire turc, au cœur même de Constantinople, ourdir une conspiration qui pût éclater à un moment donné, et, en attendant, préparer occultement le succès. Des émissaires secrets qui avaient parcouru la Moldavie, la Valachie et la Servie avant l'occupation des deux premières provinces, firent ensuite de nombreux voyages en Autriche, à Vienne même, dans un but qui sera révélé plus tard; à Athènes, en Thessalie, dans le Montenegro, dans la Bosnie, puis en Syrie, à Jérusalem, au mont Athos, enfin dans la Bulgarie, qu'il importait de préparer à l'entrée des Russes.

Un de ces actifs émissaires du cabinet de Pétersbourg mit sur les traces d'une agence russe formée à Constantinople, dont le chef était le baron OElsner, officier russe, dans laquelle étaient employés avec un certain nombre de Grecs quatre officiers russes dont un colonel, ancien directeur des postes du czar dans le Levant. Cette affaire offre des détails honteux, sordides : un homme qui occupe un certain rang dans la société est un espion de la police russe, et soit pour détourner les soupçons, soit pour retirer plus de bénéfice de son métier, se vend ou feint de se vendre à la police turque, et reçoit de deux côtés le prix de son espionnage, peut-être de sa double trahison.

Grâce à l'actif concours de ces émissaires, l'agitation paralyse les efforts du gouvernement ottoman; dans les populations mêlées de musulmans et de chrétiens, les hommes se défient les uns des autres, se regardent comme des ennemis que rien ne doit concilier, qui s'égorgeront à un signal donné; enfin, lorsque les soldats russes traversent le Danube et s'enfoncent sur le territoire turc, le clergé du rite grec s'avance en procession au-devant d'eux, leur apporte les palmes de la victoire et les bénédictions de son Église.

VII.

Il est incontestable que les faits passagers qui se produisent chez les nations voisines que l'on regarde comme ennemies, ou que l'on s'attend à trouver opposées à ses vues, doivent avoir une influence sur les déterminations d'une puissance qui se dispose à la guerre; elle peut du moins les considérer comme un moyen d'arriver plus aisément à son but. La situation politique d'une partie de l'Europe, les changements survenus en France, ont pu paraître à l'empereur de Russie de nature à favoriser ses desseins.

Lorsque la nouvelle de la révolution de février et de la proclamation de la république arriva à Saint-Pétersbourg, dans les premiers jours de mars 1848, Nicolas était à la résidence impériale de l'Ermitage, où il donnait une fête; on lui porta la dépêche, il fit connaître à haute voix cet événement aux officiers qui l'entouraient, et ajouta en finissant : « Ainsi, messieurs, préparez-vous à monter à cheval. » Il est probable qu'il songeait alors aux traités de 1815, dont le maintien devait lui paraître fort douteux. Il n'attaqua pas, mais immédiatement il rassembla et renforça son armée, et quelques mois après troupes envahissaient les provinces moldo-valaques sous prétexte mettre fin aux troubles qui y avaient éclaté, mais en réalité pour

empêcher qu'on y fondât un gouvernement démocratique sur lequel la Russie n'aurait pas exercé l'influence qu'elle a sur les hospodars, qui eût mis à néant son protectorat, et eût plus tard opposé un vigoureux obstacle à sa marche sur Constantinople.

Les traditions de 1814 et 1815 représentent la Russie comme disposée à servir les prétentions de la maison de Bourbon : la fusion des deux branches de cette famille a pu faire penser au czar qu'il trouverait dans les partisans des Bourbons des alliés de sa politique. Il ne s'est pas dissimulé que si, par un de ces coups inespérés du sort qui surprennent les peuples, la Russie aidait à opérer une restauration en France, le gouvernement qui lui devrait une pareille fortune n'aurait ni la force ni la volonté de s'opposer à ses vues ambitieuses. Heureux d'exister par la Russie, il la laisserait sans réclamation maîtresse de la Turquie d'Europe, et serait plus tard impuissant à s'opposer à de nouvelles conquêtes, lorsque l'intérêt de la nation lui aurait ou imposé ou fait comprendre la nécessité de réprimer les envahissements de la Russie.

Les profondes modifications politiques survenues depuis peu dans l'organisation du gouvernement français n'ont pas dû être non plus sans influence sur les déterminations de la cour de Russie. La restauration de la famille impériale de Napoléon a pu lui faire craindre la reprise de la politique contre laquelle la Russie a si énergiquement lutté, et qui l'a réduite à de cruelles extrémités. Elle a cru voir la France essayer de reprendre ses frontières perdues en 1815, réunir la Belgique, pousser jusqu'au Rhin ses limites; l'occupation de Rome lui a paru révéler des vues ultérieures sur l'Italie; là était le quartier général d'une armée destinée à agir sur Naples et la Sicile, l'une et l'autre mécontentes et agitées.

Dès lors ses armées étaient trop éloignées de l'Occident, ses vaisseaux de la Baltique ne lui suffisaient plus; il fallait que sa magnifique flotte de la mer Noire pût franchir librement le détroit et entrer dans la Méditerranée, y transporter ses régiments. Si le sultan restait maître de Constantinople, un revirement dans la politique du divan, une défaite de la flotte russe, pouvait fermer le détroit, il importait donc que Constantinople fût au pouvoir des Russes communiquant librement d'une mer à l'autre; que leur flotte, trop vivement poursuivie dans la Méditerranée, pût trouver un asile assuré, inviolable, dans le Pont-Euxin, devenu leur arsenal et son grenier.

La France s'y opposerait, mais elle serait seule; l'Autriche menacée en Italie, la Prusse inquiète sur le Rhin, ne feraient pas la guerre à la Russie, qui, en occupant la France d'une guerre lointaine, difficile, compliquée d'embarras, la détournait d'une guerre dans laquelle l'Autriche et la Prusse seraient plus immédiatement intéressées.

Il restait l'Angleterre, qui, n'ayant à craindre rien de bien sérieux de la France, à laquelle l'attachaient d'immenses intérêts commerciaux qu'on ne pourrait pas briser sans amener une perturbation des plus grandes, des plus profondes, dans le travail, les entreprises, la fortune de plusieurs millions de Français, et complétement tranquille de ce côté, ne permettrait pas à la Russie de conquérir Constantinople, de devenir une puissance méditerranéenne, de lui couper la route de l'Inde; mais il était possible de désintéresser l'Angleterre, d'en faire une alliée, sinon active, du moins n'apportant pas d'obstacles, de l'appeler enfin au partage de l'empire turc. C'est vers ce but que se tournèrent tous les efforts de la diplomatie et du czar lui-même, qui ne dédaigna pas de recourir aux moyens les moins avouables.

Si la Russie réussissait de ce côté, la France restait complétement seule; elle était forte sans doute, mais surveillée par l'Autriche et la Prusse, dont cette prise d'armes éveillerait les défiances, ne serait-elle point paralysée? Habituée à une paix que le progrès des arts et des sciences avait appris à aimer, à apprécier; heureuse des développements immenses qu'avaient pris son industrie et son commerce, la nation française aurait-elle quelque enthousiasme pour une guerre dont les éventualités mystérieuses effrayeraient certains esprits? Pour conserver en Orient une influence qui ne lui a jamais servi à rien, inutile à ses amis, impuissante contre ses adversaires, toujours coûteuse, voudrait-elle jouer l'avenir? D'un autre côté, n'y avait-il pas en France des hommes qui verraient avec plaisir le triomphe de la politique russe, dans l'espérance d'une restauration des Bourbons? L'enchaînement des libertés publiques, pour la conquête desquelles la France a fait de si longs efforts, a passé par de si cruelles péripéties, n'avait-il pas mécontenté une partie du pays, et cela ne jetterait-il pas quelque hésitation parmi les hommes qui composaient les conseils du pouvoir? Telles furent les réflexions du cabinet russe, et, persuadé qu'il aurait peu d'obstacles à vaincre, l'empereur Nicolas s'aboucha avec lord Hamilton Seymour. On verra plus loin par quels motifs l'Angleterre ne pouvait pas adopter le plan, accepter les propositions de la Russie, mais on peut constater que les négociations, ou plutôt les pourparlers, eurent un caractère d'habileté, de finesse, de réserve, qui donne une haute idée du talent diplomatique du czar et de l'ambassadeur anglais. Avant de reproduire ces documents si importants et d'indiquer dans quelles graves circonstances ils ont été publiés, il faut établir les positions respectives de la France, de l'Angleterre et de la Turquie.

C'est ainsi que la Russie est arrivée lentement à la situation actuelle. Les provinces moldo-valaques sont occupées par des troupes russes, le Danube est franchi, et toute communication par ce fleuve, de la mer Noire à l'intérieur du pays, est supprimée ; nul secours n'arrivera par-là, Sébastopol et la mer d'Azof renferment une flotte considérable ; la Géorgie presse la Turquie d'Asie ; des agents russes agitent la Perse ; l'insurrection grecque menace au nord ; le Monténégro est soulevé ; enfin la Russie entoure Constantinople d'un cercle d'ennemis, qui, s'avançant de tous les côtés à la fois, devaient l'écraser ou rendre toute résistance inutile.

Les flottes de France et d'Angleterre sont arrivées à propos.

En attendant qu'il puisse prendre le nom d'empereur d'Orient, voici les titres du czar dans les actes officiels :

« Nicolas, par la grâce de Dieu, empereur et autocrate de toutes les Russies, de Moscou, Kieff, Wladimir et Novgorod ; czar de Kasan, czar d'Astrakan, czar de Pologne, czar de Sibérie, czar de la Chersonèse Taurique ; seigneur de Pskoff et grand prince de Smolensk, de Lithuanie, de Valachie, de Podolie et de Finlande ; prince d'Esthonie, de Livonie, de Courlande et de Semgalie, de Samogitie, de Bialystok, de Karelie, de Tver, de Jougrie, de Perm, de Viatka, de Bulgarie et de plusieurs autres pays ; seigneur et grand prince du territoire de Novgorod intérieur, de Tschernigoff, de Riazan, de Polotzk, de Rostof, de Jaroslaf, de Bielozero, d'Oudorie, d'Obdorie, de Koudinie, de Witebsk, de Mtislaf, et dominateur de toute la région hyperboréenne ; seigneur du pays d'Herie, de Kartalinie, de Grousinie, de Kabardinie et d'Arménie ; seigneur héréditaire et suzerain des princes tscherkesses, de ceux les montagnes et d'autres encore ; héritier de la Norvége, duc de Schleswig-Holstein, de Saint-Ormarn, de Ditmarsen et d'Oldenbourg, etc., etc. »

VIII.

Il est difficile de savoir d'une manière bien exacte de quel œil cette nouvelle guerre est envisagée en Russie par les diverses classes de la société. Elles manquent d'organes pour exprimer leurs pensées ; un mutisme absolu leur est imposé sur tout ce qui touche à la politique, l'expression d'une opinion opposée à la pensée gouvernementale amènerait la persécution sur celui qui la manifesterait. Tous les journaux sont dans cette dépendance qui ne permet que l'éloge et dicte ces flatteries dans lesquelles les czars sont bercés jusqu'au jour où ils s'éveillent sous un poignard ou sont étouffés sous un coussin.

Le peuple, les paysans ou les moujiks sont fanatisés par les prêtres du culte gréco-russe, qui représentent l'empereur comme le bras de Dieu, le chef de la religion, presque Dieu lui-même. Ce peuple est encore ignorant : les écoles qui ont été fondées en Russie ont eu pour but d'en imposer à l'Europe en lui persuadant que l'empire était en progrès, beaucoup plus que de répandre l'instruction d'une façon sérieuse. Catherine répondant à son ministre qui lui signalait la solitude des écoles et le peu d'empressement des paysans à y envoyer leurs enfants, lui écrivait : « Ne vous plaignez pas de ce que les écoles sont désertes, il suffit que nous les ayons fondées pour ne pas encourir les reproches des philosophes. » On comprend que ce peuple, excité par ses prêtres, qui lui expliquent la politique religieuse du czar à leur manière, puisse, en voyant cette politique couronnée jusqu'ici par le succès, être plein de foi dans l'avenir. Cependant on doit constater que le recrutement de l'armée se fait avec peine, que les agents du gouvernement emploient la violence pour amener des recrues sous les drapeaux et que les populations se montrent peu empressées à soutenir de leurs bras et au péril de leur vie une politique pour laquelle on les dit pleines d'enthousiasme. Qui peut aimer un régime militaire où le fils du paysan est condamné à n'avoir jamais d'avancement ? où, abdiquant sa qualité d'homme, il est non-seulement soumis aux coups de bâton et de verges en vertu du code, mais exposé aux brutalités des officiers, qui le frappent de leur canne, de leur cravache ou de la main, sans que le malheureux ose faire un mouvement qui lui coûterait ou un plus dur supplice ou la vie ? Aussi quand le nombre d'hommes à prendre dans un village a été déterminé, que les autorités locales ont secrètement dressé leur tableau, le détachement chargé de l'exécution arrive pendant la nuit, investit le village, et, sourd aux cris des femmes, des enfants, emmène les hommes, qu'il enchaîne quelquefois pour ne pas les voir s'échapper en route.

Les classes élevées, initiées aux arts, aux jouissances de la civilisation, instruites, polies, sont partagées en trois catégories : les hommes sérieux, qui sentent tous les bienfaits de la paix, et déplorent, au point de vue philosophique, la lutte engagée, mais sont forcés de se taire par prudence, pour échapper à l'espionnage organisé autour d'eux sur une vaste échelle. Boyards, membres du sénat, officiers, propriétaires cultivateurs, c'est dans leurs rangs que recrutent les conspirations fréquentes qui éclatent souvent sans que le public en soit instruit, que l'on noie dans le sang, à l'ombre des prisons, ou que l'on étouffe dans les mines de Sibérie. Il n'est pas rare de trouver dans les régiments envoyés au Caucase de ces hommes incorporés comme simples soldats, sans que leur famille sache ce qu'ils sont devenus, et qui n'ont pas même la ressource de s'enfuir dans la montagne, d'y aller vivre de leur travail, parce qu'ils ont laissé une femme, des enfants que leur fuite exposerait aux plus affreux traitements, et peut-être aussi parce que les Circassiens, à bon droit défiants, les prendraient pour des espions chargés d'étudier leurs moyens de défense, de s'assurer de leurs forces et de préparer l'invasion.

La seconde catégorie se compose d'hommes ardents, ambitieux d'argent et d'honneurs, rêvant des possessions sous des climats plus doux que celui de Russie, des grades et des richesses, fruit de la victoire qu'ils se promettent sur la Turquie et la France. Depuis longtemps, en effet, ils ne les séparent pas, c'est la double conquête promise à leur courage, la double proie qui doit payer leurs efforts. L'empire ottoman va recevoir le dernier coup et crouler ; 1814 a découronné la France de son auréole, de son prestige ; Constantinople et Paris leur apparaissent dans le lointain pleines de séductions et de charme : elles les appellent, les attirent, ils sont prêts et se persuadent qu'ils y arriveront bientôt. Hautains et froids, ces seigneurs sont cependant polis dans leurs relations ordinaires avec les étrangers ; mais dès qu'il s'agit de guerre ils manquent de tact et poussent l'oubli des convenances jusqu'à parler de la France comme d'une très-prochaine conquête devant des Français, pour lesquels il ne serait pas sans danger de répondre avec franchise et qui se condamnent au silence.

Dans les Etats romains les ministres, les administrateurs, les directeurs de l'artillerie, des finances, sont des prélats, des monsignori, des prêtres, des hommes enfin appartenant réellement au clergé régulier ou séculier ; en Russie, où règne le despotisme militaire, tous les fonctionnaire appartiennent à l'armée, ou portent des noms d'officiers de différents grades. Telle fonction civile donne rang de général, telle autre rang de colonel, rang de capitaine, car la hiérarchie militaire est le type administratif. La confusion est facile, car des fonctions qui n'ont rien de commun avec l'armée sont remplies par des officiers supérieurs réellement attachés à l'armée et qui peuvent être d'un jour à l'autre appelés au service actif.

L'esprit de vénalité est assez général chez les fonctionnaires de tous les ordres, et il est rare qu'on obtienne d'eux gratuitement les choses les plus ordinaires dépendant de leurs fonctions, de leur service. Aux demandes les plus simples, les plus habituelles, la première réponse est presque toujours un refus coloré d'un prétexte plausible. C'est un général, un colonel qui parle ; il porte ses épaulettes, sa poitrine est couverte de cordons, de croix, ou, s'il est en habit de ville, on entend les employés inférieurs lui donner ces titres qui ailleurs commandent le respect et excluent toute pensée d'exaction. L'étranger, qui ignore comment les choses se passent, insiste vainement, ne comprend rien aux difficultés qu'on lui oppose et se retire, sauf à revenir le lendemain ou à faire d'autres démarches longues, pénibles et inutiles, ou à apprendre de quelque officieux le secret qui fait expédier les affaires.

Celui qui connaît les usages ne perd pas ainsi son temps. Après avoir expliqué l'objet de sa demande et avoir écouté l'objection ordinaire, il a vu s'ouvrir le tiroir d'un secrétaire dans lequel Son Excellence cherche quelque chose ; il y laisse tomber ostensiblement, sans rien dire, soit de l'or, soit quelques kopecs en monnaie de papier, suivant l'importance de l'affaire, et alors Son Excellence trouve dans sa bonté inépuisable un moyen d'expédier l'affaire et d'épargner au solliciteur l'ennui de revenir. Ainsi se traitent les choses les plus simples : que l'on juge par là des grandes ! L'empereur est quelquefois obligé de sévir lorsque le scandale est trop public, lorsque les exactions sont poussées au point de compromettre le service public ou lorsque les personnes lésées jouissent d'une haute influence. Alors il punit avec éclat : un colonel, un général est dégradé, il est incorporé comme simple soldat dans un régiment ou envoyé aux mines ; ses biens sont confisqués. C'est un homme sur mille, et les autres continuent en calculant les chances d'impunité.

L'empereur fait assez fréquemment des cadeaux : il donne une tabatière avec son portrait entouré de brillants, une épingle en diamants, une bague, une broche, etc. C'est un moyen de témoigner sa satisfaction, son amitié, son admiration ; c'est quelquefois aussi un secours offert avec délicatesse. En effet, tous ces objets ont une valeur déterminée. Il existe dans l'un des ministères un bureau où l'on peut les échanger contre des roubles ; c'est un usage du pays. Mais celui qui a besoin de tirer parti du cadeau qu'il a reçu de l'empereur est toujours obligé d'en laisser quelque pourboire entre la main de celui qui lui remet le prix de l'objet reçu.

Dans ce cas, les exigences ne sont pas très-grandes ; mais les choses se passent autrement lorsque l'empereur ordonne de compter une somme d'argent : elle arrive très-rarement entière dans les mains de celui auquel elle est destinée. Parfois même elle se trouve réduite de moitié, de deux tiers, et l'on dit tranquillement au réclamant : L'empereur a ordonné de vous compter cinq cents roubles, mais c'est une somme énorme, nous n'avons pas de fonds, et nous avons pensé que deux cents roubles étaient très-suffisants pour vous. On prend les deux cents roubles, et on n'entend jamais parler du reste. Telles sont les mœurs administratives.

C'est parmi les hommes de cette seconde catégorie, nommés, du reste, pleins d'audace, d'intelligence et de finesse, que la chancellerie russe trouve ses agents les plus dévoués. Il faut un homme intrépide, endurci aux dangers, qui aille à travers les glaces, sur un traîneau attelé de vingt ou trente chiens, étudier les mœurs, les habitudes, les besoins des peuplades asiatiques, nouer des relations, préparer les moyens de réunir dans quinze ou vingt ans une nouvelle province à l'empire russe. Cet homme part, s'exile, parcourt les pays les plus affreux, reste plusieurs années au milieu de périls de toute sorte et ne revient qu'après avoir accompli sa mission.

Un autre, descendant vers le sud, pénétrera chez les Chinois, s'entendra avec les ministres du Céleste-Empire, obtiendra d'eux la permission de bâtir une église russe sur les terres des Chinois et d'en faire payer les prêtres par le budget de la Chine, manœuvre habile, pierre d'attente sur laquelle viendront plus tard s'appuyer les matériaux de cet édifice.

Quand la Russie viendra conquérir le kannat d'Hérat, c'est par la Perse qu'elle le fera attaquer, comme en 1838; mais des officiers anglais le défendront, et l'Asie donnera au monde ce singulier spectacle d'une armée persane attaquant une ville sous la direction d'artilleurs russes, tandis que cette ville sera fortifiée par des officiers du génie anglais.

pensée sérieuse les occupe au point de produire ce changement: d'autres pressurent leurs paysans, les torturent pour leur arracher les sommes nécessaires à leurs plaisirs, à des besoins qui renaissent toujours. Il arrive de temps en temps qu'au milieu d'une nuit sombre de vives clartés illuminent tout à coup l'horizon, et l'on pourrait voir un cordon serré de paysans, armés de fourches, de fléaux, de barres de fer, gardant toutes les issues d'un château qui brûle et y repoussant impitoyablement quiconque tente d'en sortir. Le lendemain il n'y a plus que des ruines à la place de l'habitation splendide, et le seigneur est resté sous les décombres. Quelques paysans payent de leur vie la vengeance de tous. On appelle cela une *exécution*.

Ceux de ces hommes de plaisir qui habitent Pétersbourg, Moscou ou les autres capitales des provinces affichent d'ordinaire un grand luxe, et les femmes étrangères sont pour eux un objet de vanité. Ces courtisanes, dont quelques-unes mènent grand train, sont en général des Allemandes et des Françaises destinées à briller, à disparaître et à mourir dans un hôpital ou un grenier.

UNIFORMES DE L'ARMÉE ANGLAISE. — Infanterie.

Lorsque, pour s'avancer vers l'Inde, le cabinet de Saint-Pétersbourg essayera de pénétrer diplomatiquement dans le Caboul, il aura un homme habile qui commencera par conclure un traité de commerce avec le chef de ce pays en attendant l'heure de faire un traité politique qui rapproche la Russie de l'Afghanistan, cette route de tous les conquérants de l'Asie.

C'est parmi eux qu'elle recrutera les officiers qui, en 1852, pénétreront en touristes dans la Valachie, descendront le Danube, lèveront les plans de Widdin, de Kalafat, de Silistrie, d'Hirsowa, de toutes les places que la Russie attaque, investit, bombarde aujourd'hui.

Ils iront remuer la Grèce, préparer une insurrection dans le Montenegro, essayer de soulever la Bulgarie, étudier les passages des Balkans; ils seront partout, humbles, ignorés, obscurs, mais d'une activité infatigable, pour préparer le triomphe de la Russie.

La troisième catégorie est celle des hommes de plaisir, qui se dédommagent de l'inutilité de leur vie et occupent leur activité au jeu, à la table, auprès des femmes. Quelques-uns gémissent parfois de cette existence dont ils ont pris l'habitude, qu'ils n'osent plus changer par vanité, peut-être aussi parce que l'on se demanderait quelle

Il y a en Russie, comme en Pologne et dans quelques provinces de l'Allemagne et de la Suisse allemande, d'assez nombreuses familles errantes, qu'on appelle des gitanos, des bohémiens, des heimathlosen, suivant les contrées où elles se trouvent. En Russie elles sont organisées en bandes qui donnent des représentations, exécutent des danses. Les femmes ne sont pas très-belles en général, mais elles sont brunes, leurs regards sauvages, leurs grands yeux noirs, leurs danses frénétiques leur donnent un attrait piquant, et il n'est pas rare de voir les jeunes Russes faire pour elles des dépenses folles. Les intrigues de cette sorte sont favorisées par l'habitude que l'on a de les appeler aux fêtes que l'on donne dans les châteaux pour exécuter leurs danses.

Parmi les seigneurs il en est qui sont doux, humains, équitables, généreux. Si l'un d'eux se ruine, si un orage emporte ses récoltes, qu'une perte au jeu, une mauvaise spéculation le forcent à vendre une de ses terres, les paysans accourent offrir de l'argent à leur seigneur afin qu'il paye sa dette et ne les vende pas, car ils ignorent entre les mains de qui ils passeraient, et ils craignent de perdre au change. D'autres fois, quand la vente de la terre à laquelle ils appartiennent est de toute nécessité, les paysans députent quelques-uns des leurs vers un seigneur dont ils connaissent l'humanité pour le prier d'acheter terre et hommes, lui offrant de l'argent, s'il en manque, pour parfaire le prix. Quelle condition que celle de ces hommes qui ne alliance, ses sacrifices, son action n'étaient destinés qu'à servir les vues de l'Angleterre.

Des explications devenaient indispensables; maladroitement provoquées par le cabinet russe, elles allaient élucider les plans, les vues, les manœuvres de la Russie à l'égard de l'empire ottoman, révéler ses pensées intimes sur les gouvernements qui pouvaient apporter aide ou obstacle à leur réalisation. Le cabinet anglais, ainsi accusé, n'hésita pas à communiquer au parlement un *memorandum* confidentiel de M. de Nesselrode présenté au gouvernement britannique et basé sur des communications reçues de l'empereur de Russie après le voyage que celui-ci avait fait en Angleterre, en juin 1844 ; puis la correspondance secrète de lord Seymour, ambassadeur anglais en Russie, correspondance allant du 11 janvier au 21 avril 1853. Il devenait évident que la politique russe n'avait pas varié un seul moment durant cette période de huit années, car la pensée exprimée dans la première de ces pièces se trouvait exactement reproduite dans la dernière. Dans le *memorandum* comme dans les conversations offi-

Dans ce but, l'essentiel est de laisser la Porte vivre en repos, sans l'agiter inutilement par des tracasseries diplomatiques, et sans s'ingérer, sans une nécessité absolue, dans ses affaires intérieures.

Pour mettre ce système de ménagement en pratique, dans l'intérêt bien entendu de la Porte, il ne faut pas perdre de vue deux choses. Les voici :

D'abord la Porte a une tendance constante à s'affranchir des engagements que lui imposent les traités qu'elle a conclus avec les autres puissances. Elle espère le faire impunément, parce qu'elle compte sur la jalousie mutuelle des cabinets. Elle croit que si elle manque à ses engagements envers l'un d'eux, les autres épouseront sa querelle et la mettront à l'abri de toute responsabilité.

Il est essentiel de ne pas confirmer la Porte dans cette illusion. Chaque fois qu'elle manque à ses obligations envers l'une des grandes puissances, il est de l'intérêt de toutes les autres de lui faire sentir son tort et de l'exhorter sérieusement à faire droit au cabinet qui demande une juste réparation.

Invasion d'un village chrétien par des insurgés grecs.

cielles entre le czar et l'ambassadeur, l'empereur de Russie commence toujours par protester de ses intentions de maintenir l'intégrité de l'empire ottoman ; puis il en prévoit la dissolution, et finit invariablement par offrir à l'Angleterre une part dans le partage, en se réservant pour lui-même Constantinople, non pas à titre de possession, il ne l'ose pas encore, mais à titre de dépôt.

Voici la partie la plus importance de ces pièces : c'est de l'histoire contemporaine écrite par les acteurs eux-mêmes.

Memorandum du comte de Nesselrode, présenté au gouvernement de Sa Majesté Britannique, et basé sur des communications reçues de l'empereur de Russie, subséquemment au voyage de Sa Majesté Impériale en Angleterre en juin 1844.

La Russie et l'Angleterre sont mutuellement pénétrées de la conviction qu'il est de leur intérêt commun que la Porte Ottomane se maintienne dans l'état d'indépendance et de possession territoriale dont se compose actuellement cet empire, cette combinaison politique étant celle qui se concilie le mieux avec l'intérêt général de la conservation de la paix.

D'accord sur ce principe, la Russie et l'Angleterre ont un égal intérêt à unir leurs efforts pour raffermir l'existence de l'empire ottoman et pour écarter les dangers qui peuvent compromettre sa sécurité.

Dès que la Porte ne se verra pas soutenue par les autres cabinets, elle cédera, et les différends survenus s'aplaniront dans les voies de la conciliation sans qu'il en résulte un conflit.

Il est une seconde cause de complication inhérente à la situation de la Porte : c'est la difficulté qu'il y a de mettre d'accord entre eux le respect dû à l'autorité souveraine du sultan fondée sur la loi musulmane avec les ménagements que réclament les intérêts des populations chrétiennes de cet empire.

Cette difficulté est réelle. Dans la situation actuelle des esprits en Europe, les cabinets ne sauraient voir avec indifférence que les populations chrétiennes en Turquie soient soumises à des actes flagrants de vexation et d'intolérance religieuse.

Il faut sans cesse faire sentir cette vérité aux ministres ottomans, et les persuader qu'ils ne peuvent compter sur l'amitié et sur l'appui des grandes puissances qu'à condition qu'ils traitent les sujets chrétiens de la Porte avec tolérance et avec douceur.

En insistant sur cette vérité, les représentants étrangers devront, d'une autre part, user de toute leur influence pour maintenir les sujets chrétiens de la Porte dans la soumission envers l'autorité souveraine.

Guidés par ces principes, les représentants étrangers devront agir entre eux dans un parfait esprit de concorde. S'ils élèvent des remontrances auprès de la Porte, elles devront être empreintes d'un caractère véritable d'unanimité, sans porter celui d'une prépotence exclusive.

En persistant dans ce système avec calme et modération, les représentants des grands cabinets de l'Europe auront la meilleure chance de réussir dans leurs démarches sans provoquer des complications compromettantes pour le repos de l'empire ottoman. Si toutes les grandes puissances adoptent franchement cette ligne de conduite, elles auront un espoir fondé de conserver l'existence de la Turquie.

Cependant, on ne saurait se dissimuler combien cet empire renferme d'éléments de dissolution. Des circonstances imprévues peuvent hâter sa chute sans qu'il soit au pouvoir des cabinets amis de la prévenir.

Comme il n'est pas donné à la prévoyance humaine d'arrêter d'avance un plan d'action pour tel ou tel cas inattendu, il serait prématuré de mettre en délibération des éventualités qui peuvent ne pas se réaliser.

Dans l'incertitude qui plane sur l'avenir, une seule idée fondamentale semble d'une application vraiment pratique : c'est que le danger qui pourra résulter d'une catastrophe en Turquie sera diminué de beaucoup si, le cas échéant, la Russie et l'Angleterre s'entendent sur la marche qu'elles auront à adopter en commun.

Cette entente sera d'autant plus salutaire qu'elle rencontrera l'assentiment complet de l'Autriche. Entre elle et la Russie, il subsiste déjà une parfaite conformité de principes, relativement aux affaires de Turquie, dans un intérêt commun de conservation et de paix.

Pour rendre leur union plus efficace, il ne resterait à désirer que voir l'Angleterre s'y associer dans le même but.

La raison qui conseille l'établissement de cet accord est fort simple. Sur terre, la Russie exerce envers la Turquie une action prépondérante.

Sur mer, l'Angleterre occupe la même position.

Isolée, l'action de ces deux puissances pourrait faire beaucoup de mal ; combinée, elle pourra produire un bien réel : de là l'utilité de s'entendre préalablement avant d'agir.

Cette idée a été arrêtée en principe pendant le dernier séjour de l'empereur à Londres. Il en est résulté l'engagement éventuel que, s'il arrivait quelque chose d'imprévu en Turquie, la Russie et l'Angleterre se concerteraient préalablement entre elles sur ce qu'elles auraient à faire en commun.

Le but dans lequel la Russie et l'Angleterre auront à s'entendre peut se formuler de la manière suivante :

1° Chercher à maintenir l'existence de l'empire ottoman dans son état actuel aussi longtemps que cette combinaison politique sera possible ;

2° Si nous prévoyons qu'il doit crouler, se concerter préalablement sur tout ce qui concerne l'établissement d'un nouvel ordre de choses, destiné à remplacer celui qui existe aujourd'hui, et veiller en commun à ce que le changement survenu dans la situation intérieure de cet empire ne puisse porter atteinte ni à la sûreté de leurs propres Etats et aux droits que les traités leur assurent respectivement, ni au maintien de l'équilibre européen.

Dans ce but ainsi formulé, la politique de la Russie et de l'Autriche, comme nous l'avons déjà dit, se trouve étroitement liée par le principe d'une parfaite solidarité. Si l'Angleterre, comme principale puissance maritime, agit d'accord avec elles, il est à penser que la France se trouvera dans la nécessité de se conformer à la marche concertée entre Saint-Pétersbourg, Londres et Vienne.

Le conflit entre les grandes puissances se trouvant ainsi écarté, il est à espérer que la paix de l'Europe pourra être maintenue, même au milieu de circonstances si graves. C'est à assurer cet objet, d'un intérêt commun, que devra être consacrée l'entente préalable que la Russie et l'Angleterre établiront entre elles, le cas échéant, ainsi que l'empereur en est convenu avec les ministres de Sa Majesté Britannique pendant son séjour en Angleterre.

COMMUNICATIONS RELATIVES A LA TURQUIE

FAITES AU GOUVERNEMENT DE SA MAJESTÉ PAR L'EMPEREUR DE RUSSIE,
ET RÉPONSE A CES COMMUNICATIONS.

(Janvier—avril 1853.)

N° 1. — *Sir G.-H. Seymour à lord John Russell.*

(Reçu 23 janvier. — Secret et confidentiel. — Extrait.)

« Saint-Pétersbourg, 11 janvier 1853.

» MILORD,

» Le 9 de ce mois au soir, j'ai eu l'honneur de voir l'empereur de Russie au palais de la grande-duchesse Hélène, qui, à ce qu'il paraît, avait demandé la permission d'inviter lady Seymour et moi pour voir la famille impériale.

» L'empereur est venu à moi, et, de la manière la plus gracieuse, m'a dit qu'il avait appris avec grand plaisir que le gouvernement de Sa Majesté venait définitivement d'être constitué, et a ajouté qu'il croyait que ce ministère aurait une longue durée.

» Sa Majesté Impériale a voulu tout particulièrement que je por-

tasse cette assurance au comte d'Aberdeen, qu'il connaissait depuis environ quarante ans, et pour qui il avait autant d'égards que d'estime. Sa Majesté Impériale a voulu que je la rappelasse au souvenir de Sa Seigneurie.

» — Vous connaissez mes sentiments pour l'Angleterre ; m'a dit l'empereur ; ce que je vous ai dit, je vous le répète : c'était toujours mon intention que les deux pays fussent dans les termes d'une amitié intime (*close amity*), et je suis sûr qu'ils continueront à être dans les mêmes sentiments. Vous êtes ici depuis quelque temps, et, comme vous avez vu, il n'y a eu que fort peu de points sur lesquels nous n'avons pas été d'accord ; nos intérêts, au fait, sont dans presque toutes les questions les mêmes.

» J'ai fait observer à l'empereur que réellement je ne m'étais pas aperçu, depuis mon séjour à Saint-Pétersbourg, qu'il y eût entre nous des divergences d'opinion, excepté en ce qui touchait au chiffre dynastique de Napoléon III, point au sujet duquel chaque gouvernement avait sa manière de voir, mais qui, après tout, n'était pas essentiel.

» — Ce chiffre III, a répondu l'empereur, demanderait de longues explications ; je n'en parlerai donc pas pour le moment ; je serais cependant bien aise que vous entendissiez ce que j'ai à dire là-dessus ; je vous prierai donc de me venir voir un matin, lorsque je serai un peu plus libre.

» Naturellement j'ai prié l'empereur d'être assez bon pour me donner ses ordres à ce sujet.

» L'empereur, en attendant, a continué ainsi : — Je répète qu'il est essentiel que les deux gouvernements, c'est-à-dire le gouvernement anglais et moi, et moi et le gouvernement anglais, soyons dans les meilleurs termes, et jamais la nécessité n'en a été aussi grande que dans ce moment. Je vous prie de transmettre ces paroles à lord John Russel. Lorsque nous sommes d'accord, je suis tout à fait sans inquiétude quant à l'occident de l'Europe ; ce que d'autres pensent au fond est de peu d'importance. Quant à la Turquie, c'est une autre question ; ce pays est dans un état critique et peut nous donner beaucoup d'embarras. Mais je vais vous quitter. Et en disant cela, l'empereur s'en allait en me serrant très-gracieusement la main.

» J'ai aussitôt réfléchi que la conversation était incomplète et pourrait ne jamais être reprise. Aussi, pendant que l'empereur me tenait encore la main : — Sire, ai-je dit, avec votre gracieuse permission, je voudrais prendre la liberté de dire un mot. — Certainement, répondit l'empereur ; qu'est-ce ? j'écoute.

» — Sire, ai-je repris, Votre Majesté a été assez bonne pour m'assurer de la conformité de ses vues avec celles de mon gouvernement, ce qui assurément m'a causé le plus grand plaisir et sera reçu avec une satisfaction générale en Angleterre ; mais je serais excessivement heureux si Votre Majesté voulait ajouter quelques mots propres à calmer les inquiétudes relatives aux affaires de la Turquie, inquiétudes que les événements passés ont éveillées à un si haut degré chez le gouvernement de Sa Majesté Britannique ; peut-être Votre Majesté daignera-t-elle me charger de quelques assurances de plus à cet égard.

» Les paroles et le geste de l'empereur, quoique toujours très-gracieux, témoignaient qu'il n'avait aucune intention de me parler des démonstrations qu'il est sur le point de faire dans le sud de l'empire. Il a dit cependant, d'abord avec quelque hésitation ; mais à mesure qu'il continuait, avec un ton de plus en plus affirmatif : — Les affaires de Turquie sont dans un état de grande désorganisation ; le pays menace ruine ; la chute sera un grand malheur ; et il est important que l'Angleterre et la Russie en viennent à une entente parfaite et qu'aucune des deux puissances ne fasse aucun pas décisif à l'insu de l'autre.

» J'ai fait observer en quelques mots combien j'étais heureux d'entendre ce langage de la bouche de Sa Majesté Impériale ; que c'était certainement la manière dont les questions relatives à la Turquie devaient être traitées.

» — Tenez, a ajouté l'empereur comme s'il continuait ses observations, tenez, nous avons sur les bras un homme malade, un homme gravement malade ; ce serait, je vous le dis franchement, un grand malheur si un de ces jours il devait nous échapper, surtout avant que toutes les dispositions nécessaires fussent prises. Mais, enfin, ce n'est point le moment de vous parler de cela.

» Il était évident pour moi que l'empereur ne voulait pas prolonger la conversation. J'ai donc dit : — Votre Majesté est si gracieuse, qu'elle me permettra de lui faire encore une observation : Votre Majesté dit que l'homme est malade, c'est bien vrai ; mais Votre Majesté daignera m'excuser si je lui fais observer que c'est à l'homme généreux et fort à ménager l'homme malade et faible.

» L'empereur m'a quitté alors d'une manière qui m'a fait penser qu'au moins je ne l'avais pas offensé, et il m'a de nouveau parlé de l'intention qu'il avait de m'envoyer chercher un jour.

» Donnera-t-il suite à cette intention ? Voilà ce qui n'est pas aussi sûr que mon vœu. Il est peut-être bon que je dise à Votre Seigneurie que je me propose de donner connaissance au comte de Nesselrode de ma conversation avec l'empereur.

» Je suis convaincu que le chancelier est invariablement favorable aux mesures de modération, et, autant qu'il est en son pouvoir, aux vues anglaises. Son désir d'agir de concert avec le gouvernement de

Sa Majesté ne peut donc qu'être fortifié lorsqu'il sera informé des déclarations amicales que l'empereur m'a faites à ce sujet.

» En relisant ma dépêche, je suis convaincu que la conversation, quoique présentée en abrégé, a été fidèlement rendue par moi ; le seul point de quelque importance dont je n'aie pas parlé est que l'empereur m'avait dit que les nouvelles de Constantinople étaient plus satisfaisantes, les Turcs paraissaient être plus raisonnables, bien qu'on ne voie pas comment ils le sont devenus. G. Hamilton-Seymour. »

N° 2. — Sir G. H.-Seymour à lord John Russell.
(Reçu le 6 février. — Secret et confidentiel.)

« Saint-Pétersbourg, 23 janvier 1853.

» Milord,

» Le 14 de ce mois, conformément à une invitation reçue du chancelier, je suis allé chez l'empereur, et j'ai eu l'honneur d'avoir avec Sa Majesté Impériale la conversation très-intéressante dont il est de mon devoir de donner à Votre Seigneurie un compte rendu qui, quoique imparfait, n'est pas en tout cas inexact.

» J'ai trouvé l'empereur seul. Il m'a reçu avec une grande bienveillance en me disant que j'avais témoigné le désir de lui parler des affaires d'Orient ; que, de son côté, il était également disposé à en parler, mais qu'il serait obligé de remonter à une époque éloignée.

» — Vous savez, me dit l'empereur, les rêves et les plans dans lesquels l'impératrice Catherine se complaisait ; ils ont été transmis jusqu'à nos jours. Mais, quant à moi, quoique héritier de ses immenses possessions territoriales, je n'ai pas hérité de ces visions ou de ces intentions, si vous voulez. Au contraire, mon empire est si vaste, placé sous tous les rapports si heureusement, que ce serait déraisonnable de ma part de désirer plus de territoire ou de pouvoir que je n'en possède ; au contraire, je suis le premier à vous dire que notre grand, peut-être notre seul danger, naîtrait d'une extension nouvelle donnée à un empire déjà trop grand.

» Tout près de nous est la Turquie, et dans notre situation actuelle on ne saurait désirer rien de mieux pour nos intérêts ; les temps ne sont plus où nous avions à craindre quelque chose du fanatisme ou des entreprises guerrières des Turcs, et cependant ce pays est encore assez fort ou a été jusqu'ici assez fort pour maintenir son indépendance et se faire respecter par d'autres États.

» Eh bien ! dans cet empire il y a plusieurs millions de chrétiens sur les intérêts desquels je suis appelé à veiller, pendant que, d'un autre côté, le droit de le faire m'est garanti par des traités. Je puis dire en toute vérité que je fais un usage modéré de mon droit, et j'avouerai franchement que c'est un droit accompagné quelquefois de devoirs bien gênants ; mais je ne peux pas me soustraire à l'accomplissement d'un devoir positif. Notre religion, telle qu'elle est établie dans ce pays, nous est venue d'Orient, et il y a des sentiments et des obligations qu'on ne saurait perdre de vue.

» Maintenant la Turquie, placée dans une situation telle que je l'ai dit, est tombée graduellement à un état de décrépitude tel, que, comme je vous l'ai dit l'autre jour, si désireux que nous soyons de prolonger l'existence du malade (et je vous prie de croire que je désire autant que vous qu'il continue à vivre), il peut subitement mourir et nous rester sur les bras ; nous ne pouvons pas ressusciter ce qui est mort. Si l'empire turc tombe, il tombera pour ne plus se relever. Je vous demande alors s'il ne vaut pas mieux être préparé à une telle éventualité que de s'exposer au chaos, à la confusion et à la certitude d'une guerre européenne ; or tout cela devra accompagner la catastrophe, si elle a lieu inopinément et avant qu'on ait tracé quelque plan ultérieur. Voilà le point sur lequel je désire appeler l'attention de votre gouvernement.

» J'ai répondu : — Sire, Votre Majesté est si franche avec moi, qu'elle aura la bonté de me permettre de parler avec la même franchise. Je ferai donc observer à Votre Majesté que, quelque déplorable que soit la situation de la Turquie, c'est un pays qui a été depuis longtemps dans des difficultés que beaucoup de personnes croyaient insurmontables.

» Quant aux arrangements à prendre, le gouvernement de la reine, comme Votre Majesté le sait bien, est opposé, en règle générale, à contracter des engagements en vue d'éventualités, et serait peut-être peu disposé, en particulier, à en contracter dans cette question. Si je puis m'exprimer ainsi, on éprouve toujours en Angleterre beaucoup de *répugnance à escompter* la succession d'un ancien ami et allié.

» — C'est un bon principe, répondit l'empereur, bon dans tous les temps, mais surtout dans des temps d'incertitudes et de changements comme les temps actuels. Et cependant il est de la plus grande importance que nous nous entendions mutuellement et que nous ne nous laissions pas surprendre par les événements. Maintenant je désire vous parler en ami et en *gentleman*. Si nous arrivons à nous entendre sur cette affaire, l'Angleterre et moi, pour le reste peu m'importe ; je tiens pour indifférent ce que font et pensent les autres. Usant donc de franchise, je vous dis nettement que si l'Angleterre songe à s'établir un de ces jours à Constantinople, je ne le permettrai pas ; je ne vous prête point ces intentions, mais il vaut mieux dans ces occasions parler clairement. De mon côté, je suis également

disposé à prendre l'engagement de ne pas m'y établir, en propriétaire, il s'entend ; car en dépositaire, je ne dis pas. Il pourrait se faire que les circonstances me missent dans le cas d'occuper Constantinople si rien ne se trouve prévu, si l'on doit tout laisser au hasard.

» J'ai remercié l'empereur de la franchise de ses déclarations et du désir qu'il venait d'exprimer d'agir cordialement et ouvertement avec le gouvernement de Sa Majesté, en lui faisant observer en même temps qu'une telle entente me paraissait la meilleure garantie contre le danger auquel Sa Majesté Impériale avait fait allusion. J'ai ajouté que, quoique je ne fusse pas préparé à exprimer une opinion positive sur des questions aussi graves et aussi délicates, il me paraissait possible de conclure entre le gouvernement de Sa Majesté et l'empereur un arrangement de nature à prévenir certaines éventualités plutôt qu'à y pourvoir.

» Pour rendre ma pensée plus claire, j'ai encore dit ceci : — Je ne puis que répéter, sire, que, dans mon opinion, le gouvernement de la reine sera peu disposé à prendre des arrangements en vue de la chute de l'empire ottoman ; mais il est possible qu'il soit prêt à en prendre pour mettre obstacle à des arrangements qu'on serait tenté de conclure pour cette éventualité.

» L'empereur a ensuite parlé d'une conversation qu'il avait eue, lors de son dernier voyage en Angleterre, avec le duc de Wellington, et des motifs qui l'avaient engagé à s'ouvrir le premier au duc. Alors, comme à présent, il était, a-t-il dit, désireux de prendre des mesures contre des événements qui, faute de tout concert préalable, pourraient le forcer d'agir contrairement aux vues du gouvernement de Sa Majesté Britannique.

» La conversation passa ensuite aux événements du jour ; et, à cette occasion, l'empereur a brièvement récapitulé ses demandes relatives aux lieux saints, demandes reconnues par le firman de février 1852 et revêtues d'une sanction à laquelle Sa Majesté disait attacher beaucoup plus d'importance, la parole d'un souverain.

» L'empereur a dit qu'il devait insister sur l'exécution des promesses ainsi faites et ratifiées, mais il voulait croire que cet objet pourrait être atteint par la négociation, d'autant plus que les dernières nouvelles de Constantinople étaient plus satisfaisantes.

» J'ai exprimé ma conviction que la négociation, appuyée, comme je le supposais, de la menace de mesures militaires, suffirait pour assurer une réponse favorable aux justes demandes de la Russie. J'ai ajouté que je désirais répéter à l'empereur ce que j'avais déjà lu à son ministre dans une note à lui adressée, savoir : que ce que je craignais pour la Turquie, ce n'étaient pas les intentions de Sa Majesté l'empereur, mais les suites des mesures qu'on préparait ; j'ai ajouté que je répéterais qu'on pouvait prévoir deux conséquences de l'apparition d'une armée russe sur les frontières de la Turquie : l'une, une contre-démonstration qui viendrait de la France ; l'autre, plus sérieuse encore, le soulèvement des populations chrétiennes contre l'autorité du sultan, déjà affaiblie par des révoltes et par une grave crise financière.

» L'empereur m'a assuré qu'aucun mouvement n'avait eu lieu, qu'elles n'ont pas bougé, et a exprimé l'espoir qu'aucun mouvement en avant ne serait nécessaire.

» Quant à une expédition française dans les États du sultan, l'empereur a donné à entendre qu'une telle démarche conduirait les affaires à une crise immédiate ; que le sentiment d'honneur le forcerait d'envoyer en Turquie une armée sans délai et sans hésitation ; et que si le résultat d'un tel mouvement était le renversement du Grand Seigneur, il le regretterait, mais qu'il serait persuadé de n'avoir rien fait qu'il ne fût forcé de faire.

» Je dois ajouter encore ceci au compte rendu ci-dessus, que l'empereur a bien voulu laisser à ma discrétion de communiquer ou non à son ministre (comte de Nesselrode) les détails de notre conversation, et qu'avant que j'eusse quitté Sa Majesté elle me dit : — Vous rendrez compte au gouvernement de la reine de ce qui s'est passé entre nous, et vous direz que je suis prêt à accueillir toute communication qu'il jugera à propos de me faire sur cette question.

» J'ai parlé dans une autre dépêche des points auxquels l'empereur a touché dans sa conversation. Quant aux ouvertures si importantes auxquelles se rapporte la présente, je ferai observer à Votre Seigneurie que, comme il est de mon devoir de rapporter aussi bien mes impressions que des faits et des déclarations, je suis obligé de dire que si les paroles, le ton, les gestes peuvent servir de critérium des intentions, l'empereur me paraît disposé à agir avec loyauté et franchise envers le gouvernement de Sa Majesté. L'empereur a, sans aucun doute, ses propres objets en vue, et, dans mon opinion, il croit trop fortement à l'imminence des dangers qui menacent la Turquie. Je suis toutefois convaincu que pour accomplir ses vues comme pour se prémunir contre ces dangers, l'empereur désire sincèrement d'agir de concert avec le gouvernement de Sa Majesté la reine.

» Je vais maintenant faire observer à Votre Seigneurie que ces ouvertures ne pourraient, sans inconvenance, être passées sous silence par le gouvernement de la reine.

» Une première fois, des allusions à ces ouvertures ont été faites ; une seconde fois, elles ont été distinctement faites par l'empereur lui même au ministre de la reine accrédité à sa cour ; tandis que la conversation qui a eu lieu il y a quelques années avec le duc de Wellington prouve que l'objet que l'empereur a en vue est un de ceux qui ont longtemps occupé ses pensées.

» Si donc les propositions restaient sans réponse, le cabinet impérial aurait cet avantage décisif, que dans le cas où une grande catastrophe surviendrait en Turquie, il pourrait rappeler les ouvertures faites à l'Angleterre, et qui, n'ayant pas eu de suite, laissaient à l'empereur la faculté ou le mettaient dans la nécessité de suivre sa propre ligne de politique en Orient.

» En outre, je ferai observer que le désir exprimé par l'empereur, même au point de vue de ses intérêts, de voir prolonger les jours de *cet homme qui se meurt* (la Turquie), me paraît autoriser le gouvernement de la reine à proposer à l'empereur de s'unir à l'Angleterre pour prendre des mesures propres à étayer l'autorité chancelante du sultan.

» Enfin, je ferai observer que, quand même l'empereur serait peu disposé à suivre une politique capable d'arrêter la chute de l'empire ottoman, les déclarations qu'il m'a faites le forcent à prendre d'avance, de concert avec le gouvernement de la reine, des mesures de précaution propres à empêcher la crise fatale d'être suivie d'une confusion qui aurait lieu dès que la succession serait ouverte.

» Ce serait un noble triomphe de la civilisation du dix-neuvième siècle, si le vide laissé par l'extinction de la domination mahométane en Europe pouvait être comblé sans que la paix de l'Europe fût troublée, grâce aux mesures de précaution prises par deux puissances les plus intéressées aux destinées de la Turquie.

» J'ai l'honneur, etc. G. H.-Seymour. »

Nº 4. — *Lord John Russell à sir G. H.-Seymour.*
(Secret et confidentiel. — Extrait.)

« Foreign-office, 6 février 1853.

» Monsieur,

» J'ai reçu et j'ai mis sous les yeux de la reine votre dépêche secrète et confidentielle du 22 janvier.

» La question soulevée par Sa Majesté Impériale est très-sérieuse. Cette question est celle-ci : En supposant que l'éventualité de la dissolution de l'empire ottoman soit probable et même imminente, vaut-il mieux prendre d'avance des mesures pour une telle éventualité que de s'exposer au chaos, à la confusion et à la certitude d'une guerre européenne, événements qui doivent accompagner la catastrophe si elle a lieu inopinément et avant qu'on ait arrêté la politique à suivre ultérieurement? — Voilà le point, a dit Sa Majesté Impériale, sur lequel je désire que vous appeliez l'attention de votre gouvernement.

» En examinant cette grave question, la première réflexion qui se présente au gouvernement de la reine, c'est qu'il n'est survenu aucune crise actuelle qui rende la solution de ce grand problème européen nécessaire. Il s'est élevé des difficultés au sujet des lieux saints, mais ces difficultés sont en dehors des affaires intérieures du gouvernement turc et concernent plutôt la Russie et la France que la Sublime Porte. Quelque trouble dans les relations de la Turquie et de l'Autriche a été occasionné par l'attaque des Turcs contre le Monténégro; mais ceci également concerne des dangers affectant la frontière de l'Autriche plutôt que l'autorité et la sécurité du sultan; de sorte qu'il n'existe pas de motif suffisant pour déclarer au sultan qu'il est hors d'état de maintenir la paix à l'intérieur ou conserver les relations amicales avec ses voisins.

» Il se présente encore une autre observation à l'esprit des ministres de Sa Majesté, c'est que l'éventualité qu'on prévoit n'est nullement fixée quant au temps. Lorsque Guillaume III et Louis XIV disposaient par traité de la succession de Charles II d'Espagne, ils pourvoyaient à une éventualité qui ne pouvait pas être éloignée. Les infirmités du roi d'Espagne et le terme certain de toute vie humaine rendaient cette éventualité à la fois sûre et prochaine. La mort du roi d'Espagne n'a pas été accélérée par le traité de partage. On peut en dire autant des dispositions prises d'avance, dans le siècle dernier, au sujet de la Toscane, en prévision de la mort du dernier prince de la maison de Médicis. Mais la perspective d'une dissolution de l'empire ottoman est d'un tout autre genre : elle peut se réaliser dans vingt, dans cinquante, dans cent ans.

» En de telles circonstances, il serait peu compatible avec les dispositions amicales qui animent l'empereur de Russie non moins que Sa Majesté la reine de la Grande-Bretagne à l'égard du sultan, de disposer d'avance des provinces qui lui appartiennent. Mais indépendamment de cette considération, il est encore nécessaire de faire observer qu'un arrangement conclu dans un cas pareil tendrait indubitablement à accélérer l'éventualité à laquelle on désire pourvoir. L'Autriche et la France ne sauraient loyalement être tenues dans l'ignorance d'une telle transaction, et le secret ne saurait atteindre le but qu'on se propose, celui d'éviter une guerre européenne. Un tel silence ne saurait même entrer dans les intentions de Sa Majesté Impériale. Il est à présumer qu'aussitôt que la Russie et la Grande-Bretagne seraient tombées d'accord sur la politique à suivre et auraient résolu d'y donner suite, elles feraient part de leurs détermi-

nations aux grandes puissances européennes. Un arrangement ainsi conclu et communiqué ne resterait pas longtemps secret; et en même temps qu'il alarmerait et aliénerait le sultan, la connaissance qu'on en aurait généralement exciterait tous ses ennemis à des actes de violence et à une lutte plus opiniâtre. Ils combattraient avec la certitude du triomphe, pendant que les généraux et les troupes du sultan sentiraient qu'un succès immédiat ne saurait sauver leur cause d'une ruine finale. Ainsi on ferait naître et on fortifierait l'anarchie même que l'on redoute, et la grande prévoyance des amis du malade deviendrait la cause de sa mort.

» Le gouvernement de la reine n'a pas besoin de s'entendre sur les dangers qui accompagneraient l'exécution d'une pareille convention. L'exemple de la guerre de succession d'Espagne suffit pour démontrer combien des arrangements de ce genre sont peu respectés lorsqu'une tentation trop pressante pousse à les violer. La position de l'empereur de Russie comme dépositaire, mais non comme propriétaire de Constantinople, serait exposée à des hasards sans nombre, tant à cause de l'ambition de longue date de son pays que des rivalités de l'Europe. Le propriétaire définitif, quel qu'il fût, ne saurait être satisfait de l'attitude inerte et indolente des descendants de Mahomet II. Une grande influence sur les affaires de l'Europe semble naturellement appartenir au maître de Constantinople, en possession des clefs de la Méditerranée et de l'Euxin.

» Une telle influence pourrait être exercée en faveur de la Russie; elle pourrait aussi être employée à tenir en échec et à dompter sa puissance.

» Sa Majesté Impériale a dit avec justice et sagesse :

» — Mon empire est si vaste, si bien situé sous tous les rapports, qu'il serait déraisonnable de ma part de désirer plus de territoire et de pouvoir que je n'en possède. Au contraire, a-t-il dit, notre grand, peut-être notre seul danger naîtrait de l'extension d'un empire déjà trop vaste. Un Etat plein de vigueur et d'ambition qui remplacerait la Turquie pourrait toutefois rendre une guerre, de la part de la Russie, nécessaire pour l'empereur ou ses successeurs.

» C'est ainsi qu'une lutte européenne surgirait précisément des moyens qu'on prendrait pour la conjurer; car ni l'Angleterre, ni la France, ni probablement l'Autriche, ne consentiraient à voir Constantinople définitivement entre les mains de la Russie.

» Je suis, etc. J. Russell. »

Nº 5. — *Sir G. H.-Seymour à lord John Russell.*
(Reçu le 6 mars. — Secret et confidentiel. — Extrait.)

« Saint-Pétersbourg, 21 février 1853.

» Hier soir, à une réunion chez la grande-duchesse, femme du grand-duc héritier, l'empereur vint à moi et me prit à part de la manière la plus gracieuse, en me disant qu'il voulait me parler. Après avoir exprimé en termes flatteurs la confiance qu'il avait en moi, il déclara qu'il était prêt à me parler sans réserve sur des questions de la plus grande importance, comme il l'avait fait, disait-il, dans sa dernière conversation. — Et il est bien, ajouta-t-il, qu'il en soit ainsi; car, ce que je désire le plus, c'est qu'il règne la plus grande intimité entre les deux gouvernements, elle n'a jamais été aussi nécessaire que dans ce moment... Eh bien! continua l'empereur, vous avez donc reçu votre réponse, et vous allez me l'apporter demain?

» — J'aurai cet honneur, sire, répondis-je; mais Votre Majesté sait déjà que la réponse est exactement ce que je lui avais fait pressentir.

» — C'est ce que je regrette d'avoir appris; mais je crois que votre gouvernement ne comprend pas bien mon but. Je suis moins impatient de savoir ce qui sera fait lorsque le malade mourra que de déterminer avec l'Angleterre ce qui ne sera pas fait lorsque cet événement arrivera.

» — Mais, sire, permettez-moi de vous faire observer que nous n'avons aucune raison de croire que le malade, pour me servir de l'expression de Votre Majesté, est à l'article de la mort. Nous avons autant d'intérêt que nous en supposons à Votre Majesté à la continuation de son existence; et quant à moi, j'oserai ajouter que l'expérience nous apprend que les Etats ne meurent pas aussi vite. La Turquie vivra encore pendant bien des années, à moins qu'il ne survienne quelque crise imprévue. Et c'est précisément, sire, pour éviter toutes les circonstances qui seraient de nature à amener une telle crise, que le gouvernement de la reine compte sur votre généreux concours.

» — Alors, reprit l'empereur, je vous dirai que si votre gouvernement est porté à croire que la Turquie conserve quelques éléments d'existence, il faut qu'il ait reçu des renseignements inexacts. Je vous le répète, le malade se meurt, et nous ne pouvons jamais permettre qu'un tel événement nous prenne au dépourvu. Il nous faut en venir à une entente, et nous y arriverons, j'en suis convaincu, si j'avais seulement dix minutes de conversation avec vos ministres, avec lord Aberdeen, par exemple, qui me connaît si bien, qui a en moi une confiance aussi entière que celle que j'ai en lui. Et ne l'oubliez pas, je ne demande ni un traité ni un protocole; une entente générale est tout ce que je désire. Entre gens comme il faut, cela suffit; et dans ce cas je suis sûr que la confiance serait aussi grande du côté des ministres de la reine que du mien. Restons-en là pour le moment; venez demain, et toutes les fois que vous croirez qu'une conversation avec moi puisse contribuer à une entente sur n'importe quel point, faites-moi dire que vous désirez me voir.

» J'ai remercié Sa Majesté Impériale avec effusion, en ajoutant que je pouvais l'assurer que le gouvernement de la reine regardait sa parole, une fois donnée, comme ayant la valeur d'un contrat.

» Je n'ai à peine besoin de faire observer à Votre Seigneurie que cette courte conversation, rapportée ici brièvement, mais exactement, fournit un sujet à de plus sérieuses réflexions.

» Et il ne saurait y avoir de doute qu'un souverain qui insiste avec une telle opiniâtreté sur la chute imminente d'un Etat voisin n'ait arrêté dans son esprit que l'heure est venue, non pas d'attendre sa dissolution, mais de la provoquer.

» J'ai pensé alors, comme je le pense encore, qu'on n'aurait pas hasardé une telle hypothèse s'il n'existait pas quelque entente, peut-être générale, mais dans tous les cas intime, entre la Russie et l'Autriche.

» En supposant que mes soupçons soient fondés, le but de l'empereur serait d'entraîner le gouvernement de Sa Majesté, conjointement avec les cabinets de Saint-Pétersbourg et de Vienne, dans un plan de partage de la Turquie, et d'exclure la France de cet arrangement.

» G. H.-SEYMOUR. »

N° 6. — Sir G. H.-Seymour à lord John Russell.
(Reçu le 6 mars. — Secret et confidentiel. — Extrait.)

« Saint-Pétersbourg, 22 février 1853.

» J'ai eu l'honneur de visiter l'empereur hier, et d'avoir avec Sa Majesté une des plus intéressantes conversations dans lesquelles je me fusse jamais trouvé engagé. Mon seul regret est mon impuissance à rendre dans tous ses détails un dialogue qui a duré une heure douze minutes.

» L'empereur commença par souhaiter que je lui lusse la dépêche secrète et confidentielle de Votre Seigneurie, en date du 9 courant, disant qu'il m'arrêterait à l'occasion, soit pour faire une observation, soit pour me demander l'explication de quelques passages.

» En arrivant au quatrième paragraphe, l'empereur manifesta le désir que je m'arrêtasse, et observa qu'il était certainement très-désireux d'une entente avec le gouvernement de Sa Majesté, afin de pourvoir à une éventualité aussi probable que la chute de la Turquie; qu'il était peut-être plus intéressé que l'Angleterre même à prévenir une catastrophe en Turquie; mais qu'un semblable événement était toujours imminent; que cet événement pouvait être amené, d'un moment à l'autre, soit par une guerre étrangère, soit par une lutte entre le vieux parti turc et celui des « nouvelles et superficielles » réformes françaises, » ou encore par une insurrection des chrétiens que l'on sait toujours très-impatients de secouer le joug des musulmans. A l'égard de la première cause, l'empereur dit qu'il était bien fondé à la signaler, d'autant plus que s'il n'avait pas arrêté la marche victorieuse du général Diebitch en 1829, l'autorité du sultan aurait été à son terme.

» L'empereur pareillement désira que je me rappelasse que lui, et lui seul, s'était empressé de porter secours au sultan, lorsque ses domaines étaient menacés par le pacha d'Egypte.

» Je repris la lecture et fus de nouveau interrompu à ce passage : « Dans ces circonstances, ce serait à peine compatible avec les sen- » timents amicaux... » L'empereur observa que le gouvernement de Sa Majesté ne paraissait pas convaincu que son principal objet fût d'obtenir du gouvernement de Sa Majesté quelque déclaration ou même quelque opinion sur ce qui devait être interdit dans l'éventualité d'une chute soudaine de la Turquie. Je dis : — Peut-être Votre Majesté sera-t-elle assez bonne pour expliquer ses propres idées sur cette politique négative. — Sa Majesté hésita pendant quelque temps à me répondre; cependant, elle finit par dire : — Eh bien, il y a plusieurs choses que je ne tolérerai jamais : je commencerai par nous-mêmes. Je ne tolérerai jamais l'occupation permanente de Constantinople par les Russes. Après cela, je dirai que Constantinople ne sera jamais occupée par l'Angleterre, par la France ou par quelque autre grande nation. En outre, je ne permettrai jamais une tentative de reconstituer un empire byzantin ou une extension telle de la Grèce qu'elle pût devenir un Etat puissant. Encore moins permettrai-je le démembrement de la Turquie en petites républiques, asiles des Kossuth, des Mazzini et des autres révolutionnaires de l'Europe. Plutôt que de me soumettre à quelqu'un de ces arrangements, je ferais la guerre, et aussi longtemps que je pourrais disposer d'un homme et d'un mousquet. Voilà, ajouta l'empereur, quelques-unes de mes idées; maintenant, communiquez-m'en quelques-unes en échange.

» Je fis remarquer l'assurance que l'Angleterre a donnée de sa résolution de ne jamais essayer de posséder Constantinople, et l'aversion du gouvernement de Sa Majesté d'entrer dans des arrangements éventuels; mais, pressé de nouveau par Sa Majesté Impériale, je dis : — Eh bien, sire, mon idée peut ne pas convenir à Votre Majesté,

peut ne pas convenir au gouvernement de la reine, mais ce qui est bon d'homme à homme est souvent un bon système d'Etat à Etat. Comment les choses se passeraient-elles si, dans l'éventualité de quelque catastrophe en Turquie, la Russie et l'Angleterre déclaraient qu'elles ne permettront à aucune puissance de prendre possession de ces provinces ? Le territoire serait-il placé comme sous les scellés jusqu'à ce que des arrangements amiables eussent amené son adjudication ?

» — Je ne dirai pas, observa l'empereur, qu'une telle situation serait impossible, mais, en résumé, elle serait fort difficile : il n'y a pas d'éléments de gouvernement provincial ou communal en Turquie; vous auriez les Turcs attaquant les chrétiens, les chrétiens tombant sur les Turcs, les chrétiens des différentes sectes se querellant entre eux : en un mot, le chaos et l'anarchie.

» — Monsieur, répliquai-je alors, si Votre Majesté veut me permettre de parler franchement, je dirai que la grande différence qui existe entre nous est celle-ci : Vous continuez à insister sur la chute de la Turquie et sur les arrangements à intervenir avant et après la chute, et nous, au contraire, nous songeons à maintenir la Turquie telle qu'elle est, et aux précautions qui sont nécessaires pour empêcher sa condition de devenir pire.

» — Ah! répliqua l'empereur, c'est ce que le chancelier me dit sans cesse, mais la catastrophe arrivera quelque jour, et nous prendra tous au dépourvu.

» Sa Majesté Impériale parla de la France. — Dieu me garde, dit-elle, d'accuser quelqu'un injustement, mais il y a des circonstances et à Constantinople et dans le Montenegro qui sont extrêmement suspectes. Cela me semble comme si le gouvernement français s'efforçait de nous brouiller tous en Orient, espérant par ce moyen arriver le mieux à ses propres vues : un de ses projets, sans doute, est la possession de Tunis.

» L'empereur poursuivit en disant que pour sa part il se préoccupait fort peu de la ligne que la France jugerait convenable de suivre dans les affaires d'Orient, et qu'il y avait un peu plus d'un mois qu'il avait avisé le sultan que s'il requérait son assistance pour résister aux menaces de la France, elle était entièrement au service du sultan.

» En un mot, l'empereur en vint à observer : — Comme je vous l'ai déjà dit, tout ce dont j'ai besoin, c'est une bonne entente avec l'Angleterre, et cela non pour tout ce qui sera, mais pour tout ce qui ne sera pas fait; ce point arrêté, le gouvernement anglais et moi, moi et le gouvernement anglais, ayant une entière confiance dans nos vues réciproques, je me soucie peu du reste.

» Je remarquai que j'avais la conviction que le gouvernement de Sa Majesté serait aussi bien disposé que Sa Majesté Impériale à tolérer la présence des Français à Constantinople, et, étant désireux, si cela était possible, de m'assurer s'il y avait quelque entente entre les cabinets de Saint-Pétersbourg et de Vienne, j'ajoutai :

» — Mais Votre Majesté a oublié l'Autriche. Aujourd'hui, toutes ces questions d'Orient la touchent de très-près; elle s'attendrait, sans doute, à être consultée.

» — Oh! répliqua l'empereur à ma grande surprise, mais vous devez comprendre que lorsque je parle de la Russie, je parle aussi bien de l'Autriche. Ce qui convient à l'une convient à l'autre : nos intérêts à l'égard de la Turquie sont parfaitement identiques.

» J'aurais été heureux de faire une ou deux autres questions sur ce sujet, mais je ne m'y aventurai pas.

» Je dois faire remarquer qu'à un moment antérieur de la conversation, Sa Majesté, sans aucune apparence d'irritation, montra beaucoup de surprise à l'expression suivante de la dépêche de Votre Seigneurie : « L'ambition longtemps excitée de sa propre nation. » Il me demanda ce que cette phrase voulait dire.

» Il se trouva que je m'attendais à ce mouvement de surprise, et prêt à répondre avec toute la réflexion nécessaire.

» — Monsieur, dis-je, lord John Russell ne parle pas de votre ambition, ni de celle que nourrit votre peuple.

» L'empereur n'aurait pas admis tout d'abord que la phrase était applicable à la nation russe plus qu'à lui-même, lorsque je lui dis :

» — Votre Majesté me permettra de remarquer que lord John Russell répète seulement ce que disait, il y a trente ans, votre frère, de glorieuse mémoire. En écrivant confidentiellement à lord Castlereagh, dans l'année 1822, l'empereur Alexandre disait qu'il était le seul Russe qui résistât aux vues de ses sujets sur la Turquie, et il parlait de la popularité qu'il avait perdue par cet antagonisme.

» Cette citation que, par hasard, je faisais presque dans les termes de la lettre, parut changer le cours des idées de l'empereur.

» — Vous avez tout à fait raison, me dit-il, je me rappelle les événements auxquels mon frère faisait allusion. Maintenant, il est parfaitement vrai que l'impératrice Catherine s'abandonnait à toutes sortes de visions d'ambition; mais ce n'est pas moins que ces idées ne sont pas en tout partagées par ses descendants. Vous savez comment je me comporte vis-à-vis du sultan. *Ce monsieur* viole avec moi sa parole écrite, il agit d'une façon qui m'est extrêmement désagréable, et je me contente d'envoyer un ambassadeur à Constantinople pour demander réparation. A coup sûr, j'y aurais envoyé une armée, si je l'avais voulu, il n'y a rien qui aurait pu l'arrêter, mais je me suis contenté d'un appareil de forces qui prouvera que je n'ai pas l'intention d'être joué.

» — Eh bien, sire, dis-je, vous avez tout à fait raison de refréner la violence, et j'espère que dans d'autres occasions vous agirez avec la même modération, car Votre Majesté doit être convaincue que les concessions nouvelles qui ont été obtenues par les Latins ne peuvent pas être rapportées à du mauvais vouloir à votre égard, mais aux appréhensions excessives des Francs entretenues par les malheureux Turcs. D'ailleurs, sire, je me hasarderai à dire que le danger en ce moment n'est pas la Turquie, mais cet esprit révolutionnaire qui a éclaté il y a quatre ans, et qui, dans beaucoup de pays, couve encore sous le sol; là est le danger, et sans doute une guerre en Turquie serait le signal d'explosions nouvelles en Italie, en Hongrie et ailleurs. Nous voyons ce qui se passe à Milan.

» Sa Majesté Impériale parla du Montenegro, observant qu'il approuvait l'attitude prise par le cabinet autrichien, et qu'aujourd'hui on ne permettrait pas que les Turcs maltraitassent et missent à mort une population chrétienne.

» Je me hasardai à remarquer que sur ce point les torts étaient au moins partagés entre les Turcs et les Monténégrins, et que j'avais toute raison de croire que la provocation venait des derniers. L'empereur, avec plus d'impartialité que je n'en attendais, admit qu'il y avait des torts des deux côtés, que certainement les montagnards s'adonnaient plus au brigandage, et que la prise de Djabljak lui avait causé une grande indignation. En même temps, Sa Majesté dit :

» — Il est impossible de ne pas éprouver un grand intérêt pour une population énergiquement attachée à sa religion, et qui a si long-temps défendu son territoire contre les Turcs.

» Et l'empereur poursuivit :

» — Il peut être franc de vous dire que, si quelque tentative d'exterminer ce peuple était faite par Omer-Pacha et provoquait une insurrection générale des chrétiens, le sultan, selon toute probabilité, perdrait son trône, et, dans ce cas, il tomberait pour ne plus se relever. Je souhaite soutenir son autorité; mais, s'il la perd, c'en est fait pour toujours. L'empire turc est un de ces États que l'on tolère, mais qu'on ne reconnaît pas. Dans un cas semblable, je vous proteste que je ne permettrai pas un coup de pistolet.

» L'empereur en vint à dire que, dans l'éventualité de la dissolution de l'empire ottoman, il pensait qu'il pourrait être moins difficile d'arriver à un arrangement territorial satisfaisant qu'on ne le croyait généralement.

» — Les principautés sont, dit-il, en fait, un État indépendant sous ma protection; cela peut continuer ainsi. La Servie peut prendre la même forme de gouvernement. Il en est de même de la Bulgarie. Il n'y a pas de raison, ce semble, pour que cette province ne forme pas un État indépendant. Quant à l'Egypte, je comprends tout à fait l'importance que ce pays a pour l'Angleterre. Je puis alors dire seulement que si, dans l'éventualité d'un partage de la succession ottomane, à la chute de cet empire, vous preniez possession de l'Egypte, je n'aurais pas d'objections à faire. Je dirais la même chose de Candie : cette île peut vous convenir, et je ne sais pas pourquoi elle ne deviendrait pas une possession anglaise.

» Comme je ne souhaitais pas que l'empereur s'imaginât qu'un serviteur public de l'Angleterre fût pris par cette espèce d'ouverture, je répondis tout simplement que j'avais toujours compris que les vues de l'Angleterre sur l'Egypte n'allaient pas au delà d'assurer une prompte et sûre communication entre l'Inde anglaise et la mère patrie.

» La conversation touchant alors à sa fin, l'empereur exprima son chaleureux attachement pour la reine notre gracieuse souveraine, et son respect pour les conseillers actuels de Sa Majesté. Les déclarations contenues dans la dépêche de Votre Seigneurie ont été, dit-il, très-satisfaisantes; il désirerait seulement qu'elles fussent un peu développées. Les termes dans lesquels Votre Seigneurie a parlé de sa conduite ont été, l'empereur le dit, très-flatteurs pour lui.

» En me congédiant, Sa Majesté Impériale dit :

» — Invitez votre gouvernement à écrire encore sur ces sujets, à écrire plus complétement, et à le faire sans hésitation. J'ai confiance dans le gouvernement anglais. *Ce n'est point un engagement, une convention que je leur demande, c'est un libre échange, et, au besoin, une parole de gentleman; entre nous cela suffit.* — (Cette phrase est en français dans la dépêche de sir Seymour.)

» Je me hasarderai à suggérer que quelques expressions pourraient être employées dans la dépêche qui me sera adressée, afin de mettre un terme à toute considération ultérieure, ou à tout événement, à la discussion de points qu'il serait à un si haut degré désirable de ne pas regarder comme offrant matière à débat.

» Je puis seulement ajouter, par forme d'apologie, qu'il est possible que je me sois trompé en rapportant certaines parties de la conversation de l'empereur, et que j'ai conscience d'avoir oublié les termes précis dont il s'est servi à l'égard de la politique commerciale à observer à Constantinople lorsqu'elle ne sera plus en la possession des Turcs.

» Le fond de l'observation était que l'Angleterre et la Russie avaient un commun intérêt à pourvoir à l'accès le plus facile entre la mer Noire et la Méditerranée.

» Une copie de la dépêche de Votre Seigneurie a été laissée entre les mains de l'empereur... »

N° 7. — *Sir G. H.-Seymour au comte de Clarendon.*
(Reçu le 19 mars. — Secret et confidentiel. — Extrait.)
« Saint-Pétersbourg, 9 mars 1853.

» Lorsque je visitai le comte de Nesselrode le 7, Son Excellence dit qu'en conformité des ordres qu'il avait reçus de l'empereur, il avait à me remettre un *memorandum* très-confidentiel que Sa Majesté Impériale avait fait rédiger, et qui était destiné à servir de réponse ou de commentaire à la communication que j'avais faite à Sa Majesté Impériale le 21 du mois dernier.

» J'ai l'honneur d'adresser à Votre Seigneurie une copie de ce document, qui, dans les circonstances où il a été conçu et rédigé, ne peut manquer d'être considéré comme un des papiers les plus remarquables qui soient sortis, je ne dis pas de la chancellerie russe, mais du cabinet secret de l'empereur.

» Trois points me paraissent être pleinement établis par le *memorandum* impérial : l'existence de quelque entente particulière entre les deux cours impériales au sujet de la Turquie, et l'engagement pris par l'empereur Nicolas de ne pas posséder et de ne pas s'établir à Constantinople, ni d'entrer en arrangement à l'égard des mesures à prendre dans l'éventualité de la chute de l'empire ottoman sans un concert préalable avec le gouvernement de Sa Majesté.

» Prenant comme un fait certain et maintenant reconnu l'existence d'une entente ou d'un contrat entre les deux empereurs à l'égard des affaires turques, il devient de la plus haute importance de savoir l'étendue des engagements intervenus entre eux. Quant à la manière dans laquelle ces engagements y ont été conclus, je conjecture qu'on ne saurait entretenir que peu de doute. Les bases en ont été posées à coup sûr dans quelques-unes des réunions de souverains qui ont eu lieu cet automne, et l'affaire a été probablement menée depuis par le baron de Meyendorff, l'envoyé russe à la cour d'Autriche, qui a passé l'hiver à Saint-Pétersbourg et est encore ici. »

Annexe au n° 7. — Memorandum.
« 21 février 1853.

» L'empereur a pris connaissance avec le plus vif intérêt et une véritable satisfaction de la dépêche secrète et confidentielle que lui a communiquée sir Hamilton-Seymour. Il apprécie dûment la franchise qui l'a dictée. Il y a trouvé une nouvelle preuve des sentiments d'amitié que lui porte Sa Majesté la reine.

» En s'entretenant familièrement avec l'envoyé britannique sur les causes qui d'un jour à l'autre peuvent amener la chute de l'empire ottoman, il n'était point entré dans la pensée de l'empereur de proposer pour cette éventualité un plan par lequel la Russie et l'Angleterre disposeraient d'avance des provinces régies par le sultan, un système tout fait, encore moins une transaction formelle à conclure entre les deux cabinets. Dans l'idée de l'empereur, il s'est agi purement et simplement de se dire confidentiellement des deux parts moins ce qu'on veut que ce qu'on ne veut pas, ce qui serait contraire aux intérêts anglais, ce qui le serait aux intérêts russes, afin que, le cas échéant, on évitât d'agir en contradiction des uns ou des autres.

Il n'y a là ni projets de partage ni convention à rendre obligatoire aux autres cours; c'est un simple échange d'opinions, et l'empereur ne voit point qu'il soit nécessaire d'en parler avant le temps. C'est précisément pour cela qu'il s'était bien gardé d'en vouloir faire l'objet d'une communication officielle de cabinet à cabinet. En se bornant à en parler lui-même, sous forme de conversation familière, au représentant de la reine, il a choisi le mode le plus intime et le plus confidentiel de s'ouvrir franchement à Sa Majesté Britannique, désirant que le résultat quelconque de ces pourparlers demeurât ce qu'il doit être, un secret entre les deux souverains.

» Dès lors tombent les objections qu'élève lord John Russell contre toute réticence qui serait faite aux autres puissances pour le cas d'une transaction formelle dont il n'est nullement question pour le moment; et dès lors aussi disparaissent les inconvénients qu'il signale comme pouvant servir à accélérer l'événement même que la Russie et l'Angleterre ont à cœur de prévenir, si l'existence d'une transaction pareille venait à être connue prématurément de l'Europe et des sujets du sultan.

» Quant à l'objet même de cet échange d'opinions tout intime (la chute possible de l'empire ottoman), ce n'est là sans doute qu'une éventualité incertaine et lointaine. On n'en saurait à coup sûr fixer l'époque, et aucune crise réelle n'est survenue qui en rende imminente la réalisation. Mais enfin elle peut arriver, arriver même mopinément. Sans parler des causes toujours croissantes de dissolution que présente l'état moral, financier, administratif de la Porte, elle peut sortir progressivement de l'une au moins des deux questions mentionnées par le ministre anglais dans sa dépêche secrète. A la vérité, il n'y voit que de simples disputes qui ne dépasseraient pas la portée des difficultés dont s'occupe d'ordinaire la diplomatie. Mais ce genre de disputes-là peut néanmoins amener la guerre, et avec la guerre les conséquences qu'en appréhende l'empereur, si, par exemple, dans l'affaire des lieux saints, l'amour-propre et les menaces de la France continuant à peser sur la Porte obligent celle-ci à nous refuser toute satisfaction, et si, d'un autre côté, le sentiment religieux des Grecs orthodoxes outragé par les concessions faites aux Latins soulève contre le sultan l'immense majorité de ses sujets.

» Quant à l'affaire du Montenegro, on peut heureusement aujourd'hui, d'après les dernières nouvelles, la regarder comme arrangée. Mais au moment où l'empereur a eu son entretien avec sir Hamilton-Seymour, on pouvait craindre que la question ne prît une tournure des plus graves. Ni nous ni l'Autriche n'aurions pu permettre la dévastation prolongée ou la soumission forcée du Montenegro, pays resté jusqu'ici dans une indépendance effective de la Porte, pays auquel notre protection s'étend depuis plus d'un siècle. Les horreurs qui s'y commettent, celles que le fanatisme ottoman a étendues, il y a peu de temps, sur la Bulgarie, la Bosnie et l'Herzegovine, ne faisaient que trop prévoir aux autres provinces chrétiennes de la Porte que le même sort les attendait. Elles étaient de nature à provoquer le soulèvement général des chrétiens qui vivent sous le sceptre de l'empire turc, et à précipiter sa ruine. Ce n'est donc pas, tant s'en faut, une question oiseuse et imaginaire, une éventualité trop lointaine que les préoccupations de l'empereur ont signalée à l'attention de la reine son alliée.

» En présence de l'incertitude et de la caducité de l'état actuel des choses en Turquie, le cabinet anglais exprime le désir qu'il soit fait usage envers la Porte de la plus grande longanimité. L'empereur a la conscience de n'avoir jamais agi autrement. Le cabinet anglais en convient lui-même. Il adresse à l'empereur, sur les nombreuses preuves de modération qu'il a données jusqu'à ce jour, des éloges que Sa Majesté n'acceptera point, parce qu'elle n'a fait qu'obéir en cela à ses convictions impérieuses. Mais pour que l'empereur puisse continuer à concourir à ce même système de longanimité, s'abstenir de toutes les démonstrations, de tout langage péremptoire, il faudrait que ce système fût suivi également par toutes les puissances à la fois. La France en a adopté un autre. C'est par la menace qu'elle a obtenu, contre la lettre des traités, l'admission d'un vaisseau de guerre dans les Dardanelles. C'est à la bouche du canon qu'elle a présenté par deux fois ses réclamations et demandes d'indemnité à Tripoli, puis à Constantinople. C'est encore par l'intimidation que, dans la contestation des lieux saints, elle a amené l'annulation du firman et celle des promesses solennelles que le sultan avait données à l'empereur. Devant tous ces actes de prépotence, l'Angleterre a gardé un silence complet. Elle n'a fait ni offres d'appui à la porte ni remontrances au gouvernement français. La conséquence en est toute claire. La Porte a dû nécessairement en conclure que de la France seule elle a tout à espérer comme à craindre, et qu'elle peut impunément éluder les réclamations de l'Autriche et de la Russie. C'est ainsi que la Russie et l'Autriche, afin d'obtenir justice, se sont vues à leur tour, contre leur gré, obligées d'agir par l'intimidation, puisqu'elles ont affaire à un gouvernement qui ne cède que devant une attitude péremptoire; et c'est ainsi que par sa faute, ou plutôt par celle de ceux qui l'ont d'avance affaiblie, la Porte est poussée dans une voie qui l'affaiblit encore davantage. Que l'Angleterre s'emploie donc à lui faire entendre raison. Qu'au lieu de s'unir à la France contre les justes réclamations de la Russie, elle se garde d'appuyer ou même de paraître appuyer les résistances du gouvernement ottoman. Qu'elle soit la première à inviter celle-ci, comme elle-même le juge essentiel, à traiter ses sujets chrétiens avec plus d'équité et d'humanité. Ce sera le plus sûr moyen d'épargner à l'empereur l'obligation de se prévaloir en Turquie de ces droits de protection traditionnelle dont il n'use que malgré lui, et de reculer indéfiniment la crise que l'empereur et Sa Majesté la reine tiennent également à prévenir.

» En somme, l'empereur ne peut que se féliciter d'avoir provoqué entre elle et lui cet échange intime de confidences. Il y a trouvé de précieuses assurances, dont il prend acte avec une vive satisfaction. Les deux souverains se sont dit franchement ce que, dans l'hypothèse extrême dont ils traitent, leurs intérêts respectifs ne sauraient comporter. L'Angleterre comprend que la Russie ne saurait permettre à Constantinople l'établissement d'une puissance chrétienne assez forte pour la contrôler et l'inquiéter. Elle déclare que pour elle-même elle renonce à toute intention ou désir de posséder Constantinople. L'empereur désavoue également tout désir ou dessein de s'y établir. L'Angleterre promet qu'elle n'entrera dans aucun arrangement tendant à statuer sur les dispositions à prendre dans le cas de la chute de l'empire turc sans s'en être préalablement concertée avec l'empereur. L'empereur, de son côté, contracte volontiers le même engagement. Comme il sait qu'en pareille occurrence il peut également compter sur l'Autriche, engagée par ses promesses à se concerter avec lui, il envisage avec moins de crainte la catastrophe, que son désir sera toujours de conjurer et d'éloigner autant qu'il pourra dépendre de lui.

» Non moins précieux lui ont été les témoignages d'amitié et de confiance personnelle de la part de Sa Majesté la reine, dont sir Hamilton-Seymour a été chargé à cette occasion de se rendre l'organe auprès de lui. Il y voit la garantie la plus sûre contre l'avenir que sa prévoyance avait cru devoir signaler à celle du gouvernement anglais. »

N° 9. — Sir G. H.-Seymour au comte de Clarendon.

(Reçu le 19 mars. — Secret et confidentiel.)

« Saint-Pétersbourg, 10 mars 1853.

« Milord, je viens d'avoir une conversation amicale et satisfaisante avec le chancelier, qui, pensant que ma lettre du 3 courant avait été causée parce que je n'avais pas bien compris le memorandum de l'empereur, avait désiré me voir. Nous avons lu ensemble le memorandum, et le comte de Nesselrode a fait observer que tout ce qu'on désirait, c'était qu'en s'en rapportant à la magnanimité et aux sentiments de justice de l'empereur, le gouvernement de Sa Majesté fît quelques efforts pour éclairer le gouvernement français sur la fausse direction dans laquelle il s'était engagé par M. de Lavalette. J'ai répondu que c'était ce qu'avait fait le gouvernement de Sa Majesté, non-seulement cette fois, mais en plusieurs occasions, et que, pour montrer le langage que tenait au gouvernement français le prédécesseur de Votre Seigneurie, j'allais lui lire un extrait d'une des dépêches de lord John Russell. Je lus, en conséquence, les cinq ou six lignes de la dépêche de lord J. Russell à lord Cowley, du 28 janvier, commençant par ces mots : « Mais le gouvernement de Sa Majesté ne peut se dissimuler » et finissant par ceux-ci : « les rapports avec les puissances amies, » passage que j'avais copié et apporté avec moi. Le comte de Nesselrode a exprimé une vive satisfaction de ce que le gouvernement de Sa Majesté avait donné de si bons conseils au gouvernement français, et n'a regretté que de ne pas avoir eu depuis longtemps en sa possession une preuve aussi concluante du parti que le principal secrétaire de Sa Majesté aux affaires étrangères avait pris sur la question des lieux saints. En résumé, le chancelier m'a invité à considérer le passage du memorandum impérial comme exprimant une espérance et non un reproche, et se rapportant à la politique que l'on désirait voir suivre au gouvernement de Sa Majesté, non à celle qu'elle avait suivie.

• J'ai l'honneur, etc. Signé H.-SEYMOUR. »

N° 10. — Le comte de Clarendon à sir G. H.-Seymour.

(Secret et confidentiel. — Extrait.)

« Foreign-office, 23 mars 1853.

» Monsieur, vos dépêches en date des 21 et 22 du mois dernier ont été soumises à la reine, qui m'ordonne de vous exprimer son entière approbation de la discrétion et du jugement que vous avez déployés dans les conversations que vous avez eu l'honneur d'avoir avec l'empereur. Je n'ai pas besoin de vous assurer que les opinions de Sa Majesté Impériale ont reçu du gouvernement de la reine la considération empressée et le mûr examen qu'exige leur importance.

» Le gouvernement de la reine persévère dans la croyance que la Turquie possède encore les éléments vitaux; il considère que les récents événements ont prouvé l'exactitude de l'opinion formulée dans la dépêche de mon prédécesseur, qu'il n'y a pas de raison suffisante de signifier au sultan qu'il est incapable de maintenir la paix à l'intérieur, ou de conserver des relations amicales avec ses voisins. Le gouvernement de la Russie a, en conséquence, appris avec une satisfaction sincère que l'empereur se considère comme plus intéressé même que l'Angleterre à prévenir une catastrophe turque, parce qu'il est convaincu que de la politique suivie par Sa Majesté Impériale vis-à-vis de la Turquie dépend l'accélération ou l'ajournement indéfini d'un événement que toutes les puissances de l'Europe sont intéressées à conjurer.

» Le gouvernement de la reine est convaincu que rien n'est plus propre à précipiter cet événement que la prédiction constante de sa proximité; que rien ne peut être plus fatal à la vitalité de la Turquie que la présomption de sa décadence rapide et inévitable, et que si l'opinion du czar que les jours de l'empire turc sont comptés devenait notoire, sa chute arriverait plus tôt même que Sa Majesté Impériale ne semble le penser. Mais, dans la supposition que, par des causes inévitables, la catastrophe ait lieu, le gouvernement de la reine partage entièrement l'opinion de l'empereur, que l'occupation de Constantinople par l'une ou l'autre des grandes puissances serait incompatible avec le maintien de la paix en Europe, et qu'elle doit être une fois pour toutes regardée comme impossible; qu'il n'existe pas d'éléments pour la reconstruction d'un empire byzantin; que la mauvaise administration systématique de la Grèce n'encourage pas à étendre ses Etats territoriaux, et que, comme il n'existe pas de matériaux pour le gouvernement provincial ou communal, l'anarchie serait le résultat de l'abandon des provinces turques à elles-mêmes, ou l'autorisation qui pourrait leur être donnée de se constituer en républiques distinctes...... Le gouvernement de la reine croit qu'il n'est pas au pouvoir des arrangements de dominer les événements, et qu'aucune combinaison ne pourra être tenue secrète. Ce serait, de l'avis du gouvernement de la reine, le signal de la préparation d'intrigues de toute espèce et de révolte parmi les sujets chrétiens de la Porte. Chaque puissance et chaque partie s'efforcerait d'assurer ses intérêts à venir, et la dissolution de l'empire turc serait précédée par un état d'anarchie qui aggraverait toutes les difficultés, si même il ne rendait impossible une solution pacifique de la question. Le seul mode, pour arriver à une telle solution, serait un congrès européen. Mais ceci même est un nouveau motif de plus pour désirer le maintien de l'ordre de choses actuel en Turquie, attendu que le gouvernement de la reine ne peut pas songer sans alarme aux jalousies qui seraient évoquées, à l'impossibilité de concilier les diverses ambitions et les intérêts divergents qui seraient en jeu, et à la certitude que les traités de 1815 seraient alors susceptibles de révision, la France pouvant être prête à risquer les chances d'une guerre européenne pour s'affranchir des obligations qu'elle considère comme portant atteinte à son honneur national, et qui, imposées par des ennemis victorieux, sont pour elle une source constante d'irrita-

avec des sentiments de satisfaction sincère, comme une preuve nouvelle de la confiance et des sentiments amicaux de l'empereur.

» Le gouvernement de Sa Majesté ne voit pas l'utilité qu'il y aurait à prolonger une correspondance sur une question au sujet de laquelle on s'est entendu complétement, et, par conséquent, tout ce que j'ai à vous dire, c'est que le gouvernement de Sa Majesté voit avec plaisir que l'empereur considère la chute de l'empire turc comme une éventualité incertaine et éloignée, et qu'aucune crise ne rend cette chute imminente. Le gouvernement de Sa Majesté n'a jamais voulu dissimuler sa politique, qui, à ce qu'il croit, est honnête et loyale envers toutes les puissances. Mais, sur une question semblable, il regretterait infiniment que l'empereur pût concevoir à ce sujet aucune idée inexacte, et c'est pourquoi il approuve la note confidentielle que vous avez adressée au comte de Nesselrode pour rectifier quelques idées qu'il semblait avoir sur la politique du gouvernement

« Tenez, a ajouté l'empereur, nous avons sur les bras un homme malade, un homme gravement malade... »

tion. Le principal objet du gouvernement de la reine, celui auquel ont toujours tendu et tendront toujours ses efforts, est le maintien de la paix. Il désire soutenir l'empire turc par suite de sa conviction qu'aucune grande question ne peut être soulevée en Orient sans devenir une source de désordres en Occident, et que toutes les grandes puissances de l'Occident prendront un caractère révolutionnaire et embrasseront une révision du système social tout entier, à laquelle les gouvernements continentaux ne sont certainement pas préparés. »

N° 13. — *Le comte de Clarendon à sir G. H.-Seymour.*

(Secret et confidentiel.)

« Foreign-office, 15 avril 1853.

» Monsieur, vos dépêches des 9, 10 et 12 mars ont été soumises à la reine. Ma dépêche du 23 mars vous aura apporté une réponse à toutes les questions auxquelles touche le *memorandum* que vous a remis le comte Nesselrode. Je dois vous dire que cet important et remarquable document a été reçu par le gouvernement de Sa Majesté

de Sa Majesté. La question de l'entrée du *Charlemagne* dans le Bosphore a donné lieu à une correspondance entre les gouvernements anglais et français, et quoique la Porte eût donné sans conditions son consentement à l'entrée de ce navire, la question a été résolue conformément à l'opinion du gouvernement de Sa Majesté, et il a été convenu que le *Charlemagne* porterait M. de Lavalette à Constantinople. A ces conditions, le passage du vaisseau de guerre français ne devait donner lieu à aucune remontrance de la part de l'Angleterre, et on ne devait pas l'ériger en précédent.

» Je suis, etc.   *Signé* CLARENDON. »

N° 14. — *Sir G. H.-Seymour au comte de Clarendon.*

(Reçu le 2 mai. — Secret et confidentiel. — Extrait.)

« Saint-Pétersbourg, 20 avril 1853.

» L'empereur, en se levant de table, lorsque j'eus l'honneur de dîner au palais, le 18, m'invita à le suivre dans la chambre voisine. Sa Majesté me dit alors qu'elle voulait m'exprimer la satisfaction réelle et sincère que lui avait causée la dépêche de Votre Seigneurie, marquée *secrète et confidentielle*, du 23 du mois dernier. Il lui avait été infiniment agréable de voir que les ouvertures qu'il avait adressées au gouvernement de Sa Majesté avaient été accueillies avec l'esprit de bienveillance et d'amitié qui les avait dictées; que, pour se servir d'une expression déjà employée, il n'était rien qui méritât autant de confiance que la parole d'un gentilhomme; qu'il voyait bien que les relations des deux cours reposaient sur une meilleure base, maintenant que l'on s'était parfaitement entendu sur des points qui, laissés dans le doute, eussent pu faire naître la mésintelligence, et ainsi que Sa Majesté daigna ajouter encore, il me remerciait d'avoir contribué à ramener cette entente amicale. — Je vous prie, dit ensuite Sa Majesté, de bien comprendre que l'engagement que j'ai pris moi-même sera également obligatoire pour mon successeur. Mes intentions sont consignées dans des *memorandum* qui existent

nique était fidèlement renseigné sur ce qui se passe en Turquie, l'empereur répliqua avec une extrême vivacité qu'il mettait ce fait en doute; qu'il croyait, au contraire, que quelques-uns des agents consulaires anglais étaient inexacts dans leurs rapports. Il citerait, par exemple, la Bulgarie. Là régnait le plus grand mécontentement, et Sa Majesté affirmerait que, sans les efforts qu'elle ne cessait de faire pour réprimer la manifestation des dispositions de cette nature, les Bulgares se seraient déjà depuis quelque temps insurgés.

» Sa Majesté compara ensuite l'attitude menaçante qu'avait prise le comte Leiningen avec le caractère pacifique de la mission du prince Menschikoff. Ce n'est pas, toutefois, qu'elle voulût blâmer l'empereur d'Autriche, ce noble prince qu'elle chérissait sincèrement et dont elle approuvait tous les actes. La différence se trouvait dans les circonstances; et quand le Montenegro était menacé d'une complète dévastation, l'empereur d'Autriche se voyait forcé

L'amiral Napier, commandant la flotte anglaise de la Baltique.

maintenant, et tout ce que j'ai promis, mon fils, si les changements dont il s'agit arrivaient sous son règne, sera prêt à le remplir avec le même empressement qu'eût montré son père.

» L'empereur continua en disant qu'il présenterait franchement une ou deux observations qui seraient peut-être une critique sur la dépêche de Votre Seigneurie.

» La dépêche parlait de la chute de l'empire ottoman comme d'un événement incertain et éloigné. L'empereur fit remarquer qu'une expression excluait l'autre. Incertain, d'accord; mais, pour cela même, il n'était pas nécessairement éloigné. Il ne demandait pas mieux que cela fût, mais il n'était pas sûr qu'il en arrivât ainsi. Sa Majesté désira en outre faire observer qu'il ne doutait nullement que le gouvernement de Sa Majesté n'eût envisagé d'une manière trop favorable l'état de la population chrétienne en Turquie. Il se pouvait que le sultan voulût améliorer sa condition, et qu'il eût donné des ordres en ce sens; mais Sa Majesté était bien certaine que les ordres du sultan n'avaient pas été suivis. Sur l'observation que je fis qu'il était bien entendu que le gouvernement de Sa Majesté Britan-

d'agir avec énergie. Je n'eusse pas, dit Sa Majesté, agi autrement.

» Je désire faire remarquer ici qu'une partie des observations de l'empereur s'adressaient à moi personnellement, et qu'elles étaient une réponse à une allusion que j'avais faite à l'intolérance religieuse qui s'exerçait en Toscane, et aux remarques que j'avais faites au chancelier sur la conduite du cabinet autrichien relativement aux dernières mesures de confiscation en Lombardie.

» Après avoir fait observer que, selon les avis qu'elle venait de recevoir (ceux du 29 du mois dernier), l'arrangement des difficultés à Constantinople avait fait peu de progrès ou même n'en avait pas fait du tout, Sa Majesté dit qu'elle n'avait, jusqu'ici, mis en mouvement ni un seul vaisseau ni un seul bataillon; qu'elle ne l'avait pas fait par considération pour le sultan, et pour des motifs d'économie; mais qu'elle répéterait qu'elle ne voulait pas être jouée; et que si les Turcs ne cédaient pas à la raison, ils auraient à céder à l'approche d'un danger.

» Je pris la liberté de faire remarquer à l'empereur que ce n'était que par les dépêches qui venaient d'arriver qu'il avait reçu la nouvelle du débarquement à Péra de l'ambassadeur de France, qui, à ce qu'il paraissait, prenait part aux arrangements qu'on allait conclure. Cependant la réponse indirecte que me fit Sa Majesté, et les expressions dont il se servit, me font craindre que cette considération n'ait pas été accueillie avec l'attention qu'elle me semble justement mériter. »

N° 15. — *Sir G. H.-Seymour au comte de Clarendon.*
Reçu le 2 mai (secret et confidentiel).

« Saint-Pétersbourg, 21 avril 1853.

» Milord, j'ai eu l'honneur de recevoir la dépêche de Votre Seigneurie, annotée « secrète et confidentielle, » du 5 courant, et, conformément aux ordres de Votre Seigneurie, je l'ai communiquée, le 15 courant, au comte de Nesselrode.

» Avant l'arrivée de ce courrier, Son Excellence avait désiré me voir pour me communiquer une note rédigée sur l'ordre de l'empereur et qui devait servir de réponse à la dépêche de Votre Seigneurie en date du 26 mars.

» Ce document, que je vous transmets en original, m'a été remis en conséquence par le chancelier, qui m'a dit qu'il avait cru d'abord que ce document clorait la correspondance, mais qu'il était possible que la nouvelle dépêche dont je lui avais donné connaissance donnât lieu, lorsqu'elle aurait été communiquée à l'empereur, à quelques observations de Sa Majesté.

» J'ai l'honneur, etc.   *Signé* G. H.-SEYMOUR. »

Annexe au n° 15. — Memorandum.

« Saint-Pétersbourg, 3 (15) avril 1853.

» L'empereur a pris connaissance avec une vive satisfaction de la dépêche de lord Clarendon du 23 mars. Sa Majesté se félicite de voir que ses vues s'accordent complétement avec celles du cabinet anglais au sujet des combinaisons politiques qu'il serait surtout désirable d'éviter dans le cas où il se produirait en Orient des événements extrêmes que la Russie et l'Angleterre ont également à cœur d'empêcher ou du moins de retarder le plus possible. Partageant en général les opinions exprimées par lord Clarendon sur la nécessité de faire durer l'état de choses qui existe en Turquie, l'empereur, toutefois, ne peut s'empêcher de signaler un point qui lui fait penser que les informations reçues par le gouvernement anglais ne sont pas tout à fait d'accord avec les siennes. Il s'agit de la tolérance et de l'humanité que montre la Turquie par la manière dont elle traite ses sujets chrétiens.

» Sans citer d'anciens exemples qui prouvent le contraire, il est notoire que les cruautés récemment commises en Bosnie par les Turcs ont forcé des centaines de familles chrétiennes à se réfugier en Autriche. Sous d'autres rapports et sans désir de discuter à cette occasion les symptômes plus ou moins apparents de la décadence de la puissance ottomane, et sur la vitalité plus ou moins grande que peut conserver encore sa constitution intérieure, l'empereur conviendra volontiers que le meilleur moyen de faire durer le gouvernement turc est de ne pas le fatiguer par des demandes excessives faites d'une manière humiliante pour son indépendance et pour sa dignité. Sa Majesté est disposée, comme elle l'a toujours été, à suivre ce système, pourvu toutefois qu'il soit bien entendu que la même règle de conduite sera observée par toutes les grandes puissances sans distinction et qu'aucune d'elles ne tire avantage de la faiblesse de la Porte pour en obtenir des concessions qui pourraient être préjudiciables aux autres. Ce principe posé, l'empereur déclare qu'il est prêt à travailler, de concert avec l'Angleterre, à prolonger l'existence de l'empire turc, en laissant de côté toute cause d'alarme au sujet de sa dissolution. Il accepte le témoignage de confiance absolue et de loyauté que lui donne le gouvernement anglais, et il espère que sur cette base son alliance avec l'Angleterre ne peut manquer de se fortifier. »

X.

Il ressort clairement de cette correspondance que le renversement de l'empire turc est arrêté dans l'esprit du czar, l'arrêt irrévocable et le moment de l'exécution arrivé. A l'entendre s'exprimer sur le compte de l'Autriche, intimement liée à sa politique, on est tenté de croire qu'il y a déjà un arrangement entre les deux puissances, qu'elles sont parfaitement d'accord sur la part qui reviendra à chacune d'elles dans les dépouilles de la Turquie. Il ne s'agit plus que d'obtenir l'assentiment de la Grande-Bretagne, et l'empereur essaye de l'acheter par l'offre de l'Egypte et de l'île de Candie. Si l'Angleterre accepte, les efforts de la France seront paralysés par cette triple alliance à laquelle viendra bientôt se joindre la Prusse, et l'Europe donnera une seconde fois le spectacle d'un acte de spoliation, d'un partage.

Dès lors que devenaient les assurances données publiquement par l'empereur Nicolas de sa volonté de maintenir l'intégrité de l'empire turc, et comment pouvait-on qualifier la mission du prince Menschikoff? Les assurances étaient un leurre, la mission n'avait d'autre but que de rendre tout accord impossible.

Le *Moniteur* commenta cette correspondance et ajouta qu'après avoir échoué à Londres, la Russie s'était retournée vers Paris, et que le gouvernement français avait eu à décliner des avances plus ou moins directes qui n'étaient pas sans analogie avec celles dont l'Angleterre avait été d'abord l'objet. C'était peut-être une allusion à la visite du comte Panin, ministre de la justice en Russie, arrivé à Paris le 11 juin 1853.

En même temps qu'ils livraient à la publicité les plans et les notes secrètes du cabinet russe, les gouvernements de France et d'Angleterre se préparaient à soutenir énergiquement la Turquie ; une double armée d'Orient était organisée ; la flotte anglaise, sous les ordres de l'amiral Napier, faisait voile pour la Baltique ; M. de Saint-Arnaud était nommé général en chef de l'armée française ; les troupes dirigées sur Toulon étaient embarquées, des vaisseaux allaient chercher en Afrique les régiments éprouvés par la guerre. Cependant on adressait à la Russie une dernière notification ; l'Angleterre et la France demandaient que le débat fût reporté sur un terrain purement diplomatique, et que l'évacuation des principautés commençât immédiatement. C'était en réalité une sommation ; un délai était fixé à la réponse, l'empereur de Russie fit savoir qu'il ne répondrait pas.

Le rôle si longtemps prolongé de la diplomatie était terminé, et le 27 mars les deux gouvernements de France et d'Angleterre informaient les parlements respectifs des deux pays de l'existence de l'état de guerre.

A ce moment les Russes franchissaient le Danube depuis quelques jours ; il leur importait de hâter leurs opérations avant que les armées anglaise et française fussent réunies, de n'avoir à combattre que les Turcs, de s'emparer des forteresses de la rive droite afin de commander complétement le cours du fleuve, de s'ouvrir des communications faciles entre leur armée et la mer Noire, de s'établir enfin d'une manière solide sur la route d'Andrinople.

XI.

En offrant à l'Angleterre la tranquille possession de l'Egypte et de Candie, en cas de dissolution et de partage de l'empire ottoman, l'empereur de Russie faisait un acte d'habileté politique ; l'acceptation de la Grande-Bretagne prévenait une coalition contre lui ; comme il se disait assuré de l'adhésion de l'Autriche, et que ce concours entraînait au moins l'abstention de la Prusse, la France se fût trouvée seule à défendre la Turquie, et aurait eu à lutter contre trois puissances, dans le cas où elle n'eût pas cru pouvoir s'abstenir.

Cette offre devait avoir pour avantage de rassurer l'Angleterre sur les projets ultérieurs de la Russie, que l'on représentait toujours comme animée du désir de s'emparer de la route des Indes et de la fermer aux Anglais.

En acceptant l'île de Candie, grande, belle et riche, l'Angleterre, déjà maîtresse des îles Ioniennes et de Malte, obtenait un royaume dans la Méditerranée ; l'Egypte lui en donnait un second plus riche encore, puissant par sa marine et son armée, et cette double cession lui créait dans cette mer une attitude imposante dont elle saurait profiter mieux que la Turquie. Sa route de l'Inde, qu'elle abrége en ce moment par la construction du chemin de fer d'Alexandrie à Suez, par le Caire, se trouvait dès lors placée entre ses mains, sous sa protection immédiate ; son commerce marchait vers le golfe Arabique et la mer des Indes sans avoir à redouter que sa route fût coupée par un revirement de la politique de l'Orient, sans qu'elle fût exposée à faire la guerre pour forcer le vice-roi d'Egypte à exécuter les traités passés avec elle. Ce magnifique résultat de son abstention pouvait tenter l'ambition d'un gouvernement, et, à son point de vue, le cabinet de Saint-Pétersbourg raisonnait très-sensément.

L'Angleterre reçut les propositions avec calme et les discuta froidement ; des obstacles de toute nature s'opposaient à ce que la proposition fût acceptée.

Pour posséder l'Egypte, il faudrait la conquérir sur le vice-roi, peu disposé à la céder, auquel des traités la garantissent, dont le premier soin serait de s'emparer de la ligne de fer, ce qui ferait éprouver au commerce anglais des pertes immenses. On pouvait bombarder Alexandrie, Rosette, Damiette, mais de là à Suez, en suivant la route de fer, il y a vingt villes à prendre, deux bras du Nil à traverser, le Caire à enlever. Une expédition de ce genre serait difficile, longue et coûteuse.

D'un autre côté, en admettant la conquête et l'occupation pacifique d'un pays musulman par des chrétiens, comment compter sur la loyauté du cabinet russe, qui, tout en protestant hautement de son désir sincère de maintenir l'intégrité de l'empire ottoman ; en préparait secrètement la ruine et en partageait à l'avance les dépouilles ? La Turquie d'Asie n'aurait-elle pas bientôt le sort de la Turquie d'Europe? n'était-elle pas déjà, dans la pensée du czar, destinée à s'abîmer dans l'empire moscovite ? Le sultan dépossédé de Constantinople ne serait-il pas avant peu chassé de l'Anatolie, et celui qui pouvait faire marcher une nombreuse armée du cœur de la Russie vers les Dardanelles hésiterait-il ou tarderait-il bien longtemps à s'avancer vers Damas, puis à s'emparer de la route anglaise de l'Inde en chassant de la pointe du golfe Arabique les Anglais dans l'impossibilité d'y porter des forces suffisantes pour résister à une armée russe?

Une considération plus grave encore, plus décisive, se présenta à l'esprit des ministres anglais : on ne pouvait pas se dissimuler que le partage de la Turquie tel que l'empereur de Russie le rêvait, que la prise de possession de l'Egypte et de Candie par l'Angleterre allaient être le signal d'une guerre immédiate entre l'Angleterre et la France, guerre terrible, à outrance, sans pitié ni merci, duel à mort dont les conséquences étaient incalculables. Pendant les quarante ans de paix qui ont répandu leurs bienfaits sur l'Europe, les deux gouvernements ont été plusieurs fois en mésintelligence, et les deux peuples ont pu se passionner, se ressouvenir de leurs vieilles haines; mais au milieu des causes de division, dont une seule a été vraiment grave et sérieuse, la question d'Egypte, l'industrie, sourde aux cris d'irritation, aveugle sur les préparatifs, sur les armements, sachant bien qu'il y avait à Londres et à Paris des parlements où elle ferait entendre sa voix, l'industrie a tellement resserré les liens entre les deux pays, qu'une guerre eût été alors, et serait encore aujourd'hui, plus déplorable, plus ruineuse qu'une guerre civile, parce que les deux nations disposent de forces immenses que n'ont pas les partis.

Et cependant cette guerre, la France la ferait plutôt que de permettre l'occupation de l'Egypte et de Candie par l'Angleterre; car cette double occupation équivaudrait à la domination de la Méditerranée. Quelque désir qu'il pût avoir de maintenir la paix, tout gouvernement la ferait, sous peine, non pas de tomber, sait-on maintenant en France qui tombe et qui s'élève? mais d'être couvert de honte et de mépris. La France y jetterait toute son énergie, toutes ses ressources; serrée entre les flottes russes sorties de la mer Noire et les flottes anglaises entrées par Gibraltar, la France aurait une lutte cruelle et dangereuse à soutenir; mais ne pourrait-elle pas se borner à défendre dans la Méditerranée ses ports et ses côtes, et porter tous ses vaisseaux de ligne, tous ses vapeurs, tous ses navires de commerce de l'Océan chargés de troupes de débarquement, sur les côtes d'Angleterre et d'Irlande, et essayer de frapper l'ennemi au cœur?

L'industrie, le commerce, d'immenses intérêts s'engloutissaient dans ce choc de deux nations qu'ils unissent étroitement; l'une des deux puissances pouvait s'écrouler dans ce conflit, et il n'était donné à personne de prévoir ce que gardaient les hasards de la guerre. En admettant même la certitude de sa victoire, l'Angleterre éprouverait des pertes que la possession de l'Egypte ne compenserait pas de longtemps.

Aux doutes sur la loyauté du czar et sur sa conduite ultérieure, au sentiment des difficultés à vaincre et des risques à courir en Egypte, venaient donc s'ajouter des craintes sérieuses, fondées, que devait inspirer une guerre avec la France. En outre, le cabinet anglais avait refusé de continuer avec le czar une correspondance sur des éventualités qui impliquaient la dissolution de la Turquie, les ministres avaient protesté de la volonté de l'Angleterre d'en maintenir l'intégrité; la nation était donc engagée d'honneur. Sans doute les puissances sont assez disposées à oublier leurs promesses, à subordonner les engagements aux intérêts, mais les gouvernements parlementaires ont cet avantage que le pouvoir ne peut pas manquer aux engagements, trahir la foi jurée, sans que des voix s'élèvent, sans que des consciences protestent, et proclament que l'honneur doit être la règle du pouvoir aussi bien que de la nation, des gouvernants aussi bien que des administrés.

XII.

La ligne de conduite du gouvernement anglais était donc toute tracée. Il restait à s'entendre avec le gouvernement français, et ici de nouveaux doutes, de nouvelles difficultés peut-être, surgissaient dans l'esprit des hommes d'Etat d'Angleterre. Quelles étaient les intentions de la France pour l'avenir? Avait-elle promis au sultan un concours sans condition, ou stipulé une indemnité territoriale? Aspirait-elle à posséder, comme l'avait dit le czar, la régence de Tunis, soustraite depuis longtemps à l'autorité réelle du sultan, qui fait chaque année devant la Goulette une démonstration de souveraineté à laquelle la France oppose une démonstration de défense et de protectorat, l'une et l'autre de pure forme? La France ne chercherait-elle pas à reprendre une partie de ce que lui avait enlevé le traité de Paris, dont le souvenir avait longtemps pesé sur son cœur? La restauration de l'empire en France n'avait-elle pas inspiré à la famille de Napoléon la pensée de rendre à ses héritiers l'équivalent des positions perdues? Le royaume des Deux-Siciles n'était-il pas convoité par les enfants de Murat, et l'oppression qui pesait sur ce pays n'était-elle pas un aiguillon puissant? S'il ne fallait plus songer à la Hollande, s'il fallait remettre l'Espagne à une famille royale plus sympathique au gouvernement français que celle de Christine, ne chercherait-on pas à créer en Italie un ordre nouveau d'où sortirait quelque couronne ducale, surtout si l'Autriche se liait à la fortune de la Russie? La France, si l'empereur de Russie était vaincu en Orient, ne voudrait-elle pas élever une barrière entre l'empire russe et l'Europe occidentale, et créer dans ce but un nouveau royaume de Pologne qui serait donné à l'un des membres de la famille impériale?

Telles furent les questions qui s'agitèrent au sein du cabinet britan-

nique, auquel il importait de s'entendre avec la France sur ces divers objets avant de contracter une alliance et de prendre une attitude qui allait engager l'avenir. Des pourparlers qui eurent lieu, des dépêches échangées, résulta une déclaration collective par laquelle l'Angleterre et la France annonçaient ne rechercher dans la guerre actuelle aucune augmentation de territoire; du moins c'est ce qui ressort des pourparlers de lord John Russell à la chambre des communes, le 17 février 1854 : « Il y a eu échange de notes entre la » France et l'Angleterre qui promettent de coopérer à donner assis» tance à la Turquie; ces deux puissances proclament n'être mues, » ni l'une ni l'autre, par aucune arrière-pensée, aucun intérêt d'é» goïsme et désir d'augmentation de territoire ou de puissance. Telle » est la nature de l'engagement que les deux puissances sont conve» nues de contracter. »

Lord Clarendon fut moins explicite dans la séance du 24 du même mois; il proclama la nécessité de trancher une fois pour toutes cette question d'Orient qui depuis si longtemps menace la paix de l'Europe, et il ajouta qu'il serait très-désirable de prendre à la Russie et de rendre à leurs légitimes propriétaires les différentes parties de territoire qu'elle a enlevées à d'autres pays.

C'est rouvrir la porte à toutes les éventualités, à toutes les suppositions. L'avenir décidera donc seul sur ce point délicat.

XIII.

Mais l'alliance de la France et de l'Angleterre a eu déjà un magnifique résultat; la Russie, après la mort du sultan Mahmoud, s'était servie de son influence sur la Porte Ottomane pour la pousser dans une voie de réaction, pour l'amener à détruire les améliorations obtenues au milieu de difficultés de tout genre, à ruiner les réformes civilisatrices destinées à élever l'empire turc au niveau des grandes nations de l'Europe; l'Angleterre et la France, au contraire, ont usé du droit de conseil que leur donne le secours prêté au sultan pour l'engager à entrer résolûment dans la voie des réformes.

Le moment était favorable : modifier les lois civiles et religieuses qui maintenaient de profondes différences entre les musulmans et les chrétiens, donner à ces derniers la jouissance de tous les droits civils dont les fils des conquérants étaient seuls en possession, détruire le privilège souvent attaqué, ébréché par des concessions plus ou moins respectées, suivant les localités et les circonstances, c'était enlever à la Russie tout prétexte de guerre, c'était lui donner une occasion de conclure la paix honorablement sans que son orgueil national dût en souffrir; le czar pouvait au contraire se vanter hautement de sa modération, il avait le droit de dire : Mes troupes occupent les provinces moldo-valaques, elles ont franchi le Danube et se sont établies solidement sur sa rive droite, plusieurs de vos places, de vos forteresses sont en mon pouvoir, votre armée est affaiblie des prisonniers faits par mes soldats, la mienne s'accroît tous les jours des corps que je dirige sur le champ de bataille, mais vous avez accordé aux chrétiens les droits que je demandais pour eux, je retire mes troupes, et j'accorde la paix. C'était un beau rôle à prendre. Le czar l'a refusé et dès lors, se trouvent justifiées toutes les accusations d'ambition portées contre lui.

Mais il est un autre résultat plus grave, indépendant de la volonté de l'empereur, qui découle de la stricte observation des firmans établissant la réforme. Dès ce moment un nouvel empire est créé, une nation ottomane se fonde, et ses vieux éléments, qui tendaient à la dissolution, se régénèrent. La plus grande phase de la lutte entre la civilisation et la barbarie, entre le progrès et le *statu quo*, entre la tolérance et le fanatisme, commence dès aujourd'hui; la victoire n'est pas douteuse, mais elle sera longue à obtenir, car les vieux partis ne cèdent pas facilement, et ce qui se passe en Angleterre et en France n'est pas de nature à leur ôter toute espérance. Quel que doive être le temps d'épreuve que la Turquie traversera, les principes sont posés, la raison fera le reste.

CHAPITRE V.

L'Autriche et la Prusse. Leur situation respective, leur action, leur diplomatie.— Dangers de la guerre actuelle pour l'empire d'Autriche; ses germes de dissolution. Ce qu'il peut gagner et ce qu'il peut perdre dans une alliance active avec l'une ou l'autre des parties belligérantes. — Eloignement du gouvernement prussien pour la France. — Union entre les deux peuples par le commerce et la science.— Les plénipotentiaires de France et d'Angleterre agissent à Vienne pour entraîner l'Autriche et la Prusse dans l'alliance occidentale; l'empereur de Russie y envoie un de ses aides de camp. Mission de M. le comte Orloff. Entrevues du comte avec l'empereur d'Autriche. Départ. — Aspirations du vieux parti prussien. Discussion dans les chambres. M. de Manteuffel.— Convention du 9 avril entre les quatre puissances occidentales. Insuffisance de cette convention. Traité secret entre l'Autriche et la Prusse. — La Suède et le Danemark. Leur neutralité. — Peut-il et doit-il y avoir des neutres? — Armements de l'Autriche. — Position nouvelle prise par l'Allemagne.

I.

Du jour où l'imminence de la guerre ne laissa plus de doute, et bien avant la déclaration officielle du 27 mars, la France et l'Angleterre durent se préoccuper de l'attitude que prendraient dans le conflit près d'éclater deux grandes puissances que chacune des deux parties belligérantes désirait attirer à elle, en raison des forces dont elles disposent et de l'action qu'elles peuvent exercer sur l'issue de la lutte. Ces deux puissances étaient l'Autriche et la Prusse. Les deux cabinets de Vienne et de Berlin se disputent ostensiblement la direction de la politique allemande; ils luttent d'influence, non pour rétablir l'Empire d'Allemagne, cadavre bien mort qui ne sortira plus de sa tombe, mais pour rallier autour d'eux et entraîner à leur suite les petits États et les villes libres, les uns et les autres isolés, ne pouvant avoir d'action dans les affaires extérieures qu'à la condition de former un faisceau où chacun d'eux apportera son contingent de forces. L'Autriche et la Prusse veulent créer, chacune à son profit, sous sa direction, sous son aile, une sorte d'unité dont elle sera le centre et le chef, l'une par la diète germanique, l'autre par le zollverein. Tout en reconnaissant hautement les immenses avantages qui sont résultés pour l'Allemagne de l'union douanière, on peut constater aussi que l'exemple du zollverein a fait naître dans beaucoup d'esprits la pensée d'une république fédérative allemande. Quant à la diète germanique, la ligne politique qu'elle a suivie et son organisation aristocratique ont amené en 1848 la formation du parlement national de Francfort.

Ces deux faits indiquent les tendances de l'Allemagne, marquent sa route dans l'avenir. Pour le présent, quel que soit le mal intérieur dont elles sont travaillées, l'Autriche et la Prusse, par leur position géographique, par les armées placées sous leurs ordres, n'en sont pas moins deux puissances dont la coopération aura une grande influence sur l'issue de la guerre d'Orient, et on comprend les efforts qu'on a dû faire pour les déterminer à prendre parti.

Dans les longues complications qui éclatèrent à Constantinople dès le commencement de 1853, les ambassadeurs d'Autriche et de Prusse ont joué un rôle fort actif; et peut-être pourrait-on s'étonner de trouver toujours ces deux puissances dans les conseils du sultan, et de ne les voir aujourd'hui ni dans les Dardanelles, ni sur le Danube, ni à Varna. Elles ont pris un rôle de médiatrices que leur force autorise sans doute, mais qui engage à plus de décision lorsqu'il devient évident que toute médiation est inutile.

L'intervention de l'Autriche a été constante, minutieuse, importune peut-être; quand ce n'est plus à Constantinople, c'est à Vienne qu'elle transporte le débat, élevant des incidents qui renaissent tous les jours; elle intervient dans tous les projets, elle signe à tous les protocoles, et en résumé elle n'aboutit à rien, ne sauve rien; toutes les notes qu'elle a minutieusement discutées, habilement rédigées, afin de couvrir par la forme la dure réalité du fond, sont repoussées tantôt par la Russie comme trop vagues, tantôt par la Porte Ottomane comme trop favorables à l'adversaire, et elles n'arrêtent ni la marche des troupes russes, ni les armements de la France et de l'Angleterre.

Malgré le langage assez explicite de l'empereur Nicolas à sir Hamilton-Seymour sur l'accord existant entre sa politique et celle du cabinet de Vienne, on ne peut douter du sincère désir de l'Autriche de ramener la bonne intelligence entre les puissances, d'empêcher un conflit dont elle apprécie trop sainement le danger pour ne pas le redouter.

Le gouvernement autrichien a peu de sympathie pour la France, qu'il rencontre depuis longtemps sur tous les champs de bataille, en Hollande, en Bavière, lui enlevant l'Espagne, lui disputant l'Italie; mais il y a quelque chose qui parle plus haut que les souvenirs pénibles, que les rancunes, c'est le péril d'une situation exceptionnelle, c'est l'intérêt. Et l'intérêt commande de maintenir le *statu quo*. La guerre qui commence imposera de lourds sacrifices à toutes les nations, mais il en est plusieurs qui sont spécialement menacées, et l'Autriche est de ce nombre; elle peut trop perdre à ce jeu sanglant des batailles pour se laisser entraîner inconsidérément à prendre parti.

II.

L'empire d'Autriche si généreusement traité par le congrès de Vienne, en raison de sa longue lutte contre la France, des sacrifices qu'elle lui avait imposées, des pertes qu'il avait éprouvées, est, après la Russie, le plus vaste État de l'Europe. La possession de Trieste et des côtes de l'adriatique, si favorable à son commerce intérieur, en a fait la route de la Méditerranée vers l'Allemagne et le Nord, a enlevé à la France une partie du transit, a permis à l'Autriche de rivaliser avec Gênes et Marseille. Sous le rapport politique, le plus beau, le plus précieux des avantages de cette possession, c'est qu'elle lui a donné une marine militaire : condition essentielle de puissance pour toutes les nations.

Mais cette vaste monarchie porte en elle un germe toujours actif de dissolution, de démembrement; elle est un assemblage de parties hétérogènes, de populations réunies par la conquête, profondément séparées les unes des autres par le langage, les mœurs, les coutumes, les aspirations, les souvenirs, les vieilles lois sociales et le caractère, morceaux de marqueterie plus disparates encore que ceux dont est formé l'empire de Turquie, et le joug est, en réalité, le seul lien qui unisse ses peuples. Il n'y a nul fanatisme, nulle haine religieuse

entre les populations catholiques et protestantes de l'empire; il n'y a pas de grands feudataires essayant de se soustraire à la domination centrale; les éléments de dissolution ne sont pas les mêmes qu'en Turquie, mais ils vont au même but. A la place de vassaux puissants aspirant à la souveraineté, il y a des nations impatientes, comprimées, mais ne se courbant pas, non fondues dans l'unité autrichienne, obéissant à la force, ne croyant pas à la durée du pouvoir qui les réunit en un faisceau, toujours prêtes à courir aux armes, à se détacher par l'insurrection, et épiant constamment l'occasion qu'appellent leurs espérances. Au lieu d'ambitions particulières dont on vient à bout en les armant les unes contre les autres, il y a des idées plus généreuses, non moins persistantes et plus vivaces.

L'Italie lombarde et vénitienne, tout imprégnée de soleil, d'amour, de joie, le Hongrois rude et dur, le Croate à demi Grec, le Transylvanien arraché à l'empire ottoman, le Gallicien-Polonais, le Bohème-Allemand ont-ils entre eux quelque ressemblance, peuvent-ils se croire sérieusement les fils d'une même patrie? L'Italie a un vice-roi, la Bohème a un roi, la Hongrie a un roi, et bien que les couronnes soient réunies sur la tête de l'empereur d'Autriche, y a-t-il pour cela plus d'unité entre ces divers membres du même État? Quel lien les unit? Quel intérêt commun les guide ou les inspire? Une même pensée les anime, mais c'est une pensée de séparation, de dislocation; un même désir les pousse, celui de s'affranchir de la domination autrichienne, de se former en États indépendants. A la première secousse, l'empire de César peut crouler, se disloquer, s'évanouir, et César descendre à n'être plus que le grand-duc d'Autriche, environné de nations reconstituées.

Ce n'est pas la première fois que l'Autriche se trouve en face de la Russie envahissante, et que, sollicitée par l'Europe de s'opposer aux empiétements des czars, elle hésite et laisse faire.

Déjà, en 1787, la France s'efforçait d'empêcher la prise de possession de Constantinople menacée par la Russie, et l'Autriche reculait devant les éventualités de la guerre. Catherine faisait ce voyage de Crimée dont il a été parlé plus haut, l'empereur d'Autriche Joseph II l'accompagnait incognito; M. de Ségur, ambassadeur de France en Russie, rencontra le prince et insista vivement auprès de lui sur les dangers dont l'ambition moscovite menaçait l'Europe. Il lui représenta les forces de la Russie croissant toujours à mesure que diminuaient celles de la Turquie.

« Lorsque l'impératrice le voudra, disait M. de Ségur à l'empereur, une partie de ses troupes pourra attaquer les places d'Oczakoff et d'Akermann, incapables de résister longtemps et qui seront facilement prises; en même temps une autre partie de son armée, embarquée sur sa flotte de Sébastopol, peut opérer une descente entre Varna et Constantinople, insulter ainsi la capitale de l'empire ottoman, et peut-être même s'en emparer, si la terreur saisissait l'esprit superstitieux des musulmans.

» Les Turcs, au contraire, ne possédant plus la Crimée, devraient, avant de pouvoir attaquer les Russes, traverser la Bulgarie, la Bessarabie, la Moldavie, la Valachie, la Nouvelle-Servie, où une armée disciplinée subsiste avec peine. D'ailleurs, cinquante mille Russes suffiraient pour les arrêter sur les bords du Bug ou du Dniéper. Je ne vois qu'un obstacle politique qui puisse faire hésiter l'impératrice, et vous savez mieux que moi jusqu'à quel point elle peut redouter cet obstacle.

» — Je vous entends fort bien, répliqua l'empereur; ma condescendance à l'époque de la conquête de la Crimée vous fait craindre que je ne seconde de nouvelles vues d'agrandissement. Vous vous trompez, et je désire sincèrement conserver la paix. La possession de la Crimée par les Russes n'avait nul inconvénient pour moi; son seul résultat était de rendre les Turcs plus pacifiques en leur ôtant tout moyen de commencer une guerre offensive. D'ailleurs j'y trouvais d'immenses avantages; d'abord celui de mettre mes États à l'abri de toute attaque des Turcs par la crainte que leur donneraient les troupes et les vaisseaux russes de la Crimée, prêts à les prendre à revers...

» Voilà réellement ce qui m'a déterminé à faire céder à Catherine la Tauride par la Porte. Mais aujourd'hui tout est bien différent, je ne souffrirais point que les Russes s'établissent à Constantinople. Le voisinage des turbans sera toujours moins dangereux pour Vienne que celui des chapeaux. »

Depuis le jour où l'empereur Joseph II tenait ce langage, l'Autriche a tout souffert, tout permis; la Russie a pu prendre la Bessarabie, les bords du Pruth, les bouches du Danube, sans que le cabinet de Vienne s'y opposât.

En 1829, il fut un moment question d'une alliance des puissances occidentales pour arrêter les Russes qui marchaient sur Constantinople; le refus de l'Autriche fit avorter cette combinaison, et le 6 octobre, quelques jours après la publication du traité d'Andrinople, qui fut le fruit de la campagne, on écrivait de Londres les lignes suivantes : « L'alliance anglo-gallo-germanique que les ministres » avaient enfantée pour effrayer l'empereur Nicolas, n'a pas eu le » succès qu'on en attendait. Le prince de Metternich, à qui on avait » fait des ouvertures à ce sujet, a répondu que, dans les circon-» stances actuelles, l'Autriche ne pouvait entreprendre une guerre

« contre la Russie; qu'elle voudrait bien concourir avec l'Angleterre » à arrêter les progrès de cette puissance, mais qu'ayant demandé » l'opinion des membres du conseil, celui-ci avait été d'avis que, si » l'Autriche ne voulait pas perdre ses riches provinces d'Italie, il » fallait renoncer à toute hostilité contre la Russie. »

En effet, les populations profitant du conflit et des embarras qu'il eût créés pouvaient se soulever, aidées par l'or et les agents de la Russie. Toutefois, elles n'auraient été soutenues alors ni par l'Angleterre ni par la France, qui devenaient les alliées du gouvernement autrichien et qui n'auraient pas recommencé pour l'Italie ce qu'elles avaient fait pour la Grèce. Les paroles de M. de Metternich furent acceptées à Londres comme un motif suffisant d'abstention; mais le diplomate autrichien n'avait pas dit toute sa pensée. Les dernières années des guerres contre la France avaient réduit les provinces autrichiennes à un état de profonde misère; elles s'en relevaient, l'agriculture avait pris de grands développements, de nombreuses manufactures s'étaient créées, M. de Metternich ne voulait pas jouer à la fois et la prospérité d'un pays qui pouvait devenir de nouveau le champ de bataille des armées ennemies, et la possession de l'Italie, pour laquelle l'Autriche a lutté si longtemps.

La secousse de 1848 a montré depuis à l'Autriche ce qu'elle doit attendre des peuples agglomérés qui composent son empire. Au bruit de la révolution de février, qui retentissait par toute l'Europe comme un signal d'affranchissement, la Hongrie se soulevait et, sans parler d'une séparation de droit, demandait en réalité une séparation de fait en exigeant un ministère particulier, une administration entièrement distincte. Bientôt, les prétentions grandissant à mesure que le mouvement s'étendait, la diète de Presbourg réclamait la réunion immédiate de la Transylvanie au royaume de Hongrie, afin que cette province pût envoyer ses représentants au parlement hongrois, qui allait s'assembler à Pesth. Les souvenirs du passé se ravivaient, les Maggyars, sans briser le pacte qui les lie à l'empire, allaient se gouverner eux-mêmes; et si, en raison de la constitution sociale de la Hongrie, ce n'était pas là un grand progrès au point de vue de la liberté des peuples, le fait seul démontrait combien l'Autriche présente peu d'homogénéité.

Au nom d'une idée plus large, la Lombardie courait aux armes et repoussait de son territoire les garnisons autrichiennes, dont la présence constate bien la domination d'un peuple sur l'autre, mais non leur mélange, mais non la fusion de leurs aspirations, de leurs intérêts; ce n'était pas sur un point seulement que l'insurrection éclatait, le mouvement était général : c'était à la fois Milan, Bergame, Brescia, Varèse, les bords du lac Majeur, qui s'affranchissaient du joug de l'Autriche.

Venise, après un combat et des manifestations trop imposantes pour laisser d'un doute sur l'issue d'une lutte nouvelle, amenait la garnison allemande à capituler, nommait un gouvernement provisoire, qui lui-même proclamait la république; la dislocation, la séparation s'opérait au nom du peuple vénitien sans qu'aucune ambition particulière exerçât de pression. Ce n'était pas une question de dynastie, mais une question de nationalité.

La Bohême, la Gallicie s'agitaient, demandaient des lois nouvelles, réclamaient des libertés publiques en harmonie avec les progrès du temps.

La capitale elle-même, Vienne, sans renverser la maison d'Habsbourg, changeait la forme du gouvernement, répudiant l'absolutisme pour établir la liberté. Ainsi toutes les causes de dissolution qui minent l'empire apparaissaient à la fois.

Ce jour n'eut pas de lendemain, la liberté resta dans son tombeau; la force, les combats, les fusillades, la potence étouffèrent les insurrections qui ne reposaient point partout sur des bases assez larges, mais n'étouffèrent pas les désirs du peuple. Les exécutions politiques tuent le patient, mais elles blessent au cœur les bourreaux. Les aspirations à l'indépendance nationale s'imprégneront d'idées libérales plus sages, plus vraies, plus justes que celles dont étaient animés les Maggyars et les seigneurs galliciens, et les tendances à la séparation reparaîtront plus vivaces à la première occasion.

III.

Le gouvernement autrichien connaît parfaitement sa situation, il la juge très-sainement, sans se faire illusion, et, sollicité par les deux parties, il calcule de quel côté doivent le pousser ses intérêts bien entendus et il pèse les chances que la lutte lui offre.

Alliée activement à la Russie, couvrant sa ligne du côté de l'Europe, remplaçant par ses propres troupes le centre de l'armée russe devenu disponible pour agir à l'aile droite sur la Baltique et à l'aile gauche sur le Danube, l'Autriche, en cas de victoire de la Russie devenue maîtresse de Constantinople, obtiendrait pour sa part dans la Turquie d'Europe la Bosnie, qui aujourd'hui la limite; la Servie, qui prolongerait sa ligne de possession sur le Danube; l'Albanie, peut-être, qui, avec l'Illyrie, lui donnerait toute une rive de l'Adriatique.

Certes, il y a là de quoi tenter le cabinet autrichien, et si la Porte Ottomane fût restée isolée dans sa lutte contre la Russie, l'Europe serait peut-être en ce moment témoin de ce partage; mais l'alliance

de la France et de l'Angleterre en faveur des Turcs est venue changer la situation, faire naître des dangers. La France ayant à combattre l'Autriche, à la paralyser, à faire diversion, rallumerait d'un mot, d'une étincelle, dix volcans dont le feu couve toujours; l'Autriche courrait risque de perdre la Lombardie, la Vénétie, de se voir chasser des provinces illyriennes, qui, naguère encore, appartenaient à la France. Or, en perdant l'Illyrie et Trieste, l'Autriche, sans ports, sans marine, ne serait plus qu'une puissance de second ordre.

La participation de l'Angleterre dans la lutte exerce une immense influence sur les résolutions du cabinet de Vienne. La marine autrichienne, toute puissante qu'elle est, ne saurait tenir contre celle de l'Angleterre, qui l'écraserait par le nombre, et l'Autriche hésite à jouer le sort d'une marine qui depuis quarante ans lui a coûté des sommes immenses et des soins constants. La France peut être attaquée par terre, par le Rhin, par la Meuse, par la Belgique, l'Angleterre n'a rien à perdre sur le continent, en cas de défaite, et l'Autriche, qui n'a pas de port sur la mer du Nord, ne peut pas songer à s'indemniser de ce côté. L'Angleterre n'est vulnérable aux coups de l'Autriche qu'au sud, à Malte et aux îles Ioniennes, mais cet enjeu ne vaut pas pour l'Autriche celui de Trieste et de l'Illyrie.

D'un autre côté, en admettant que la France et l'Angleterre pussent parvenir à persuader à l'Autriche qu'il y a danger pour elle à ne pas entrer dans l'alliance occidentale, comment cette puissance pourrait-elle se déclarer contre la Russie? Les grands intérêts commerciaux de l'Autriche sont sur le Danube, relié au Rhin par un canal; ils sont, à la sortie du Danube, dans la mer Noire; mer et fleuve constamment sillonnés par une flotte marchande à vapeur d'une immense richesse et d'une activité qu'on ne soupçonne pas en Occident, ailleurs que dans les grands établissements de construction de France et d'Angleterre qui fournissent des bateaux à la compagnie danubienne.

La Russie est déjà maîtresse, par l'occupation de la Valachie, de la rive gauche du Danube; une partie de son armée est établie sur la rive droite, dont elle assiége les places. En admettant que les Turcs parviennent à la chasser de cette dernière position, à la forcer de repasser le fleuve; tant qu'elle restera campée sur la rive valaque, tant qu'elle occupera Bucharest, qu'elle investira Kalafat, elle peut arrêter la circulation des navires autrichiens. Campées dans le delta de la Sulina, dans la Dobrutscha, les troupes russes occupent les bouches du Danube, et peuvent couper toute communication. Bien qu'elles aient évacué les forts de la côte circassienne, qu'on appelle l'Abasie, elles enveloppent la mer Noire par la Géorgie, par Kaffa, par Sébastopol, par la mer Morte, par les embouchures du Bug et du Dniester, par Odessa, par la Bessarabie, le Danube et la Dobrutscha. La Russie régnait hier encore dans cette mer, et l'Autriche se demande qui y régnera demain.

Ainsi l'Autriche est inquiète pour ses possessions d'Italie, pour Trieste et l'Illyrie, si elle prend parti contre la France et l'Angleterre; inquiète pour la liberté de la navigation du Danube, si elle se déclare contre la Russie; inquiète dans l'un et l'autre cas pour ses provinces intérieures, découpées, entamées par la Pologne russe, dans lesquelles il y a des ferments de division. Voilà le secret de sa politique de paix, de protocoles, d'atermoiements. Le gouvernement autrichien peut jeter dans le conflit une armée nombreuse, chacune des parties belligérantes attache un grand prix à son concours; mais, placé entre deux adversaires également menaçants, il refuse de se prononcer et s'efforce de faire accepter sa neutralité. Peut-être aussi rêve-t-il pour l'Allemagne un rôle nouveau, que l'on trouvera indiqué plus loin.

IV.

La Prusse a suivi dans toute l'affaire d'Orient la ligne de conduite de l'Autriche, elle a manœuvré avec elle par sa chancellerie; comme elle, placée entre deux ennemis, elle s'abstient d'agir et entend garder sa neutralité.

Des liens intimes de famille unissent les deux maisons régnantes de Berlin et de Saint-Pétersbourg, mais ces liens deviennent impuissants entre les monarques lorsque parlent des intérêts bien ou mal entendus; l'histoire moderne, comme celle du passé, offre de nombreux exemples de l'incapacité des unions de famille à refréner l'ambition ou l'esprit de conquête.

L'organisation militaire de la Prusse, une des plus complètes de l'Europe; l'instruction solide de son armée, l'esprit guerrier de ses habitants, soigneusement entretenu, font de cette nation une grande puissance, bien qu'elle soit numériquement très au-dessous de la France et de l'Autriche.

Sa position géographique lui faisait une loi d'un grand développement militaire, si la guerre devait continuer à être l'état normal de l'Europe; car elle est ouverte, à ses deux extrémités, à la Russie, au delà de la Vistule; à la France, en deçà du Rhin, dont elle occupe la rive gauche, arrachée à la France par le congrès de Vienne; un de ses flancs est également menacé par l'Autriche, contre laquelle elle n'est pas défendu du côté de la Bohême.

L'entretien de l'esprit militaire en Prusse est un danger perpétuel pour ses voisins, et pour elle-même une lourde charge. La Russie a bien compris qu'elle avait besoin de la Prusse comme alliée; en cas d'attaque des puissances occidentales, la Prusse lui servait de rempart, de première ligne de défense. Si elle voulait elle-même porter la guerre en Occident, elle avait une route ouverte à travers la Pologne prussienne et le Brandebourg. L'union est donc devenue plus intime, et la famille impériale de Russie, dans ses fréquents voyages en Prusse, peut encore se croire dans ses domaines.

Durant les quarante ans de paix qui viennent de s'écouler, la Prusse a pris un très-grand développement sous le rapport manufacturier, industriel et scientifique. Forcés de quitter la France par suite des persécutions qui accompagnèrent la fatale révocation de l'édit de Nantes, les protestants se réfugièrent en Angleterre, en Prusse, dans les diverses parties de l'Allemagne, et y portèrent naturellement leurs industries. Partout bien accueillis, ils furent spécialement protégés en Prusse, et y établirent des fabriques de soieries, de rubans, de bas, de bonnets, etc., qui devaient faire un jour à la France une rude concurrence, comme pour la punir de l'intolérance qu'elle avait montrée. Crime au point de vue de la raison, la révocation et l'exil furent donc une faute au point de vue de la politique et du développement industriel. Comprimées dans leur essor par le morcellement de l'Allemagne, par les barrières et les droits de chaque état, ces fabriques ont pris, depuis l'établissement du Zollverein, une grande importance, et leurs produits viennent faire concurrence jusque sur le marché français à ceux de Lyon, de Saint-Etienne, d'Avignon, de Nîmes et de Troyes. De nombreux rapports commerciaux se sont donc établis entre la France et la Prusse; les échanges entre l'Association allemande, dont la Prusse est l'âme, et la France, se montent annuellement à une somme totale d'environ cent quarante millions.

La science, de son côté, a tendu à unir les deux nations, des correspondances se sont échangées, et les deux instituts de Paris et de Berlin ont souvent travaillé à la solution des mêmes problèmes, à la constatation des mêmes phénomènes, à la découverte des mêmes lois.

Mais si le commerce, l'industrie et la science tendaient à unir les deux peuples, il n'en était pas de même de l'armée, ou du moins des officiers, impatients de leur inactivité, sentant peut-être tout le poids de leur inutilité, réchauffant les vieilles haines, rappelant les vieux griefs, cherchant dans le passé les motifs d'une guerre que le présent n'eût pas justifiée.

Les hommes de la révolution de juillet reprochaient au gouvernement l'oubli des principes qui l'avaient élevé, l'abandon des Alpes et du Rhin, et alors la vieille Prusse, ennemie des principes démocratiques, jetait l'injure et le sarcasme, rappelait ses luttes, sa victoire de Waterloo, tournait les regards vers Paris; et le vieux roi, instruit à l'école du malheur, peu désireux de recommencer la guerre dont il avait subi les chances fatales avant que l'incendie de Moscou et l'intempérie du climat eussent changé la victoire en déroute, avait beaucoup de peine à contenir leur ardeur. Mais quand le vieux roi mourut, ces mêmes officiers n'eurent pas la pudeur de cacher leur joie : il leur semblait que le moment était venu, et ils ne parlaient que de monter à cheval et de marcher sur Paris.

Le mouvement révolutionnaire de 1848 ne fut pas moins vif en Prusse que dans tout le reste de l'Allemagne. Un des principaux griefs du peuple prussien était le défaut d'égalité entre les citoyens appelés à faire partie de l'armée, dont les familles nobles occupent seules les hauts emplois dont le peuple est exclu. Parmi les réformes demandées, puis imposées au roi de Prusse, celle-ci fut une des principales. Les événements de cette époque, tout en détournant alors les réactionnaires prussiens d'une guerre contre la France, n'ont pas amoindri leur haine; mais il est permis de penser que la majorité de la nation ne partage pas ce sentiment.

V.

Des deux côtés, dès que la guerre parut immédiate, on pressait la Prusse et l'Autriche de prendre parti. Une réunion de représentants des deux puissances allemandes et des deux puissances occidentales se tenait à Vienne, au ministère des affaires étrangères; le but apparent était le rétablissement de la paix entre la Russie et la Turquie. Les plénipotentiaires étaient MM. Buol-Schauenstein pour l'Autriche, Arnim pour la Prusse, de Bourqueney pour la France, Westmoreland pour la Grande-Bretagne. Bien qu'ils prissent part à la rédaction de toutes les notes imaginées par le ministre autrichien, et dont les gouvernements de France et d'Angleterre n'espéraient rien, le but réel de MM. de Bourqueney et Westmoreland était d'amener les deux cabinets de Vienne et de Berlin à se prononcer pour l'alliance occidentale, et à donner à la guerre une coopération active.

Le gouvernement russe, non qu'il craignît l'influence des deux plénipotentiaires, et qu'il voulût la contre-balancer, mais pour traiter directement avec l'empereur d'Autriche sans avoir à subir les lenteurs diplomatiques, donna une mission spéciale à M. le comte Orloff, aide de camp de l'empereur de Russie, et l'envoya à Vienne. M. Orloff est un homme aux manières ouvertes, aux formes d'une exquise politesse, qui, acceptant complètement la politique du czar, appartient au parti exalté de la guerre; nul n'était plus propre à remplir la mission qui lui fut confiée.

La conférence de Vienne, qui jouait un rôle complétement inutile et se berçait d'espérances illusoires, avait depuis deux mois rédigé deux nouveaux protocoles en date des 5 décembre 1853 et 13 janvier 1854, lorsque M. Orloff arriva à Vienne le 28 janvier. On le disait porteur de la réponse de l'empereur à la dernière note de la conférence, réponse qui contenant un refus absolu impliquait nécessairement la guerre. Telle n'était pas la mission de M. Orloff; la réponse de l'empereur Nicolas à la note du 13 janvier devait suivre le cours ordinaire des choses diplomatiques et arriver par le canal de l'ambassadeur de Russie, M. de Meyendorff, et rien dans cette réponse parfaitement prévue, dont le sens n'étonnerait personne, ne nécessitait la présence d'un envoyé extraordinaire.

Les résolutions de l'empereur Nicolas étaient dès le principe nettement arrêtées; la lutte s'était continuée sur le Danube autant que l'hiver l'avait permis, et les préparatifs de la nouvelle campagne se faisaient sur une large échelle. Une opération décisive allait être tentée dès le début; les corps disséminés en Moldavie, en Valachie et en Bessarabie, commençaient à se rapprocher, à se concentrer pour effectuer le passage du Danube. La France et l'Angleterre ne s'étaient pas encore prononcées d'une manière précise, mais l'époque de l'ouverture du parlement anglais approchait, le langage de la reine engagerait l'avenir, l'hostilité de la France et de l'Angleterre, voilée jusque-là sous des prétextes assez peu spécieux, se manifesterait, et il était indispensable que la Russie et l'Autriche s'entendissent sur la réalisation d'éventualités prévues depuis longtemps. Employer l'intermédiaire de l'ambassadeur était trop long; l'envoi des instructions, la remise des notes, l'attente des réponses, l'expédition des dépêches auraient pris un temps considérable, et le moment pressait; l'empereur Nicolas préféra envoyer le comte Orloff, qui, muni des instructions de son souverain, dont il partageait la pensée, pouvait répondre immédiatement aux objections, aplanir les difficultés. Le czar connaissait trop bien la situation de l'Autriche en Italie, en Hongrie et en Gallicie, pour lui demander une alliance offensive et défensive contre la France et l'Angleterre; mais il voulait s'assurer qu'en faisant passer le Danube à ses troupes il ne rencontrerait pas d'obstacles de la part de l'Autriche, et que celle-ci gardant la neutralité couvrirait ainsi le centre de la Russie, que l'on ne pourrait pas aller attaquer à travers les Etats autrichiens.

Arrivé à Vienne le 28 janvier, le comte Orloff eut une première entrevue avec l'empereur le 30; il le revit plusieurs fois, eut des conférences fréquentes avec M. Buol-Schauenstein, ministre des affaires étrangères, et ne quitta Vienne que le 8 février pour retourner en Russie par Varsovie. Cette mission préoccupa très-vivement l'Allemagne, la France et l'Angleterre; en effet, les destinées de l'Europe se discutaient à huis clos entre l'empereur d'Autriche, M. Orloff et M. Buol-Schauenstein, et pendant que ces trois personnages agitaient les graves questions de neutralité, d'alliance peut-être, on essayait de donner le change et de calmer les inquiétudes en répandant le bruit que la mission de l'envoyé russe se bornait à apporter des contre-propositions de l'empereur de Russie en réponse à la dernière note de la conférence de Vienne.

On s'attendait à voir le comte Orloff se rendre à Berlin en quittant Vienne, plusieurs correspondances avaient même annoncé son arrivée auprès du roi de Prusse avant qu'il fût rendu à Vienne. Ce voyage n'eut lieu ni avant ni après; mais M. de Budberg, ambassadeur de Russie en Prusse, rejoignit l'envoyé à Vienne, y reçut les instructions du comte Orloff, et revint à Berlin, où il les communiqua à M. de Manteuffel, président du conseil des ministres. En même temps, et pour corroborer l'action de M. de Budberg, le prince Trubeszki, aide de camp du général russe Paskiéwitsch, qui allait être nommé au commandement général de l'armée du Danube, se rendait également à Berlin, où il se mit immédiatement en rapport avec M. de Budberg et M. de Benkendorff, plénipotentiaire militaire de Russie en Prusse. Le cabinet de Pétersbourg avait donc trois agents officiels en ce moment à Berlin, son ambassadeur, son plénipotentiaire et son envoyé extraordinaire. On donna au voyage de ce dernier le prétexte de communications à faire au cabinet prussien sur des mouvements de troupes ordonnés par la Russie en Pologne et sur les côtes de la Baltique, mouvements que le prince Trubeszki devait présenter comme une mesure destinée à donner de la sécurité au pays, et ne pouvant inspirer aucune crainte à la Prusse. En réalité, le prince avait à Berlin une mission analogue à celle du comte Orloff à Vienne. En même temps les conférences de M. de Budberg avec M. de Manteuffel étaient présentées comme ayant pour but tantôt la discussion des dernières propositions de l'Autriche à l'empereur de Russie, tantôt la remise de la réponse de Russie à ces propositions. L'opinion publique s'inquiétait de la lenteur que mettaient l'Autriche et la Prusse à se décider, à prendre un parti, à se prononcer entre les puissances, malgré les sollicitations de l'Angleterre et de la France, et pour justifier cette lenteur on les représentait comme divisées sur la marche à suivre.

VI.

Il est très-vrai que le cabinet prussien était plus disposé que celui de Vienne à se jeter dans les hasards de la guerre et à prendre parti pour la Russie, mais il ne voulait pas se séparer de l'Autriche. Dans cette union était sa force ; les Etats secondaires d'Allemagne, les villes libres, les uns et les autres, membres de la confédération germanique, se diviseraient si l'Autriche et la Prusse se divisaient ; de là naîtraient des complications redoutables ; la Prusse ne pouvait pas, au milieu de tous les germes de division qui existent en Allemagne, courir la chance d'être victorieuse avec quelques Etats contre les autres, ou vaincue par ceux-ci armés contre les premiers. Dans les deux cas, en supposant même qu'aucune complication politique ne se produisit, elle perdait une partie de son influence, elle compromettait la prépondérance qu'elle fonde avec tant de soins depuis vingt ans.

Les deux cabinets de Vienne et de Berlin restèrent donc unis sur la ligne de conduite qu'ils devaient tenir entre la Russie d'un côté, la France et l'Angleterre de l'autre ; ils se décidèrent à proclamer leur neutralité. Chacun jugera cet acte au point de vue des intérêts qu'il embrasse, le rôle de l'histoire est de juger les actes par leur résultat : or M. le comte Orloff emporta de Vienne et MM. Trubeszki et de Budberg acquirent à Berlin la certitude que le passage du Danube par les Russes n'entraînerait pas une déclaration de guerre de l'Autriche et de la Prusse contre la Russie ; et un mois après, le Danube était franchi.

Cependant cette neutralité de l'Autriche et de la Prusse était mal accueillie : la France et l'Angleterre avaient le droit de s'en plaindre. A l'intérieur, ceux qui voient un danger pour l'Allemagne dans l'extension de la Russie auraient voulu une politique plus décidée ; les partis qui voient, au contraire, le triomphe de leur cause dans la prépondérance de la politique russe agissaient et cherchaient à entraîner les deux gouvernements vers une alliance avec le czar. Leur action se manifestait surtout à Berlin, ou du moins, si elle n'y était pas plus vive qu'à Vienne, elle y était plus bruyante. Dans le courant du mois de mars quarante membres du parlement adressèrent au roi, au nom du parti conservateur, une pétition par laquelle ils le priaient de se déclarer en faveur de la Russie, offrant de mettre, à cette condition, leurs biens et leur vie au service du roi.

VII.

La France et l'Angleterre venaient de décider l'envoi d'une double flotte dans la Baltique, dont la Prusse possède une partie des côtes. L'ambassadeur anglais en Prusse avait eu de longues conférences avec M. de Manteuffel à ce sujet ; le consul d'Angleterre à Stettin, M. Campbell, était arrivé à Berlin pour s'entendre avec le ministre sur les mesures à prendre dans le cas où la flotte anglaise relâcherait dans les ports prussiens, l'hésitation du cabinet devant ce fait de guerre, et en présence de l'attitude hautement prise par le parti conservateur, jetait l'inquiétude dans les esprits ; et les chambres, alors assemblées, crurent devoir demander au ministre des éclaircissements qui étaient devenus nécessaires. M. le comte Schwerin, président de la deuxième chambre, donna lecture d'interpellations signées d'un grand nombre de députés et demanda au cabinet de déclarer quelle ligne de conduite il entendait tenir dans la question d'Orient, l'invita à la confiance, assurant qu'une parole franche en présence des représentants légaux du pays pouvait donner au gouvernement la possibilité de s'assurer de l'approbation de la nation et de résister aux voix illégitimes qui cherchaient à se présenter comme les organes du pays.

La double question était de la sorte nettement posée : que voulait faire le gouvernement relativement à la guerre ? Marchait-il avec les amis de la Russie, ennemis des idées de progrès, ou s'alliait-il avec les amis, les soutiens des libertés publiques ? Le parlement avait le droit d'attendre une réponse nette, précise, qui mît fin aux inquiétudes et déterminât dans quel camp se plaçait le cabinet prussien. M. de Manteuffel, continuant sa politique obscure, ajourna d'abord sa réponse et les explications qu'il devait donner ; puis, deux jours après, il promit de faire bientôt des communications qui lui fourniraient l'occasion de donner connaissance à la chambre, en tout ce qui se prêterait à la publicité, de la direction suivie jusqu'à ce jour, et encore en ce moment maintenue sans modifications, par le gouvernement.

« Je demande, ajouta-t-il, la permission de m'en référer à ces communications. En ce qui touche le point que l'interpellation a placé sur le premier plan, je dirai seulement aujourd'hui pour rassurer le pays que le gouvernement n'a changé en aucune manière son point de vue dans cette question, et que les flottes que nous verrons sous peu de jours entrer dans la Baltique appartiennent à des Etats avec lesquels la Prusse vit en paix et en bonne intelligence. »

La réponse ne décidait rien et n'engageait pas l'avenir ; il était difficile de moins se compromettre, de répondre plus obscurément aux désirs du pays. Le jour des grandes communications arriva, et M. de Manteuffel monta à la tribune. Au lieu d'explications, il venait demander l'autorisation de contracter un emprunt de trente millions de thalers pour faire face aux éventualités. Quant à la question qui importait à la Prusse, à l'Europe, pas un mot. Tous les intérêts étaient compromis, tous attendaient une solution, on leur promettait la paix et la neutralité. La paix, sans aucun doute, était bien préfé-

rable aux chances de la guerre ; mais la paix n'était pas vraie puisqu'elle imposait des armements et des emprunts, et la neutralité paraissait plus que douteuse à beaucoup d'esprits clairvoyants.

Une commission de vingt et un membres fut nommée pour faire un rapport sur l'emprunt. Le ministre des finances présenta aussi un projet de loi qui demandait une augmentation de 25 pour 0/0, à partir du 1er juillet, sur l'impôt du revenu par classes et sur la mouture et l'abatage ; afin de couvrir les intérêts et l'amortissement de l'emprunt.

VIII.

Mais, s'il ne se prononçait pas, le gouvernement prussien organisait en effet ses forces, opérait des mouvements de troupes, couvrait ses frontières soit du côté de la France, soit du côté de la Pologne. Au 10 janvier précédent l'effectif de l'armée prussienne, d'après le journal le Temps, feuille semi-officielle de Berlin, était de 614,000 hommes et 1,584 canons.

Cette armée, peut-être un peu exagérée par le journal de Berlin, ne suffisait pas au ministère, puisqu'il venait demander le moyen de l'accroître au besoin.

L'Autriche agissait dans le même sens. Ces deux puissances peuvent ensemble armer près d'un million d'hommes : en déduisant le nombre nécessaire au service de l'intérieur, des places, des forteresses, elles peuvent jeter au moins cinq cent mille hommes dans une guerre ; et si l'incertitude où l'on était sur leurs dispositions n'apportait pas d'hésitation et de retard dans les préparatifs en Angleterre et en France, elle était du moins de nature à entretenir les inquiétudes, à paralyser le mouvement commercial frappé déjà par les premières hostilités.

IX.

La neutralité de la Prusse et de l'Autriche ainsi proclamée dans le parlement prussien, il restait à déterminer la forme dans laquelle on la déclarerait diplomatiquement à l'Europe. Les ambassadeurs et plénipotentiaires des diverses puissances agissaient en sens opposé ; enfin, après de longs pourparlers, les représentants des quatre Etats réunis à Vienne signèrent la convention suivante :

Protocole d'une conférence tenue au ministère des affaires étrangères à Vienne le 9 avril 1854.

« Présents les représentants d'Autriche, de France, de Grande-Bretagne et de Prusse.

» Sur la demande des plénipotentiaires de France et de Grande-Bretagne, la conférence s'est réunie pour entendre la lecture des pièces qui établissent que l'invitation adressée au cabinet de Saint-Pétersbourg d'évacuer les principautés moldo-valaques dans un délai fixe étant restée sans réponse, l'état de guerre déjà déclaré entre la Russie et la Sublime Porte existe également de fait entre la Russie d'une part et la France et la Grande-Bretagne de l'autre.

» Ce changement opéré dans l'attitude de deux des puissances représentées dans la conférence de Vienne, en conséquence d'une démarche tentée directement par la France et l'Angleterre, et appuyée par l'Autriche et la Prusse, comme fondée en droit, a été jugé par les plénipotentiaires d'Autriche et de Prusse comme impliquant la nécessité de constater de nouveau l'union des quatre gouvernements sur le terrain des principes posés dans les protocoles des 5 décembre 1853 et 13 janvier 1854.

» En conséquence, les soussignés ont, à ce moment solennel, déclaré que leurs gouvernements restent unis dans le double but de maintenir l'intégrité territoriale de l'empire ottoman, dont le fait de l'évacuation des principautés danubiennes est et restera une des conditions essentielles, et de consolider, dans un intérêt si conforme aux sentiments du sultan et par tous les moyens compatibles avec son indépendance et sa souveraineté, les droits civils et religieux des chrétiens sujets de la Porte.

» L'intégrité territoriale de l'empire ottoman est et demeure la condition *sine quâ non* de toute transaction destinée à rétablir la paix entre les puissances belligérantes ; et les gouvernements représentés par les soussignés s'engagent à rechercher en commun les garanties les plus propres à rattacher l'existence de cet empire à l'équilibre général de l'Europe, comme ils se déclarent prêts à délibérer et à s'entendre sur l'emploi des moyens les plus convenables pour atteindre l'objet de leur concert.

» Quelque événement qui se produise par suite de cet accord, fondé uniquement sur les intérêts généraux de l'Europe, et dont le but ne peut être atteint que par le retour d'une paix solide et durable, les gouvernements représentés par les soussignés s'engagent réciproquement à n'entrer dans aucun arrangement définitif, avec la cour impériale de Russie, ou avec toute autre puissance, qui serait contraire aux principes énoncés ci-dessus, sans en avoir préalablement délibéré en commun.

» *Signé* : Buol-Schauenstein, Bourqueney, Westmoreland, Arnim. »

En publiant le texte de la convention que l'on vient de lire, le

Moniteur l'accompagna du commentaire que voici; il servira à faire juger de la manière dont le gouvernement français appréciait cet acte diplomatique :

« Le protocole de la conférence qui s'est tenue, le 9 avril, à Vienne, entre les représentants de l'Autriche, de la France, de la Grande-Bretagne et de la Prusse ayant été communiqué au parlement britannique et reproduit par les journaux d'après une traduction, rien ne nous empêche plus aujourd'hui d'en faire connaître le texte officiel.

» Cet acte emprunte aux circonstances dans lesquelles il a été souscrit une importance qui n'échappera à personne. Le lien qui s'était formé entre les quatre cours, dans le but de maintenir la paix menacée depuis un an par la Russie, loin de se briser au moment où la France et l'Angleterre ont jugé que leurs intérêts, non moins que leur dignité, les forçaient à renoncer à des négociations captieuses, n'a fait que se fortifier.

» L'Autriche et la Prusse déclarent solennellement que la démarche accomplie auprès du cabinet de Saint-Pétersbourg par les puis-

la Russie et la Porte Ottomane existait également entre la Russie d'une part et la France et l'Angleterre de l'autre ; mais cela était un fait notoire, puisqu'il y avait eu des actes de guerre dans la mer Noire et une déclaration publique, officielle, en Angleterre et en France le 27 mars précédent. Le premier paragraphe était donc inutile. Le second, ne disant rien de nouveau, n'avait pas plus d'utilité.

Le troisième était encore complétement inutile; il stipulait : l'intégrité de l'empire ottoman et l'évacuation des principautés, cela avait été posé en principe et proclamé dès le principe; la consolidation des droits civils et religieux des chrétiens sujets de la Porte, la France et l'Angleterre l'avaient déjà obtenu.

Le seul paragraphe important de cette convention est le quatrième, par lequel les quatre puissances s'engagent à rechercher les garanties les plus propres à rattacher l'existence de l'empire ottoman à l'équilibre général de l'Europe. Ces paroles sont obscures et prêtent aux interprétations : peut-être signifient-elles que les conditions actuelles d'existence de l'empire turc ne garantissent pas l'équilibre euro-

Sébastopol.

sances maritimes, pour le sommer de retirer ses troupes de la Moldavie et de la Valachie, était fondée en droit, et que l'évacuation de ces principautés demeure la condition indispensable du rétablissement de la paix.

» De l'aveu hautement proclamé des cabinets de Vienne et de Berlin, c'est pour une cause juste, c'est pour la défense des intérêts généraux de l'Europe, que la France et l'Angleterre se sont armées.

» Les quatre cours doivent s'entendre sur les moyens de sauvegarder l'empire ottoman et d'entourer son existence de garanties efficaces : cela veut dire que l'Autriche et la Prusse comprennent, comme la France et l'Angleterre, la nécessité d'imposer à la Russie des conditions qui la mettent, à l'avenir, dans l'impossibilité de troubler le monde par un nouvel éclat de son ambition.

» Les deux puissances allemandes, en outre, se sont unies par une convention, comme l'ont fait les deux puissances maritimes : un seul acte, en effet, eût été difficilement applicable à des résolutions déjà prises et à des résolutions éventuelles; mais il suffit de faire remarquer que le traité de Berlin est postérieur au protocole de Vienne, dont voici le texte, pour établir qu'il tend au même but et repose sur les mêmes bases que le traité de Londres. »

Cette convention, que chacune des puissances signataires avait le droit de juger et d'expliquer à son point de vue, ne résolvait rien en réalité. Que déclaraient, en effet, les signataires? Que la guerre entre

péen, et qu'on en cherchera d'autres ; en d'autres termes, qu'on se croira le droit de changer les relations du pouvoir central avec quelques-unes des provinces de l'empire; peut-être ont-elles été insérées sur l'insistance des plénipotentiaires anglais et français, comme un avis à la Russie; mais pourquoi cette obscurité, quand il était si facile d'être clair et précis?

Que l'Angleterre et la France, qui donnent à la Turquie un secours effectif en hommes, en argent, en vaisseaux, se croient le droit d'émettre des avis, de donner des conseils, de poser des conditions, cela se comprend; mais l'Autriche, mais la Prusse, quelles garanties ont-elles à rechercher du moment qu'elles restent neutres? La Russie victorieuse peut briser la Turquie, prendre Constantinople ou garder les provinces danubiennes, qu'en résultera-t-il? Rien. L'Autriche et la Prusse ne feront pas de transaction pour rétablir la paix, est-ce que la Russie leur en demandera? en aura-t-elle besoin? Cette convention, pour avoir une valeur quelconque, avait besoin d'une sanction; la seule réelle, la seule utile, qu'on pût lui donner, c'était l'engagement pris par l'Autriche et la Prusse d'appuyer par les armes les efforts de la France et de l'Angleterre dans un but déterminé. Il n'y a pas de convention possible entre deux puissances belligérantes et deux puissances qui s'abstiennent, parce qu'il n'y a pas égalité dans la situation.

Cette convention, dans la pensée des cabinets de Vienne et de

Berlin, est pour eux une victoire, car, sans leur imposer à eux-mêmes les charges d'une guerre active, elle lie la France et l'Angleterre et les engage à ne rien faire, en cas de succès, de triomphe, sans en avoir délibéré avec les deux puissances non agissantes. En un mot, cette convention, qui ne lie en rien l'Autriche et la Prusse, est le prix de leur neutralité. Au point de vue des intérêts de ces deux puissances, c'est un acte habile de diplomatie.

Il restait à ces deux puissances à s'entendre entre elles sur la manière d'exécuter cette convention; ce fut là l'objet d'un traité particulier, qui est resté secret.

Au surplus, cette convention parut tellement insuffisante qu'en Angleterre et en Allemagne, où il y a une presse libre, on ne cessa de démontrer dans tout le courant du mois de mai que la Prusse faisait des actes indiquant qu'elle suivait la politique russe. En effet, le roi de Prusse renvoyait ses ministres opposés à la Russie et les remplaçait par des partisans de cette puissance. Du moment que l'on ne regardait pas la Prusse comme liée par la convention du 9 avril,

Baltique, ne peut plus descendre dans la Méditerranée, jeter des soldats sur les côtes de la Grèce et de l'Albanie et inquiéter les navires français et anglais qui transportent les troupes, les munitions, à Gallipoli et dans le Bosphore. L'exécution de cette idée enlève à la Russie la disposition de la moitié de ses forces maritimes, et ce résultat, fût-il le seul, serait déjà considérable; mais un autre avantage en découlait immédiatement : en effet les flottes française et anglaise se trouvaient, après quelques jours de navigation, sur les côtes russes, en face de villes importantes par leur commerce et leurs richesses, n'ayant pour se défendre que leurs fortifications insuffisantes et ne pouvant pas compter sur le secours de la flotte russe retenue par les glaces dans le golfe de Finlande, à l'entrée duquel il s'agissait d'arriver avant que la fonte et le départ des glaces lui eussent permis d'en sortir. Par cette promptitude d'exécution, l'Angleterre et la France prenaient une position magnifique et se mettaient en mesure de compenser l'occupation des principautés danubiennes par les troupes impériales. Sur la défensive dans les provinces tur-

Cronstadt.

qu'on la pressait de prendre un parti un mois et demi après la signature du protocole, c'est que la convention était ou paraissait illusoire à tous ceux qui désiraient voir les choses se dessiner nettement.

X.

La France et l'Angleterre, tout en cherchant à rallier à elles l'Autriche et la Prusse, durent se préoccuper encore de l'attitude que prendraient deux autres nations qui tirent leur importance non des forces dont elles disposent, mais de la position géographique qu'elles occupent sur la Baltique appelée à être un des champs de bataille de cette guerre, la Suède et le Danemark.

Maîtres des détroits par lesquels la Baltique communique à l'Océan, ces deux peuples sont les gardiens de la route qui conduit les flottes russes du golfe de Finlande sur les côtes d'Europe et dans toutes les mers du monde, route que devaient prendre nécessairement les flottes anglaise et française pour porter la guerre sur le territoire russe, arriver à Cronstadt et tenter de faire une pointe sur Saint-Pétersbourg.

Cette pensée d'aller attaquer l'ennemi aux portes de sa capitale est la plus heureuse, la plus hardie inspiration des commencements de cette guerre; cette opération divise les forces de l'ennemi, paralyse l'action de la flotte russe du nord, qui, retenue captive dans la

ques, les alliés prenaient l'offensive sur un point opposé; les chances devenaient meilleures.

Les plus graves intérêts commerciaux unissent le Danemark et la Suède à l'Angleterre et à la France, qui font avec eux de nombreux échanges, et dont les navires marchands, soumis à un droit de passage dans le détroit, entretiennent le trésor danois; on comprend dès lors quelle importance ils doivent attacher à ne pas se brouiller avec ces deux puissances.

Mis en demeure de se prononcer, de prendre parti dans le conflit, la Suède et le Danemark ont proclamé leur neutralité; et les deux parties, qui ont un égal intérêt à les entraîner à leur suite, à obtenir d'eux un concours actif, ont cependant admis cette abstention, qui peut voiler mais non faire disparaître les inquiétudes sérieuses des deux cabinets de Copenhague et de Stockholm. L'Angleterre, la France et la Russie ne trouveront donc aucun obstacle dans le Sund; le Danemark et la Suède verront passer les vaisseaux et, si un combat se livre sur leurs côtes, recueilleront les épaves. Telle est la portée de la position qu'ils ont prise.

Mais, qu'est-ce en effet que cette neutralité, qui la garantira, qui l'assurera contre les événements? La Suède et le Danemark ont armé pour faire respecter leur territoire et protéger leurs côtes; mais du jour où ces armements devraient servir, où Stockholm et Copenhague croiraient devoir repousser de leurs ports l'une des flottes, la neutralité n'existerait plus, et la guerre serait déclarée par la fait. Qu'est-ce, vraiment, que la neutralité de la Suède lorsque les flottes russes débouchant du golfe de Finlande peuvent se jeter sur la capitale et la réduire en cendres sans que les forces suédoises inférieures à celles des Russes suffisent pour les en empêcher, et avant qu'aucune puissance ait eu le temps de venir à son secours ?

Le Danemark n'est pas dans une situation meilleure et sa capitale peut être exposée aux coups de toutes les flottes, selon que les chances de la guerre tourneront pour l'un ou l'autre des peuples belligérants. Rien n'empêcherait une flotte poursuivie par des forces supérieures de se jeter dans un port danois, de s'y défendre, de s'emparer même des batteries de la côte et d'en braquer les canons contre l'ennemi, en exposant la ville aux horreurs d'un bombardement. Cela est contraire aux traités, au droit des gens; mais ce que fait aujourd'hui la Russie contre les Turcs doit apprendre comment on respecte les traités quand on a intérêt à les violer et la force de le faire.

La Suède a de nombreux griefs contre la Russie, qui, longtemps en guerre avec elle, l'a successivement dépouillée; inférieure en étendue, en population, la Suède n'a pu suppléer au nombre que par le courage de ses soldats; en effet les armées suédoises ont montré toujours une grande énergie; mais cette puissance a dû subir les conséquences de sa position géographique. Placée sur la rive opposée de la Baltique, enveloppée du côté de la terre par le territoire russe, menacée du côté de la mer par des flottes supérieures, sa belle province de Finlande a été englobée dans l'empire russe, et la Suède a été expulsée de la rive orientale de la Baltique.

Cette puissance ne pardonnera jamais à la Russie une dépossession qui l'a amoindrie et, en lui ôtant des côtes importantes, lui a enlevé une partie de son commerce, l'a isolée, la laissée presque sans relation avec le Nord-Est; mais, impuissante contre elle, incapable aujourd'hui d'une lutte qui puisse présenter quelque chance de succès, elle ne pourra s'allier à l'Europe contre la Russie qu'à la condition de voir l'Allemagne et toutes les côtes de la Baltique unies contre son ennemie.

Le Danemark est surpris par la guerre au milieu d'assez graves préoccupations; il sort à peine des embarras de la succession éventuelle du Schleswig-Holstein, où tant de prétentions se sont manifestées, qu'il se jette dans les difficultés que soulève toujours une attente portée à la constitution. C'est au milieu de discussions de ce genre que la déclaration de guerre entre la Russie et les puissances occidentales est venue le surprendre. Pendant que le cabinet, d'accord avec la royauté, préparait des modifications à la loi fondamentale du pays et voulait les opérer sans la participation du wolksthing, les besoins de la situation allaient le forcer de recourir à ce même parlement, de lui demander le rappel d'anciens soldats, la levée de soldats nouveaux, et les subsides nécessaires à l'armement des forts et des côtes.

Cette situation n'est pas neuve, elle se reproduit dans tous les pays qui naissent à la vie constitutionnelle, où la royauté compromet son existence en déniant ou en disputant aux citoyens une part de pouvoir, et semble les considérer comme inaptes à faire autre chose qu'à voter les impôts et les listes civiles : rôle qui ne convient plus à une époque où de profondes réformes politiques ont entamé partout les anciennes constitutions; dangereux retour qui veut appliquer des éléments nouveaux, vigoureux, énergiques, à des formes caduques.

La Hollande, les villes libres, toute la confédération germanique suivront l'exemple de la Suède et du Danemark et garderont la neutralité, telles sont du moins les intentions manifestées jusqu'ici. Voilà donc toute l'Europe du nord qui s'abstient et qui laisse à la France et à l'Angleterre le règlement d'une querelle dans laquelle cependant elle a de graves intérêts.

XI.

Lorsque le chef d'un Etat jette ses armées sur le territoire d'un autre peuple pour le conquérir ou le dépouiller d'une partie de ses provinces, les Etats qui entourent les deux lutteurs peuvent-ils être tranquilles spectateurs de la lutte et y demeurer étrangers ? Si la morale publique n'est qu'un vain nom quand il s'agit des querelles des souverains, s'il n'existe pas un ordre public universel disposant de forces suffisantes pour imposer à tous le respect de chacun, s'il n'y a pas un texte de loi, accompagné d'une sanction pénale, à appliquer à celui qui envoie des millions d'hommes à la mort pour satisfaire son ambition ou sa vanité, n'y a-t-il pas des intérêts nombreux, puissants, qui ont le droit d'intervenir par cela seul qu'ils seront froissés dans le trouble qui sera apporté à la tranquillité générale ?

Au point de vue purement politique, des puissances de premier ordre, après avoir pris part à toutes les conférences, à toutes les discussions, à tous les projets d'arrangement, peuvent-elles s'abstenir avec dignité lorsque la paix est compromise définitivement, lorsqu'elle est rompue ? A quoi donc leur a servi de se poser en juges, d'examiner les pièces du procès, d'entendre les dires des parties, si elles ne veulent pas rendre un arrêt ? Il est à remarquer en effet que l'Autriche et la Prusse n'ont point été choisies pour arbitres, mais se sont offertes; n'ont point été appelées, mais sont venues. Elles savent de quel côté est la justice, le droit, de quel côté est l'ambition, est le mépris des traités; leur dignité leur fait une loi, sinon de prendre parti, du moins de proclamer la conviction acquise dans l'examen.

Six puissances en Europe sont ou paraissent plus immédiatement intéressées que les autres dans la guerre intentée par la Russie à la Porte Ottomane : l'Angleterre, la France, l'Autriche, la Prusse, la Suède et le Danemark. Les deux premières seules prennent les armes, font marcher leurs forces, s'interposent en faveur de la nation attaquée, s'avancent contre l'agresseur, pour l'empêcher de commettre un acte de spoliation.

S'il existait un droit public européen fondé sur la morale, la France et l'Angleterre feraient aujourd'hui un appel aux autres peuples et tous ensemble arrêteraient immédiatement les empiétements de la Russie. Ce droit n'existe pas, les deux puissances en sont réduites à invoquer les intérêts; ici les difficultés commencent : toutes les puissances reconnaissent avoir intérêt au maintien de la paix; deux d'entre elles, en raison de leur importance, interviennent diplomatiquement dans le but d'arranger le différend, mais refusent d'unir leurs forces à celles de l'Angleterre et de la France; elles consentent à être médiatrices, elles ne veulent pas agir autrement que par la diplomatie; cependant elles arment, elles augmentent leur effectif, elles font faire des mouvements à leurs troupes; l'Autriche envoie un corps d'observation près du théâtre de la guerre, la Prusse renforce les garnisons de ses frontières, la Suède et le Danemark rappellent leurs soldats congédiés et réparent les fortifications qui défendent leurs côtes.

Mais quelles garanties sont données à l'Angleterre et à la France que les troupes autrichiennes de Hongrie ne se joindront pas aux Russes campés sur le Danube, qu'elles ne traverseront pas ce fleuve sur le territoire autrichien, par conséquent sans combat, pour attaquer les armées du sultan ou de ses alliés, sur la rive droite ? Qui peut affirmer que les troupes autrichiennes qui occupent la Croatie ne se jetteront pas de ce côté sur le territoire ottoman ? Qui peut garantir que, l'Autriche faisant tout à coup cause commune avec la Russie, après avoir fait marcher tranquillement ses troupes sous prétexte de neutralité et de surveillance de ses frontières, la France ne trouverait pas devant elle un rempart de troupes prussiennes si elle voulait faire diversion sur le Rhin ?

Quelle certitude a-t-on aujourd'hui que si la flotte anglo-française essayait de sortir de la Baltique après un échec contre la flotte russe, le Danemark et la Suède ne lui fermeraient pas le détroit du Sund, ne la forceraient pas de combattre encore, laissant ainsi la Russie maîtresse de ses mouvements et du choix du lieu du combat ?

Si on examine que des liens de reconnaissance attachent l'Autriche à la Russie, que celle-ci plus forte que celle-là par la grandeur de son territoire, par ses armées, l'entoure encore sur une longue étendue de frontières, que le roi de Prusse est lié au czar par des liens de famille, que la flotte russe débouchant du golfe de Finlande peut venir s'embosser devant Stockholm et le bombarder, que la capitale danoise est de même exposée aux coups de la Russie, on reconnaîtra que la neutralité de l'Autriche et de la Prusse est douteuse, que celle de la Suède et du Danemark ne dépend point de ces puissances, mais de la victoire.

Leurs intérêts poussent la Suède et le Danemark vers l'alliance anglo-française, le danger peut les emporter vers la Russie.

Il n'y a donc pas de neutres en réalité, il y a des vues secrètes, des désirs qui se taisent, attendant l'occasion de se dévoiler; il y a des faibles qui voudraient échapper au double danger dont ils sont menacés : il n'y a pas véritablement de neutres, parce qu'il n'y a pas une seule puissance qui soit désintéressée dans la question.

Si les gouvernements étaient organisés pour remplir leur véritable destination, qui est l'administration des intérêts, le développement de l'industrie, la satisfaction des besoins moraux et matériels, la distribution de la justice, et non pour mettre des forces et des trésors au service de vues ambitieuses, de vanités princières, de désirs effrénés de domination absolue, une guerre comme celle que la Russie fait aujourd'hui serait complètement impossible; en effet, toutes les puissances étant intéressées au maintien de la paix, leurs relations étant troublées par la nouvelle agression du czar contre la Turquie, toutes élèveraient la voix pour enjoindre aux Russes de respecter le repos de l'Europe, toutes les y contraindraient par la force, s'ils refusaient d'écouter les conseils de la raison.

C'est qu'en réalité il ne saurait y avoir de neutres dans des querelles de ce genre : il ne doit y avoir aucune puissance qui ait le droit de rester indifférente quand la justice est violée.

XII.

On a vu la Prusse compléter les cadres de son armée; l'Autriche de son côté opérait d'assez grands mouvements de troupes : dès la fin de février, des corps se mettaient en marche, allaient se placer sur la Save, sur le Danube, dans le Bannat; bientôt des troupes cantonnées en Transylvanie se rapprochaient de la Servie. A l'ouest et au sud-ouest le corps d'observation stationné sur la frontière du Tessin était renforcé, des troupes étaient concentrées dans le Vorarlberg, enfin les garnisons de la Lombardie et de la Vénétie étaient augmentées, sous prétexte qu'il y avait de l'agitation dans les provinces italiennes, que des émigrés s'y étaient rendus, que M. Mazzini avait traversé la France et préparait un mouvement destiné à éclater du jour où l'Autriche prendrait parti.

Sous l'empire de ces craintes, et sans aucun doute en vue d'une action dont le but se révélera plus tard, un sixième corps d'armée était mis sur le pied de guerre à la fin de mars, et déjà il était question de nouvelles réquisitions de troupes pour la frontière sud-ouest. En effet, le 15 mai suivant, l'empereur d'Autriche ordonnait une nouvelle concentration de troupes dans le nord-est et dans le sud-est de ses Etats, c'est-à-dire, d'un côté, en face de la Pologne; de l'autre, dans le Bannat. Les troupes du Nord, en même temps qu'elles couvraient la frontière qui fait face à la Pologne russe, pouvaient surveiller et réprimer au besoin les mouvements qui tenteraient de se produire parmi les Polonais, de quelque côté que vinssent l'inspiration et les encouragements à l'insurrection, de France ou de Russie. Les troupes du sud avaient la double mission de veiller sur la Hongrie et d'attendre sur les frontières valaque, serbe et bosniaque les développements que les événements allaient prendre dans la campagne près de s'ouvrir.

L'empereur, en même temps qu'il faisait opérer ces mouvements, ordonnait une nouvelle levée de quatre-vingt-quinze mille hommes, devançant l'époque ordinaire où elle avait lieu régulièrement. Sans s'expliquer d'une manière complète sur ces armements, le cabinet annonçait vouloir donner à ces efforts pacifiques ultérieurs le poids nécessaire et l'énergie voulue, et d'un autre côté assurer à l'empire, en face d'événements qu'on ne saurait calculer d'avance, toute garantie pour sa propre sûreté et indépendance, de même qu'une solution des différends existants conforme à ses intérêts et à sa position comme puissance européenne.

Tel était le langage de la *Gazette officielle* de Vienne du 16 mai, d'où il résulte que l'Autriche entend passer du rôle de médiateur pacifique au rôle d'arbitre armé, qu'elle entend discuter les conditions de la paix après que le sort des combats aura prononcé, comme elle a discuté les moyens de la maintenir avant la déclaration de guerre.

Cette position, si elle était maintenue jusqu'au bout, serait le triomphe de la diplomatie autrichienne; en retenant la Prusse, en l'amenant à suivre sa ligne de conduite, en déterminant la confédération germanique à s'unir à lui étroitement, le cabinet autrichien aurait montré une profondeur de vues, une habileté qui auraient déjoué les efforts des autres cabinets. Menaçant la Russie sur une grande partie de sa frontière occidentale, la France et le Piémont à travers la Suisse et par la Lombardie, la Turquie par la Servie, la Bosnie et le Monténegro, les armées aux prises par le Danube, dont elle tient le cours supérieur, par la route de Sophia à Andrinople, dont personne ne pourrait en ce moment lui disputer la tête, l'Allemagne pourrait devenir l'arbitre de l'Europe.

Mais, comme on l'a vu plus haut, l'Autriche, qui est l'âme de cette confédération allemande, porte en elle des germes de dissolution qui peuvent, en la brisant, empêcher l'Allemagne de jouer le grand rôle auquel la Prusse et l'Autriche l'appelaient.

CHAPITRE VI.

La Grèce. Son émancipation. Coup d'œil sur le passé. Intérêt qu'elle a inspiré à l'Europe. — Concours qu'elle prête aujourd'hui à la politique russe. — Insurrection en Grèce. Proclamations. Notes diplomatiques. Illusions des Grecs et du roi Othon sur la formation d'un empire d'Orient. Dangers du royaume grec et de la dynastie bavaroise. — Le Monténegro.

I.

De tous les Etats qui sans être parties belligérantes dans la question orientale sont néanmoins intéressés à l'issue de la lutte, la Grèce se trouve dans la situation la plus fausse et la plus dangereuse; et cette situation, c'est le gouvernement grec lui-même qui l'a créée. Pour plusieurs nations la guerre d'Orient n'aura que des résultats lointains et dont la nature est encore incertaine; pour la Grèce, ces résultats seront immédiats, et, quelle que soit la cause qui triomphe, ils doivent être fatals. Victorieuse, la Russie ne permettrait pas que le royaume grec s'étendît, gagnât en territoire et en puissance, devînt le centre d'une nation importante, l'empereur l'a nettement déclaré à sir Hamilton-Seymour dans les conversations dernièrement divulguées par le cabinet anglais; et en songeant aux graves motifs qu'aurait la Russie d'incorporer la Grèce dans ses possessions nouvelles, si elle parvenait à s'établir à Constantinople, on sera porté à croire que l'empereur Nicolas n'a pas dit toute sa pensée à cet égard.

Triomphantes, la France et l'Angleterre, qui ont contribué avec la Russie à fonder le royaume grec, décideront souverainement du sort d'un Etat à qui une saine politique ordonnait de garder la plus stricte neutralité, qui a foulé aux pieds les lois de la reconnaissance en servant activement leur ennemi; ce qui ne sera pas un titre à sa conservation, lorsque nulle considération sérieuse ne militera plus en sa faveur.

Soumise à la domination ottomane depuis plusieurs siècles, la Grèce, autrefois peuplée, fertile, riche, savante, n'offrait plus, il y a quelques années, qu'une population clair-semée et des terres mal cultivées; à l'intérieur, la richesse s'était réfugiée dans quelques grandes familles. Les îles et les côtes livrées au commerce, à la navigation, gardaient seules une activité qui rappelait des temps plus heureux et qui avait créé d'assez grandes fortunes. Vaniteux par caractère, par souvenir des temps anciens, les Grecs se regardaient comme très-supérieurs aux Turcs; considérés par ceux-ci comme des vaincus, ils n'avaient pas les mêmes lois, les mêmes droits civils et politiques; la religion professée par les Grecs est un christianisme encore fortement empreint de paganisme et séparé de Rome, reconnaissant pour chef le patriarche de Constantinople; ainsi les lois, les mœurs, la religion, la condition présente et les souvenirs les éloignaient des Turcs leurs conquérants, les séparaient de l'empire dont ils étaient les sujets.

L'ambition pouvait facilement exploiter ces éléments de révolte, et les légitimes désirs des Grecs de fonder de nouveau leur nationalité; la Russie ne les négligea pas dans sa lutte incessante contre la Turquie. Sous les inspirations de Catherine II, les Grecs s'insurgèrent en 1770 et soutinrent leur première guerre de l'indépendance. Trop faibles pour triompher, ils n'obtinrent pas de la Russie les secours promis et furent vaincus. Mais cette tentative de révolution laissa des germes que le temps devait féconder et dont la Russie saurait habilement profiter dans l'œuvre de démembrement entreprise contre l'empire ottoman, poursuivie sans relâche sur d'autres points.

Cinquante ans s'écoulèrent; les populations décimées par la première guerre s'étaient reformées, avaient grandi; les vieillards en mourant avaient raconté à leurs fils leur lutte pour la liberté; les persécutions religieuses qui avaient suivi la première insurrection avaient avivé les haines; le peuple vaincu se sentait redevenu assez fort pour essayer de briser la domination du vainqueur, la Russie encourageait de nouveau; depuis plusieurs années, sous son inspiration, aidés de son or, des comités s'étaient organisés et faisaient par toute l'Europe une propagande active.

La seconde guerre de l'indépendance, habilement préparée, fomentée et soutenue par des esprits généreux, éclata en 1821; l'insurrection embrassa d'abord un très-grand cercle, mais promptement comprimée sur plusieurs points, elle fut bientôt circonscrite à la Morée, aux îles de l'Archipel et à une petite partie de la Grèce continentale. La lutte fut héroïque et fut malheureusement souillée des deux côtés par d'horribles atrocités; les Grecs soulevés massacrèrent inutilement les populations turques qui habitaient paisiblement le pays et qui n'eurent pas le temps de fuir; les troupes ottomanes à leur tour exercèrent de cruelles représailles; ce n'étaient pas deux armées qui luttaient, c'étaient deux peuples animés par la haine politique, par la haine religieuse, qui s'égorgeaient : le vaincu contre le conquérant, l'Evangile contre le Coran. Dans le cercle où l'insurrection était resserrée, elle fut victorieuse, elle battit les armées turques, elle prit ou coula les vaisseaux ennemis; bientôt il ne resta plus aux Ottomans que les forteresses de Lépante, de Patras, de Koron, de Modon et quelques places peu importantes.

L'insurrection triomphante avait besoin de se régulariser, de faire succéder l'ordre au bouleversement, le travail aux combats, d'organiser un gouvernement; une première assemblée nationale fut convoquée : elle vota une constitution et proclama l'indépendance de la Grèce. Depuis qu'ils vivaient sous la domination étrangère, les Grecs avaient malheureusement perdu les vertus qui seules gardent la liberté conquise par le courage; les rivalités, les haines divisaient déjà ce peuple qui avait encore les armes à la main; la passion de l'autochthonisme naissait; c'est-à-dire que les Grecs dont le territoire se trouvait affranchi par les efforts et le succès de tous repoussaient déjà ceux qui, moins heureux, appartenaient par la naissance à des localités demeurées en la puissance des Turcs, bien qu'ils eussent versé leur sang pour la cause commune et triomphé aux lieux mêmes qui se trouvaient libres.

Bientôt la guerre civile éclatait et ravageait les provinces à peine remises des douleurs de la lutte pour l'indépendance; deux centres de gouvernement étaient fondés, deux pouvoirs se combattaient, deux assemblées nationales étaient opposées l'une à l'autre. Des hommes dont les noms avaient retenti glorieusement en Europe pendant qu'ils combattaient ensemble pour la liberté de la patrie, devenaient non-seulement rivaux, mais ennemis implacables. Conduriotis, Mavrocordato, Constantin-Mavromichali étaient dans un camp, Colocotroni, Petro-Mavromichali dans l'autre; amis contre amis, frère contre frère.

Les Turcs profitèrent des avantages que leur donnaient ces divisions intestines dans un pays dont le premier besoin était l'union et qui se montrait incapable de rien fonder. Il ne faut pas toutefois être trop sévère pour les Grecs; ils brisaient à peine la domination étrangère, et si tous voulaient la liberté, l'indépendance nationale, ils ne savaient pas bien quelle forme donnerait et garantirait l'une à l'autre le plus complétement. Ils étaient soldats et non législateurs, chacun arrivait avec ses idées, ses désirs, ses aspirations; le triomphe avait fait éclore des ambitions dont quelques-unes étaient légitimes, dont quelques autres étaient d'autant plus ardentes qu'elles sentaient ne pouvoir s'appuyer que sur leur exaltation.

Ce fut au milieu de ce désordre, dans lequel s'absorbaient et se paralysaient toutes les forces, que le sultan Mahmoud recommença la guerre. L'Egypte grandissait sous Méhémet-Ali; le vice-roi avait appelé ou accueilli des officiers français, italiens, piémontais, qui n'avaient pu se résoudre à servir les gouvernements imposés par l'étranger, des officiers d'autres nations que la paix laissait sans emploi; il avait organisé son armée d'après leurs conseils; sa flotte prenait les allures européennes; ses administrations fonctionnaient avec une régularité toute nouvelle; et son ambition grandissant avec sa puissance, il allait bientôt menacer lui-même la souveraineté du sultan; en habile politique qu'il était, Mahmoud ordonna au pacha d'Egypte d'envoyer son fils Ibrahim à la tête d'une armée contre les Grecs : faisant ainsi servir la puissance de son vassal à réduire ses sujets révoltés. Ibrahim-Pacha débarqua à Modon en 1825, chassa devant lui les bandes grecques incapables de tenir en rase campagne contre une armée bien organisée, du reste mal commandées, ne sachant pas coordonner leurs efforts, dirigées par des chefs jaloux les uns des autres. Ibrahim s'avança rapidement jusqu'au cœur du Péloponèse, prit quelques villes et battit complétement les Grecs à la bataille de Tricorpha. Il ne resta bientôt plus aux Grecs d'autre ressource que celle de s'enfermer dans les cités et de se défendre à l'abri de leurs murailles; c'est ce qu'ils firent, et avec un courage remarquable.

C'est alors que Mavrocordato, qui depuis longtemps proposait de recourir à la Russie pour en obtenir une protection patente, hautement avouée, détermina quelques chefs à employer ce moyen. Un acte dans ce sens fut signé et adressé à la Russie et à l'Angleterre; la France intervint en ce concert, et ces trois puissances résolurent de proclamer l'indépendance réelle de la Morée et de lui donner un gouvernement national.

Mais, bien avant cet acte de recours et cette entente qui allait mettre la Grèce sous la protection de trois grands peuples, les comités grecs avaient fait un appel aux sentiments généreux des populations de toute l'Europe, et partout les populations avaient manifesté une sympathie profonde. Un reflet de la gloire du vieux peuple grec, ardent, enthousiaste, guerrier, roi de la poésie, de la peinture, de l'éloquence, de l'histoire, de la statuaire, parait encore aux yeux de l'Europe les fils des Ioniens. Sans rechercher quelle main agitait secrètement les Hellènes et les soulevait contre les Turcs, sans regarder de quels éléments étaient formés les comités ardents à susciter des amis et des défenseurs, on ne vit dans les Grecs insurgés que des hommes essayant de briser le joug qui pesait sur eux, de reconstituer une nationalité dont on cherchait les titres dans un passé lointain. Ils luttaient avec énergie pour leur indépendance, c'en était assez pour exciter les acclamations des amis de la liberté dans tous les pays; ils étaient chrétiens et opprimés par les musulmans, c'en était assez pour mériter l'intérêt des nations chrétiennes. Comprimés, trompés par la Sainte-Alliance, les peuples trouvaient une occasion de laisser déborder la pensée intime de leur âme, et cette pensée éclatait alors bruyamment.

Les souvenirs des temps héroïques de la Grèce eurent une large part dans ce mouvement, exercèrent une vive influence, surtout en France, d'où l'on envoya aux Grecs de l'argent, des armes, des vaisseaux, des combattants, chefs et soldats, bien longtemps avant que le gouvernement eût décidé une expédition. Qui n'était pas heureux par la pensée qu'il contribuait à donner une patrie libre aux tombes des grands hommes dont il a murmuré dès l'enfance les noms harmonieux? Quel artiste, quel poëte, quel orateur, quel officier, ne s'émouvait pas à l'idée de Thémistocle, de Léonidas, d'Homère, d'Apelle, de Démosthène pleurant l'asservissement des Grecs, eux qui avaient lutté, qui étaient tombés pour la liberté, ou dont les chants, les harangues, les arts avaient porté si haut la gloire de leur pays? Quelle jeune fille, quelle jeune mère n'a pas été émue en pensant aux belles vierges grecques livrées à la brutalité des soldats albanais, aux mères massacrant leurs enfants pour les soustraire à l'oppression? Qui n'a gémi en pensant que le beau ciel de la Grèce n'éclairait que des monuments en ruine? Ne semblait-il pas à tous que le Parthénon allait sortir de ses décombres, replacer sur leurs socles ses statues enfouies dans la poussière accumulée par les siècles? Que le veuvage de la tribune aux harangues allait finir? Que la poésie devait une seconde fois illustrer son berceau? Qu'un autre Orphée apporterait des lois nouvelles à un peuple neuf? Qu'il était grand et beau de donner la liberté, le plus grand des biens, aux enfants de ceux qui nous avaient enseigné les arts de la civilisation? Au milieu de l'enthousiasme excité par le récit des luttes des Grecs, des frémissements d'horreur causés par les massacres de Scio et de Missolonghi, qui n'enviait Byron, Fabvier, Cochrane et tous ceux qui donnaient leur sang pour l'indépendance?

Le mouvement avait été généreux, le résultat ne répondit ni à la hauteur des espérances ni à la grandeur des sacrifices. La liberté, la poésie, l'enthousiasme avaient inspiré l'entreprise de l'affranchissement des Grecs, la politique la poursuivit et la termina, comme montre la faire des gouvernements dont l'un était le type du despotisme, dont un autre rêvait de détruire la constitution de son pays.

Puis la diplomatie sans entrailles et sans foi jouait entre les mains de la Russie un rôle indigne d'une puissance à quelque ordre qu'elle appartienne, quelle que soit sa force ou sa faiblesse.

Il importait peu à la Russie que le peuple grec fût ou ne fût pas libre, et dans tous les cas ce n'était pas un empire puissant qu'elle entendait fonder. Ce qu'elle voulait, c'était un démembrement de la Turquie, c'était l'affaiblissement dans la Méditerranée de cette puissance qu'elle attaquait en même temps, et seule, et pour son propre compte, sur la mer Noire et dans les provinces danubiennes, qu'elle plaçait ainsi entre deux ennemis. L'Etat qui allait sortir de la crise et de l'intervention ne devait être dans la pensée de la Russie qu'un foyer d'agitation perpétuelle pour les populations grecques laissées à l'empire ottoman, une excitation à l'insurrection, une cause de désordres, de luttes, d'oppression et de plaintes qu'elle se chargerait de recueillir et de grandir après les avoir excités.

Voilà ce que ne virent ni l'Angleterre ni la France; au lieu de créer des villes libres, de petites républiques de marchands, gouvernement qui convenait à des populations activement occupées de commerce maritime et de commerce intérieur, et qui ne pouvait pas inspirer d'inquiétude aux nations voisines, les trois puissances protectrices s'arrêtèrent à une combinaison malheureuse d'où devait sortir un royaume étriqué, sans force, et, dès l'abord, mécontent de son peu d'étendue.

L'empereur de Russie avait proposé d'abord de faire de la Grèce trois provinces indépendantes sous le protectorat des puissances européennes, à l'imitation des provinces danubiennes; l'Angleterre s'y opposa et adhéra au projet d'organisation politique conçu par Mavrocordato en 1821, et qui devait donner à la Grèce des libertés sérieusement garanties, solidement assises. La Russie fit peu d'opposition, mais déclara qu'elle était résolue à mettre fin à la guerre entre les Turcs et les Grecs; et qu'elle suffirait à cette tâche, si les Etats européens se refusaient à y prendre part. Un premier protocole signé en février 1826 à Saint-Pétersbourg engagea d'abord la Russie et l'Angleterre; un second, signé à Londres en juillet 1827, fit entrer la France dans cette alliance. La France envoya un corps expéditionnaire et prit part à la déplorable bataille de Navarin, le 20 octobre 1827. On a vu plus haut, dans le chapitre relatif à la Russie, les résultats de cette bataille pour la Turquie.

En attendant qu'on eût trouvé un roi pour le nouvel Etat, on s'arrêta à l'idée de nommer un président gouverneur général de la Grèce; le cabinet russe eut l'adresse de faire tomber le choix sur le comte Capo d'Istria, qui, sous des apparences d'indépendance, lui était entièrement dévoué.

Il y avait parmi les soldats de l'indépendance des hommes qui avaient fait preuve de talents militaires, de capacités administratives, appartenant à des familles puissantes et considérées, qui eussent été bien placés à la tête de leur nation, dont ils connaissaient les mœurs, les coutumes, les goûts, les aspirations, les besoins; mais chacune des trois puissances avait ses répugnances, ses prédilections et redoutait l'influence des deux autres sur les familles du pays. Sur le sol à peine affranchi, elles se disputaient déjà le gouvernement du nouvel Etat.

Toute la Grèce s'était levée pour la cause nationale, toute ne recueillit pas le fruit de la lutte; et quand il s'agit de tracer les frontières, des populations qui avaient versé leur sang pour la liberté eurent la douleur de se voir exclues de l'unité grecque : combinaison qui laissait à la Turquie une position importante dans l'Adriatique, mais qui avait pour résultat de rendre ces populations plus difficiles à gouverner et plus accessibles aux menées de la Russie et de leur mettre les armes à la main chaque fois qu'un conflit ou une complication politique à Constantinople semblerait leur offrir une occasion favorable de se détacher de l'empire ottoman. Aussi, depuis le jour où l'Etat grec fut fondé, où ses limites furent déterminées, trouve-t-on les Grecs exclus toujours agités et les Grecs du royaume toujours prêts à leur prêter secours contre la Porte. Violation des traités que la politique condamne, que l'amour de la nationalité voudrait absoudre, mais que les puissances ne sauraient tolérer sans condamner le pays à tous les malheurs d'une guerre civile éternelle, et dont la responsabilité pèse tout entière sur le roi des Grecs, qui est tenu de respecter ce qu'il a accepté avec tant de bonheur. Depuis ce jour, et grâce aux encouragements venus des deux côtés, toutes les expéditions des Russes contre la Turquie, toutes les guerres du pacha d'Egypte contre son suzerain ont été le signal de nouvelles insurrections, de nouveaux combats, et les sultans ont toujours eu à comprimer des révoltes dont le germe n'est pas encore étouffé.

La plus épouvantable anarchie régnait en Grèce au moment où y arriva M. Capo d'Istria. Chaque localité avait combattu pour soi, chaque île s'était défendue; elles avaient encore leurs troupes, leurs corsaires, que l'on aurait pu traiter de pirates sans blesser la vérité. On avait pu s'entendre assez pour nommer des représentants qui s'étaient réunis à Epidaure, à Trézène, et avaient établi à Egine une ombre de gouvernement; mais, au milieu du désordre né de cette longue et affreuse lutte, il était impossible de compter sur les impôts, qui seuls donnent à un pouvoir des moyens d'administration. Les souscriptions avaient fourni des armes, des secours; elles ne pouvaient pas donner le mouvement aux rouages administratifs. Un emprunt de soixante millions garanti par la France, l'Angleterre et la Russie permit au gouvernement de fonctionner. La France a longtemps payé les intérêts de la portion de la dette dont elle s'était rendue caution. Un million figurait chaque année à son budget : elle n'est pas encore remboursée.

Cependant il fallait choisir une forme de gouvernement pour le nouvel État. On s'était arrêté à l'idée de créer un royaume : les Grecs voulaient un royaume constitutionnel. Les trois puissances proposèrent le trône au prince Léopold de Cobourg : il n'accepta pas. Il a été depuis investi de la royauté des Belges. On chercha dans les familles princières de l'Europe, on trouva en Bavière un enfant de quinze ans, second fils du roi, et lorsqu'il fallait un homme habile, expérimenté, inspirant la confiance, pouvant réunir tous les éléments constitutifs de ce pays tourmenté par l'insurrection, par la guerre civile et la guerre étrangère, capable d'imposer aux passions, on choisit cet enfant. La convention qui l'instituait roi des Grecs fut signée à Londres en mai 1831 entre l'Angleterre, la Russie et la France.

Othon ne devait atteindre ses vingt ans, qui lui permettraient de régner, que le 1ᵉʳ juin 1835. En attendant qu'un roi de vingt ans prît les rênes de ce gouvernement, une régence de trois conseillers bavarois devait diriger les affaires. Le roi arriva et débarqua à Nauplie escorté par des gendarmes bavarois, par une armée de trois mille cinq cents Bavarois et les vaisseaux des trois puissances. Il était inconnu aux Grecs et venait accompagné de toutes les défiances qui accueillent l'étranger imposé, de tous les mécontentements, de toute l'irritation des espérances déçues. La Grèce avait changé de maître.

Othon fut couronné en 1835 ; un conseil d'État gouvernait avec lui ; l'assemblée nationale n'existait plus. Les conspirations se succédaient ; les anciennes bandes grecques ne voulaient pas entrer au service du nouveau pouvoir, mais refusaient de se dissoudre. On en était réduit à acheter leurs chefs, à transiger avec les hommes qui organisaient des complots contre le gouvernement bavarois comme ils avaient organisé l'insurrection contre le gouvernement turc. Les Maïnottes passaient la frontière, s'avançaient dans le pays, pillaient et se retiraient sans qu'on pût leur opposer des forces suffisantes pour réprimer ces attentats.

Le mécontentement qu'avait inspiré l'établissement d'un souverain étranger s'augmentait du refus d'accorder les institutions constitutionnelles promises aux Grecs et sur lesquelles ils avaient justement compté. Le gouvernement du roi Othon repoussait systématiquement toute réclamation à cet égard, quoique les droits eussent été parfaitement établis et par l'insurrection et par l'aveu des puissances protectrices. Au moment où le prince Léopold de Cobourg fut désigné comme roi des Grecs, le président, M. Capo d'Istria, lui avait écrit : « Vous ne voulez pas sans doute gouverner sans suivre les formes » légales et sans faire participer la Grèce à l'adoption de ces formes. » Donnez-vous la peine de jeter un coup d'œil sur le deuxième dé- » cret du congrès d'Argos, et vous verrez qu'en déclarant que vous » adoptez les bases posées par ce décret vous vous réservez, en res- » pectant tous les droits des Hellènes, la faculté de leur donner une » constitution en se conformant aux principes adoptés par le congrès » d'Épidaure, d'Astros et de Trézène. »

L'empereur de Russie approuva plus tard les actes de la confé- rence de Paros, qui insistait sur l'établissement d'un gouvernement représentatif en Grèce. Cette approbation est constatée dans une lettre du comte de Nesselrode au prince de Liéven du 26 janvier 1829.

Les trois puissances, dans le protocole de la conférence de Londres en date du 1ᵉʳ juillet 1830, adhérèrent à la forme constitutionnelle du nouveau gouvernement de la Grèce, ajoutant : « Les trois » cours se plaisent à croire que, sous les auspices du futur souve- » rain, ces institutions, appropriées aux besoins réels, aux besoins » véritables et *aux vœux légitimes* de la Grèce, lui assureront un » long avenir de paix, d'ordre et de bonheur. »

Quand le prince Othon fut désigné comme roi des Grecs par suite du refus du prince Léopold, le roi de Bavière prit formellement, au nom de son fils mineur, l'engagement qu'une charte serait faite par le congrès national de la Grèce. Cet engagement est constaté par une lettre de M. Gise, ministre des affaires étrangères de Bavière, au secrétaire des affaires étrangères provisoire de la Grèce, lettre en date du 31 juillet 1832.

Le droit ne saurait être contestable, les promesses sont formelles, mais des instructions secrètes de la Russie s'opposèrent aux vœux des Grecs. Les Rouméliotes s'insurgèrent en demandant une constitution et le renvoi des Bavarois, les Messéniens et les Arméniens se levèrent aux mêmes cris. On noya dans le sang leurs réclamations.

Mais en 1843 le vœu national se manifesta de la manière la plus énergique, et le roi Othon comprit que le moment était venu de céder aux désirs de la nation : il se prépara à octroyer une constitution, et donna à M. Mavrocordato la mission de former un cabinet dont le programme était basé sur l'introduction du système représentatif en Grèce. La Russie intriguait toujours pour empêcher l'établissement du gouvernement constitutionnel ; peut-être eût-elle été

obligée de céder, mais elle trouva un appui dans le cabinet français. M. Guizot, ministre des affaires étrangères, envoya M. Piscatory à Athènes pour se récrier contre les concessions que le roi Othon voulait faire. « Malheur à vous, disait M. Guizot au roi des Grecs, mal- » heur à vous si vous vous laissez entraîner à la moindre concession ! » Résistez toujours et vous triompherez. Laissez crier les mécon- » tents ; quand ils seront fatigués, ils se tairont. »

Le roi Othon, fort disposé à suivre les conseils de M. Guizot, fort de l'assentiment du cabinet français, renvoya immédiatement le cabinet Mavrocordato, rappela M. Coletti et continua comme par le passé. M. Guizot, dans la joie de son triomphe, adressa à toutes les légations françaises à l'étranger une circulaire dans laquelle il leur apprenait que la politique française l'emportait pour toujours à Athènes.

Les mécontents se turent en effet, ainsi que l'avait annoncé M. Guizot ; mais, ce qu'il n'avait pas prévu, ils organisèrent un vaste complot. Secrètement appuyés par M. Lyons, ambassadeur d'Angleterre, certains que, tout en repoussant une nouvelle révolution, l'Angleterre soutiendrait de toute son influence les patriotes grecs, ils préparèrent de longue main un plan qui avait de vastes ramifications et qui était trop bien concerté pour ne pas réussir. L'explosion devait avoir lieu le 17 septembre 1843. Grigriotis arrivait de Chalcis avec huit cents hommes pour appuyer le peuple.

Macrijeuni était à Athènes le chef du mouvement ; Kallergi, colonel d'un régiment de cavalerie, devait l'appuyer. Le complot est découvert. Le 14 au soir un escadron de gendarmerie est envoyé pour cerner le jardin de Macrijeuni, où les chefs conjurés sont réunis. Kallergi reçoit l'ordre de l'appuyer avec son régiment. Il place sa troupe en évidence, puis, à un signal parti du jardin, fait demi-tour avec elle, court aux casernes de l'infanterie, l'entraîne sur ses pas. Des Grecs armés sortent de tous les côtés, envahissent la place du palais. Kallergi entre chez le roi et répond avec quelque vivacité aux ministres qui l'interpellent, leur reprochant d'avoir mis le roi dans la position où il se trouvait.

Le roi fit quelques pas en avant, et, s'adressant à Kallerji :

— Colonel, lui dit-il, est-ce là le calme que vous m'aviez promis de garder ? Retirez-vous, nous conférerons demain.

— Sire, répondit le colonel, il ne s'agit pas d'être calme, nous avons à régler ici une affaire qui dure depuis dix ans, nous ne pouvons pas attendre jusqu'à demain.

Il remit au roi Othon les ordonnances qui nommaient un nouveau ministère, convoquaient une assemblée nationale et renvoyaient les troupes bavaroises. Dès le lendemain tous les changements étaient faits ; mais le roi, raffermi sur son siège royal, se retrouva comme auparavant, tiraillé dans tous les sens.

Du jour où les trois puissances donnèrent à la monarchie grecque des moyens d'action, leurs ambassadeurs à Athènes s'y disputèrent la direction des affaires ; ce n'a été qu'une lutte d'intrigues, de sourdes menées, de corruption. La Russie, l'Angleterre, la France avaient leurs agents avoués et leurs agents secrets : elles ont semé l'or, acheté des hommes marquants, des familles influentes ; elles ont eu tour à tour des ministères à leur dévotion qui se renversaient, se supplantaient. Le parlement, comme le cabinet des ministres, était un champ de bataille sans effusion de sang, sans gloire, mais non sans activité. On reproduisait en petit à Athènes les fautes faites à Constantinople.

Les trois puissances avaient créé un État, elles n'avaient pas créé une nation. Les lois ont été sans force ; des brigands ont désolé les campagnes ; la piraterie, dont les Grecs de quelques îles avaient fait un long apprentissage sous la domination des Turcs souvent impuissants à la réprimer, reparut à plusieurs époques ; enfin, depuis vingt-cinq ans, bien que l'industrie et surtout le commerce aient fait de remarquables progrès, le gouvernement grec s'est traîné plutôt qu'il n'a vécu.

La pensée inspirée par la Russie de remplacer l'empire turc à Constantinople par un empire grec se propageait néanmoins. La Grèce était bien, comme elle est encore, le plus impuissant de tous les royaumes d'Europe, mais elle n'en était pas pour cela moins vaniteuse ; et quelques mois après la petite révolution qui força le roi Othon à adopter enfin le système constitutionnel pendant que l'assemblée nationale discutait les articles de la loi fondamentale au mois de février 1844, un député qui faisait un discours sur la nationalité s'écria que la Grèce ne serait constituée que lorsque la bannière grecque flotterait à la coupole de Sainte-Sophie à Constantinople.

Une telle déclaration en pleine paix, lorsque l'ambassadeur grec était à Constantinople, avait droit de surprendre quelque peu le sultan et deux des puissances qui par le traité du 13 juillet 1841 avaient garanti l'intégrité de l'empire ottoman, mais c'était l'expression d'une pensée que la Russie ne devait pas laisser oublier. De telles expressions flattaient la vanité des Grecs, et, dans tous les cas, servaient l'ambition russe.

II.

Aujourd'hui que la guerre divise les trois puissances auxquelles le gouvernement grec doit son existence, il fallait à ce gouvernement non-seulement de l'habileté, mais de la loyauté, pour conjurer le danger qui le menace et qui est beaucoup plus grand qu'on ne le croit à Athènes, et les événements ne tarderont pas à le démontrer. Obligé à la reconnaissance envers la France, l'Angleterre et la Russie, le gouvernement grec n'avait de salut que dans une neutralité sincère, rigoureuse, que l'Angleterre et la France eussent respectée; il n'a pas su ou pas voulu la garder, et tous ses actes sont en harmonie avec les paroles imprudentes de l'orateur de 1844.

A peine les Russes étaient-ils entrés dans les provinces danubiennes, que les Grecs des provinces restées agglomérées à l'empire ottoman prenaient de nouveau les armes, formaient des corps, attaquaient les garnisons turques, assiégeaient les villes et les citadelles. Ceux-là ne devaient rien à la France, rien à l'Angleterre; agités ou non par les agents russes, soudoyés ou non par l'empereur Nicolas, ils n'ont de compte à rendre de leurs actes qu'au sultan; vaincus et conquis, ils se lèvent pour secouer la domination des étrangers; le débat est entre eux. Mais, dès l'origine de cette insurrection, des habitants du royaume grec couraient s'enrôler sous le drapeau des insurgés, et il était difficile de ne pas voir dans cet empressement la main de la Russie, quand on se rappelait que ces mêmes Grecs, sujets de la Turquie, pour lesquels on témoigne aujourd'hui tant de sympathie, étaient hier encore repoussés comme des étrangers contre lesquels les autochthones prenaient les plus minutieuses précautions et montraient la plus grande défiance. Quelque blessées que pussent être la France et l'Angleterre de voir l'insurrection contre leur allié recruter des soldats dans le royaume qu'elles ont fondé, elles ne pouvaient pas en faire un sujet de rupture avec le roi des Grecs tant que celui-ci n'intervenait pas ostensiblement. Mais, si l'intervention du roi Othon ne fut pas patente, elle n'en fut pas moins réelle, pas moins active. des généraux, des colonels de l'armée grecque, un aide de camp même du roi allèrent servir de chefs à l'insurrection; et lorsque, après plusieurs mois d'une coopération aussi compromettante, cet acte d'hostilité devint public, et donna lieu à des réclamations de la part de la France et de l'Angleterre, ces officiers adressèrent au roi leur démission, pure formalité destinée à sauver les apparences. Sur de nouvelles réclamations des alliés de la Turquie, le roi Othon se vit dans l'obligation de refuser ces démissions.

Toutefois l'hostilité de la cour d'Athènes ne cessait pas; des proclamations insurrectionnelles circulaient en Grèce sous le couvert d'agents consulaires, et le roi, aveuglé par une vanité inexplicable, allait jusqu'à se laisser saluer par les Grecs du titre d'empereur d'Orient.

Au mois de février 1854, les ambassadeurs de France et d'Angleterre intervinrent de nouveau et, voilant sous les formes polies de la diplomatie le sentiment que leur inspiraient ces folles acclamations et les espérances puériles que le roi laissait éclater, lui représentèrent qu'il était du plus haut intérêt que la Grèce ne s'associât pas à un mouvement insurrectionnel en Turquie, lui offrant l'appui des deux puissances dans le cas où les insurgés échouant dans leur tentative voudraient fomenter des désordres en Grèce.

Ces représentations et ces offres furent assez mal reçues: le roi répondit qu'étant en paix avec la Porte Ottomane, il avait observé la plus stricte neutralité, mais qu'il ne pouvait ni repousser les sympathies du peuple qu'il gouverne, ni empêcher des particuliers d'aller au secours de leurs coreligionnaires; quant aux offres de secours, tout en remerciant les ambassadeurs, il ajouta qu'il espérait n'en avoir pas besoin.

Cette réponse peu satisfaisante donna lieu à des observations fort vives, les menées ne discontinuèrent pas, et une rupture s'ensuivit entre la Porte et la Grèce; l'ambassadeur grec, M. Metaxa, dut quitter Constantinople, et les sujets hellènes furent expulsés de Turquie.

L'insurrection des Grecs en Epire fait une diversion en faveur des Russes qui ne manque pas de gravité, au moment où la Turquie a besoin de toutes ses forces pour résister sur le Danube. Les garnisons turques ont été attaquées à l'improviste; trop faibles pour opposer une résistance suffisante, elles ont dû se replier et s'abriter derrière les remparts des citadelles, où elles sont les unes assiégées, les autres bloquées. Les bandes grecques ont commis des excès de tout genre non-seulement contre les musulmans, mais contre tous les habitants chrétiens, qu'ils ont pillés et rançonnés, comme feraient des ennemis. Plusieurs centaines de villages ont été ainsi dévastés et saccagés par les Grecs.

III.

Le théâtre de l'insurrection comprend l'Epire et l'extrémité sud de l'Albanie; il s'étend du golfe de Volo, dans l'Archipel, au golfe d'Arta dans la mer Ionienne, en suivant la frontière du royaume grec sur une ligne droite de l'est à l'ouest; au nord il part du haut du golfe de Salonique, et, en suivant une ligne oblique qui descend d'un demi degré, va finir près de Delvino entre Corfou et le mont Chimera.

On donne à l'Epire une population de trois cent onze mille chrétiens, soixante-deux mille mahométans et quinze cents juifs.

Les garnisons turques sont peu considérables et au milieu d'une population infiniment plus nombreuse et constamment travaillée par

des agents de la Russie elles ne sauraient faire peser un joug bien lourd sur les Grecs sujets de la Turquie.

C'est au mois de janvier 1854 que l'insurrection préparée de longue main prit un caractère alarmant. Ce fut surtout sur la côte méridionale de l'Albanie que les Grecs réunirent leurs principales forces. Bientôt l'étincelle s'étendit à la Thessalie et à la Macédoine.

Des proclamations furent répandues à profusion par tout le pays.

Ces proclamations, en s'appuyant sur un principe inattaquable, celui de l'indépendance nationale, avaient le malheur de dénaturer les faits, de prêter aux Turcs des crimes dont des soldats de toute nation se rendent coupables, qui ont été commis durant les anciennes luttes, mais dont les Turcs ne se souillent pas aujourd'hui, ou qui seraient sévèrement réprimés; crimes dont les Grecs insurgés allaient eux-mêmes donner le triste spectacle; elles étaient en outre inspirées et rédigées parfois par des agents russes; mais elles n'en produisirent pas moins un grand effet. A l'appel des insurgés, des hommes se levèrent dans les districts épirotes de Sconlicaria, de Radovitzi, de Zoumerka et d'Agrapha. Deux mille hommes se trouvèrent bientôt sous les armes; leur drapeau portait la croix grecque au fond bleu avec l'inscription du *labarum*, l'ancien étendard de Constantin, *In hoc signo vinces*, Tu vaincras par ce signe.

Ils se dirigèrent sur Arta et Prévésa, et eurent quelques combats avec les garnisons turques envoyées à leur rencontre. Des habitants des îles Ioniennes les rejoignirent; plusieurs officiers de l'armée grecque quittèrent leurs corps pour venir diriger leurs opérations: parmi eux se trouvaient M. Karaïskaki, fils du chef grec mort au siége d'Athènes dans la première révolution, qui bientôt fut lui-même grièvement blessé dans une rencontre, et M. Kamyos, général grec.

La lutte était engagée sur les frontières, et la plus vive agitation se manifestait à Athènes. Là il ne s'agissait pas seulement d'affranchir l'Epire, l'Albanie, la Thessalie, la Macédoine et toutes les provinces de l'ancienne Grèce, mais de détruire l'empire turc, de repousser les musulmans en Asie. On professait hautement la pensée russe, on prêchait la croisade contre les disciples de Mahomet, non pas au nom de Jésus-Christ, mais au nom d'une ambition pétrie de vanités et d'illusions.

Les hommes qui poussaient à l'insurrection et qui s'appelaient le *grand parti grec* ne parlaient de rien moins que de déclarer la guerre à la Turquie, de l'attaquer d'un côté pendant que les Russes, en faveur desquels ils feraient une diversion, les occuperaient sur le Danube. L'insurrection avait à peine quelques milliers de soldats recrutés au hasard, sans discipline, sans frein, incapables de tenir contre des troupes régulières, bons seulement à se jeter sur des campagnes et sur des villages ouverts, que personne ne défend, et ces hommes du grand parti regardaient déjà Constantinople comme leur proie! Byzance deviendrait la capitale d'un empire grec dont la souveraineté leur serait dévolue. Si on leur représentait que les Russes avaient peut-être d'autres vues, que maîtres de Constantinople et de la Grèce ils pourraient bien garder pour eux-mêmes l'une et l'autre, les Grecs répondaient que, supérieurs aux Russes par l'intelligence, ils étaient appelés à dominer leurs alliés; que l'empire grec allait renaître, gouverné par des autochthones et non par des Tartares. Les agents russes, sans s'inquiéter de ces dispositions, de ces expressions peu flatteuses pour leur souverain, poussaient hardiment à ces exagérations, encensaient publiquement ces folles vanités.

Toute royauté a ses anniversaires, ses fêtes de famille, qu'on célèbre d'ordinaire avec ses amis, ses familiers. Dans les premiers jours de février revenait l'anniversaire de l'arrivée du roi Othon en Grèce; ceux qui voulaient l'entraîner à rompre ouvertement avec la Porte Ottomane eurent la singulière idée de faire représenter sur le théâtre d'Athènes une pièce dans laquelle le roi Othon entrait en vainqueur dans la ville de Constantin, d'où il chassait les barbares.

Personne n'a moins les allures et la tournure d'un héros que le roi des Grecs; il assistait à la représentation de cette pièce qui avait été annoncée avec fracas; mais, soit qu'il craignît les allusions railleuses, les épigrammes qu'elle pouvait exciter, soit que l'encens lui parût par trop grossier, il se retira avant la fin; laissant la reine s'enivrer de ces tristes adulations, se bercer de ces rêves dont le réveil sera peut-être bien pénible.

De pareilles manifestations avaient nécessairement pour résultat d'augmenter l'ardeur des insurgés et des partisans de la Russie; quelques familles importantes se déclaraient, des corps francs s'organisaient; bientôt la garnison d'Arta fut bloquée, et le défilé de Pente-Pegadia, qui est la seule route par laquelle on pût envoyer des secours de Janina à Arta, fut occupé par les insurgés; le pacha de Janina lui-même fut obligé d'abriter les soldats de cette ville dans la citadelle, située sur le mont Sisbanizza.

Partout le mouvement s'étendait; des armes étaient distribuées gratis, et l'on ne faisait pas mystère de leur origine russe. Le 8 et le 9 février une insurrection éclata à Salonique, mais la garnison turque chargea vigoureusement à la baïonnette les insurgés et arrêta leurs chefs; le reste se dispersa. En même temps, et comme pour donner un démenti aux proclamations exagérées des fauteurs de l'insurrection, au récit des premières atrocités commise par les bandes grecques plusieurs populations chrétiennes s'armèrent pour repousser ceux qui se présentaient comme leurs sauveurs, préférant la domination turque au danger de voir leurs femmes et les filles violées, les maisons pillées et les troupeaux emmenés par ces prétendus amis.

Les gouvernements de France et d'Angleterre engagés dans la querelle du sultan, dont ils étaient les alliés, ne pouvaient pas rester spectateurs de cette insurrection, qui compliquait gravement la situation, sans faire quelques efforts pour en arrêter les progrès. Il importait spécialement à l'Angleterre de maintenir la tranquillité dans ses possessions grecques. Dans ce but, le lord haut commissaire des îles Ioniennes adressa d'abord aux résidents anglais dans ces îles une circulaire qui avait le mérite de poser la question très-nettement, de condamner le mouvement hellénique et d'engager l'avenir.

Fuad-Effendi fut nommé par le sultan général des troupes turques qui étaient en Grèce et chargé de réprimer l'insurrection. Il arriva en Épire avec quelques vaisseaux et quelques troupes nouvelles, et, à peine débarqué, adressa aux primats et aux rayas la proclamation qui suit. Rédigée avec modération, promettant le pardon à ceux qui déposeraient les armes, protection à ceux qui demeuraient paisibles et réparation à ceux qui avaient souffert, elle est tout à la fois un modèle de style oriental et de manifeste adressé à des paysans.

« Il est parvenu à la connaissance de Sa Majesté le sultan, notre empereur, que, tandis que vous étiez très-paisibles, il est venu, d'au delà de la frontière, des individus qui jettent le désordre dans nos villages, sans penser aux suites qu'aura leur entreprise.

» Plusieurs rayas vous ont égarés et ont troublé vos foyers. Notre empereur m'a nommé son commissaire extraordinaire dans ce pays et a mis à ma disposition de nombreuses troupes, dont une partie a été déjà débarquée à Prévésa, les autres ne tarderont pas à arriver, et comme la volonté de notre empereur est de traiter ses sujets comme ses propres enfants, et qu'il n'est dans l'intention de personne de verser un sang précieux, tout individu qui s'est révolté doit rentrer immédiatement dans l'obéissance.

» Indépendamment des troupes qui sont déjà ici, il en viendra encore d'autres de la Roumélie avec de nombreux canons auxquels on ne pourra pas résister ; et ne croyez pas ceux qui vous promettront des secours, car ils veulent vous tromper.

» Les aventuriers qui sont venus d'au delà de la frontière ont leurs maisons et leurs familles hors de notre territoire, ils n'ont donc rien à perdre ici ; et lorsqu'ils auront été battus, ils retourneront dans leurs foyers et vous laisseront exposés à toutes les horreurs de la guerre.

» Que chacun de vous réfléchisse donc bien et qu'il reste tranquille s'il ne s'est pas encore soulevé. Que tous ceux qui se sont soulevés et ont pris les armes les déposent et rentrent dans l'obéissance envers notre empereur en repoussant ces aventuriers.

» Tous ceux qui ont pris les armes et qui les déposeront pour rentrer dans l'obéissance recevront leur pardon de notre empereur, et je promets que tout honnête homme n'aura aucun danger à courir ; et si quelqu'un a perdu un agneau, il lui sera remplacé par une brebis. Ainsi tous ceux qui veulent rentrer dans le devoir envers notre empereur doivent se séparer des aventuriers, se présenter à moi, et ils recevront leur pardon du divan ; mais ceux qui persisteraient dans leur égarement s'en repentiront amèrement, et ils n'obtiendront pas de pardon de notre empereur.

» Ainsi, tous les primats doivent engager les autres à rentrer dans le chemin du devoir et à ne pas ajouter foi aux promesses des gens qui sont venus du dehors. Si quelqu'un reste dans l'erreur, je proteste devant Dieu et je le rends responsable des suites de son égarement et du sang qui sera versé.

» Telle est la volonté de notre empereur, et en vous la communiquant je dois aussi vous faire connaitre ce qui suit : 1º Quiconque n'a pas encore pris part aux désordres et est resté sujet fidèle peut être certain qu'il ne sera pas troublé dans son existence, ni dans sa famille, ni dans son honneur ; au contraire, il peut être assuré de la bienveillance de notre empereur.

» 2º Tous ceux qui resteront les armes à la main en face des troupes auront à subir les conséquences de la guerre ; ils seront en outre punis de diverses manière.

» 3º Attendu que les individus de quelques villages armés et non armés se sont rendus dans d'autres villages pour les piller, tous les habitants qui ont souffert de ces désordres seront, s'ils produisent des preuves, indemnisés par les habitants qui ont pillé.

» 4º Tous les bandits grecs qui se trouveront parmi nos sujets, soit pendant la guerre, soit de toute autre manière, seront punis sévèrement s'ils sont arrêtés.

» Prévésa, 23 février-7 mars 1854. »

La Porte Ottomane, bien décidée à étouffer une insurrection qui compromettait et le sort de ses garnisons et celui de ses sujets paisibles, venait la détourner de sa guerre contre les Russes en la forçant de porter des forces en Grèce, s'adressa aux représentants des puissances étrangères et leur signala la conduite du gouvernement grec.

Quelques jours après, Nechet-Bey remit au gouvernement grec une note dans laquelle il lui demandait le rappel de tous les officiers grecs qui avaient embrassé la cause des insurgés, leur renvoi devant un conseil de guerre, la suspension de leur solde, la destitution de quelques fonctionnaires, la dissolution des comités, la punition de ceux qui avaient ouvert les prisons de Chalcis pour envoyer les prisonniers au camp des insurgés.

Le conseil des ministres s'assembla sous la présidence du roi, discuta et rédigea la réponse à Nechet-Bey ; la note et la réponse furent portées aux chambres, sur lesquelles on sentait la nécessité de s'appuyer dans ces circonstances difficiles, et les ministres, posant une question de cabinet, leur demandèrent s'ils avaient suffisamment, convenablement sauvegardé la dignité du pays et les droits de la couronne. À la chambre des députés, on approuva avec enthousiasme la conduite du gouvernement et la réponse des ministres. Le sénat se montra moins ardent ; il y avait là des hommes plus réfléchis, qui voyaient plus juste et comprenaient les difficultés dans lesquelles s'engageait la Grèce : sans vouloir blâmer d'une manière nette et précise, ils proposaient une réponse évasive. Il était temps encore de reculer ; le gouvernement grec était sauvé si le sénat forçait le cabinet à la retraite, et amenait aux affaires des hommes qui en combattant les sottes illusions du roi l'eussent guidé dans une voie meilleure.

Mais les ministres savaient combien il est rare que des assemblées délibérantes agissent avec vigueur, se prononcent avec une netteté qui ne laisse pas de ressources aux interprétations ; ils forcèrent le sénat à répondre d'une manière catégorique, par oui ou par non ; sur trente-huit voix, vingt-deux approuvèrent la politique ministérielle, seize la condamnèrent ; le cabinet avait trois voix de majorité absolue. Vote fatal qui allait pousser le gouvernement à s'engager davantage encore.

La réponse du cabinet au chargé d'affaires turc ne donnait aucune des satisfactions demandées ; elle niait ou expliquait tout dans un sens favorable. 1º Les officiers qui ont pris part à la lutte ont tous donné leur démission ou ont été rayés des cadres de l'armée. Aucun d'eux ne reçoit de solde. Ce sont de simples citoyens dont le gouvernement ne peut régler les actes. 2º Les professeurs de l'université n'ont fait aucun acte contraire aux intérêts de la Turquie qui soit parvenu à la connaissance du gouvernement, mais il est prêt à faire procéder à une enquête à cet égard. 3º La presse est libre en vertu des lois en vigueur. 4º Il n'existe pas de comités. La participation individuelle à l'insurrection ne peut être empêchée par le gouvernement. 5º Malgré toutes les informations prises par le gouvernement, il a été impossible de savoir par qui les prisons de Chalcis ont été ouvertes. Toutefois le gouvernement continuera ses recherches pour les découvrir.

Cette réponse fut remise le 20 mars ; l'ambassadeur turc, après une conférence avec ceux de France et d'Angleterre, demanda ses passe-ports dans la nuit, et le lendemain il partait pour Constantinople sur une frégate française.

Le jour même où cette rupture avait lieu, les représentants des trois puissances, la France, l'Angleterre et la Turquie, passaient à Constantinople la convention suivante, qui sans désigner nominalement la Grèce allait cependant la mettre en état de guerre contre les deux premières comme elle l'était déjà contre la troisième.

» Art. 1er Sa Majesté la reine de la Gande-Bretagne et Sa Majesté l'empereur des Français ayant donné l'ordre, sur le désir du sultan, à de fortes divisions de leurs flottes de se rendre à Constantinople pour assurer au territoire et au pavillon ottomans la protection que pourraient exiger les circonstances, Leurs Majestés prennent, par le présent traité, l'engagement ultérieur de coopérer, dans une plus grande extension, avec Sa Majesté le sultan, à la protection du territoire ottoman en Europe et en Asie contre l'agression de la Russie, en fournissant dans ce but à Sa Hautesse le sultan un nombre de troupes suffisant.

» Les troupes de débarquement seront envoyées par Leurs Majestés sur tels points du territoire ottoman qui paraîtraient convenables. Sa Hautesse le sultan s'engage à ce que les troupes françaises et anglaises de débarquement qui seraient envoyées par Leurs Majestés reçoivent le même accueil et soient traitées avec le même respect que les forces navales françaises et anglaises qui depuis quelque temps son déjà employées dans les eaux de la Turquie.

» Art. 2. Les hautes parties contractantes s'engagent réciproquement à se communiquer sans perte de temps toute proposition que l'une d'elles recevrait directement ou indirectement de la part de l'empereur de Russie relativement à la cessation des hostilités, à un armistice ou à la paix. Et, en outre, Sa Majesté le sultan s'engage à ne conclure aucun armistice et à n'entamer aucune négociation pour la paix, à ne conclure aucun préliminaire de paix avec la Russie sans la connaissance et l'assentiment des autres hautes parties contractantes.

» Art. 3. Aussitôt que le but du traité actuel sera atteint par la conclusion du traité de paix Leurs Majestés la reine d'Angleterre et l'empereur des Français prendront des mesures immédiates pour retirer leurs forces de terre et de mer qui ont été employées pour atteindre l'objet du traité actuel, et toutes les forteresses et positions sur le territoire ottoman qui seront occupées temporairement par les forces de l'Angleterre et de la France seront rendues aux autorités de la Sublime Porte dans l'espace de..... jours calculé d'après la date de l'échange des ratifications du traité qui aura mis fin à la guerre actuelle.

» Art. 4. Le présent traité sera ratifié, et les ratifications échangées aussitôt que cela pourra avoir lieu dans l'espace de.... semaines à compter du jour de la signature. »

Suivent les signatures.

Le traité ci-dessus reste ouvert à la signature des autres puissances européennes.

Cependant l'insurrection continuait, les proclamations circulaient, des fusils arrivaient dans les provinces, dans les centres qui n'avaient pas fait encore de mouvement. Grivas s'était montré avec une troupe nombreuse dans les environs de Janina.

Dans le but de décider plus facilement les Grecs de Morée à prendre parti pour les insurgés , on répandait à Athènes le bruit que s'élève entre la Sublime-Porte et la Grèce, prendront sous leur protection les Hellènes et leurs biens.

» Il est important, monsieur, de détruire ces illusions. La France et l'Angleterre sont les alliées de la Porte et veulent l'aider à repousser l'injuste agression de la Russie : dans ce but, elles ont envoyé leurs forces de terre et de mer en Orient; elles ne peuvent donc prendre sous leur protection ceux qui se font les partisans de la Russie , et elles les abandonneront , dans leurs biens comme dans leurs personnes, à toutes les conséquences de la guerre qu'ils ont provoquée. »

De son côté, l'ambassadeur d'Angleterre écrivait aux agents consulaires de sa nation pour les engager à se tenir en garde contre les manœuvres des Grecs.

Ces communications ne suffisaient pas; il importait que le gouvernement grec fût nettement avisé du jugement que les alliés portaient de sa conduite dans cette affaire. MM. Wyse et Forth-Rouen, ambassadeurs anglais et français à Athènes, se réunirent et rédigèrent en

Bombardement du port militaire d'Odessa.

les ambassadeurs français et anglais à Constantinople venaient de se brouiller, que les puissances représentées par ces ambassadeurs avaient des vues opposées, que les Français se séparaient de l'Angleterre et de la Turquie et se montraient disposés à s'allier avec les Russes. Les moins exagérés en fait de nouvelles controuvées se bornaient à dire que la France ne ferait rien contre les Grecs, et que son ambassadeur avait déclaré les prendre sous sa protection. Quelque absurdes que fussent ces bruits, ils pouvaient faire des dupes et avoir de fâcheuses conséquences. Afin d'y mettre un terme et d'éclairer les Grecs sur leur situation et sur les résultats de leur levée de boucliers, M. Baraguay-d'Hilliers, ambassadeur de France à Constantinople, adressa la circulaire suivante à tous les consuls français dans le Levant :

« Péra, le 30 mars 1854.

» Monsieur ,

» Le gouvernement hellénique, loin de s'unir à la France et à l'Angleterre dans la question d'Orient, s'est fait l'allié de la Russie par l'invasion des frontières de l'empire ottoman et en excitant à l'insurrection les sujets de la Sublime Porte; cependant les Hellènes répandent le bruit que le gouvernement d'Athènes est encouragé dans cette agression par la France et l'Angleterre, et ils espèrent encore que ces deux puissances, au moment où un conflit très-regrettable commun une note, que le *Moniteur* publia en l'accompagnant d'un article explicatif. Voici l'article : il résume la note.

« On se rappelle les circonstances qui ont amené la rupture des rapports entre la Turquie et la Grèce : le ministre du sultan près le roi Othon avait été chargé par son gouvernement de demander au cabinet hellénique des explications sur divers actes qui attestaient la complicité de ce cabinet dans la révolte de l'Epire.

» Le ministre des affaires étrangères, M. Païcos, répondit par des récriminations, prétendant que la Grèce seule avait à se plaindre , que des troupes turques avaient envahi la frontière hellénique et commis sur le territoire du royaume des violences sanguinaires.

» Les ministres de France et d'Angleterre ayant, comme représentants des puissances protectrices, reçu communication de cette réponse de M. Païcos aux représentations de Nechet-Bey, s'entendirent pour faire procéder à une enquête scrupuleuse sur les faits allégués par le gouvernement grec. Il est résulté de la manière la plus formelle de cette enquête que non-seulement aucun des griefs formulés par M. Païcos n'était fondé, mais que la violation de frontière et les actes sanguinaires dont il chargeait les autorités turques appartenaient aux autorités et aux troupes grecques. Il a été de plus démontré par des détails recueillis de la bouche même des individus qui ont pris part à cette agression, que le gouvernement grec n'avait pas pu être induit en erreur, et qu'il avait pleine et entière connaissance de tous les incidents de l'affaire lorsqu'il avait, dans sa note à Nechet-Bey, accusé les Turcs d'en être les auteurs.

» On s'étonnera moins d'un procédé si étrange lorsque l'on saura que le cabinet d'Athènes s'efforce encore aujourd'hui par tous les moyens de faire croire à la Grèce que sa politique a l'approbation des grandes puissances, et que M. Païcos a réussi à cacher au pays et aux chambres les représentations qui lui avaient été adressées de concert par les ministres de France, d'Angleterre, d'Autriche et de Prusse, pour l'engager à faire droit aux réclamations de l'envoyé de la Porte. M. Forth-Rouen et M. Wyse ont pensé qu'il était de leur devoir de faire connaître au gouvernement hellénique les sentiments qu'une semblable conduite était de nature à leur inspirer. »

En attendant que ces représentations eussent leur effet, les Grecs insurgés continuaient leur mouvement; le chef Lacamilios Temeli s'était rendu en Epire avec des troupes et de l'artillerie dont on ignorait l'origine; il avait levé des contributions dans les localités qu'il avait traversées D'autres chefs se montraient sur plusieurs points et

commandement de l'insurrection; on indiquait le chiffre des subsides reçus soit du gouvernement, soit de la Russie. Les curieuses lettres qu'on va lire ne laissent aucun doute; l'une est du général de l'insurrection, l'autre d'un homme qu'on n'a pas voulu connaître :

Lettre du général Tsavellas au ministre de la guerre.

« Péta, le 13-25 avril 1854.

» Le 9 du courant, je vous ai écrit longuement sur ce qui se passe ici; M. Kyprianos, témoin oculaire, vous a également écrit. Aujourd'hui les circonstances m'obligent à marcher en avant, et je me mets en mouvement.

» Je vous envoie M. Kyprianos, qui vous mettra au courant de tout ce qu'il a vu depuis sept jours qu'il est avec nous. Sa mission a pour but surtout de vous faire connaître nos besoins, que je vais au surplus vous énumérer en peu de mots.

» Vos connaissances pratiques et théoriques ne vous laissent pas

Camp français à Gallipoli.

combattaient avec des alternatives de succès et de revers. Cependant les commandants des troupes turques agissaient avec vigueur; à Volo, à Armiro, ils mettaient en déroute les bandes grecques sous les ordres de Grizanis, Bardekis et Papacosta. Le 25 avril, Osman-Pacha, sous la direction du commandant en chef Fuad-Effendi, attaqua les insurgés à Péta; à leur tête étaient les deux chefs les plus renommés : Tzavellas et Karaïskaki. La place, centre principal de l'insurrection, fut emportée après un combat meurtrier. Les Grecs étaient encore battus à Prévésa, à Janina, à Metzowo, à Arta; ils étaient repoussés des environs de la ville de Democo, qu'ils avaient investie et bloquaient.

D'un autre côté, la mésintelligence se mettait parmi eux; jaloux les uns des autres, ils s'accusaient de trahison, de vol, du massacre des chrétiens; plusieurs réclamaient le commmendement en chef, menaçant, s'ils ne l'obtenaient pas, d'abandonner la cause; néanmoins les bandes continuaient à guerroyer, et au moment où l'on annonçait que les troupes ottomanes avaient complétement étouffé l'insurrection on voyait celle-ci prendre de plus grandes proportions et éclater dans des localités jusque-là demeurées paisibles.

Le gouvernement grec lui-même était hautement accusé de la favoriser, de l'avoir réorganisée lorsqu'elle était à peu près réduite à l'impuissance : on citait trois officiers supérieurs de l'armée grecque qui avaient été envoyés par le cabinet d'Athènes pour prendre le

ignorer que toute armée doit avoir un seul chef; tâchez donc d'en choisir un, celui que vous jugerez le plus convenable, pour diriger le mouvement avec fermeté et résolution, sans quoi il n'aboutirait pas. Que ce chef ait carte blanche pour agir suivant les éventualités, car autrement il sera forcé de rester dans l'inaction. L'armée est composée d'hommes de différents caractères, je vous en ai envoyé hier le dénombrement. Elle a été considérée dès le principe comme insurrectionnelle : aussi croit-elle pouvoir faire tout ce qu'elle veut, surtout dans les moments de pénurie; ce qui nous arrive souvent.

» L'insurrection, ainsi que vous le savez, s'est assez bien développée. Je reçois de tous côtés des demandes de renforts : comment pourrais-je y y satisfaire? Je n'ai pas d'hommes capables, surtout disciplinés.

» Les populations insurgées ont également de grands besoins, principalement celles chez lesquelles le sentiment patriotique n'est pas encore assez développé. Suivant les renseignements qui me viennent de bonne source, leur courage est ébranlé, soit par les conseils des consuls de France et d'Angleterre, qui parcourent eux-mêmes les villages insurgés, leur faisant beaucoup de promesses, pourvu qu'ils se soumettent à l'autorité du sultan, et ajoutant que non-seulement ils auront les Turcs contre eux, mais encore la France et l'Angleterre s'il ne changent pas de conduite, soit parce qu'ils ne voient pas qu'on les seconde vigoureusement. Aussi, si les secours n'arrivent pas promptement, ceux qui résistent encore pourraient bien suivre l'exemple de ceux qui se sont soumis de force.

» Tous ces pays sont ruinés, ils ont été pillés et dévastés complétement ; aussi sommes-nous forcés d'acheter des vivres, et il nous faut au moins une somme de cent mille drachmes (quatre-vingt-dix mille francs). Confiez-la à quelqu'un de sûr, et faites-nous-là parvenir le plus promptement possible ; nous en avons besoin pour plusieurs raisons, ainsi que vous le dira M. Kyprianos. Envoyez-nous aussi un secours en hommes pris dans les rangs des troupes irrégulières et soldées régulièrement, afin qu'elles obéissent aux ordres de leurs chefs. *Je crois que vous ferez bien d'envoyer sur la frontière les premier et septième bataillons irréguliers, lesquels déserteraient immédiatement pour venir se joindre à nous.*

» Envoyez-moi le plus tôt possible soixante-dix à cent mille pierres à fusil pour l'armée, nous en avons un très-grand besoin, ainsi que quatre ouvriers pour réparer les armes.

» Tout ce que je vous demande nous est d'une grande nécessité : aussi faites-nous parvenir tout ce qui est destiné aux autres corps, afin que nous le leur remettions. N'ayez pas du reste une grande confiance en eux, car ils sont encore novices dans l'art de la guerre : tous me demandent de l'argent, et, bien que je sois dépourvu de ressources, je suis forcé de leur en donner. Il y a encore bien d'autres dépenses extraordinaires, pour lesquelles j'ai grand besoin de fonds. J'ai fait voir mes comptes à M. Kyprianos : ils se montent jusqu'à ce jour à quarante-deux mille drachmes ; les besoins de l'armée ne font que s'accroître.

» Je vous le répète, prenez des mesures, et envoyez-nous le plus tôt possible ce que je vous demande, attendu que cela est très-nécessaire ; je suis sur le champ de bataille, je dois penser à tout.

» Le corps commandé par Z. Mellio me suit, il est d'environ trois cents hommes ; le corps des Péloponésiens s'élève à près de huit cent cinquante hommes, y compris le petit corps de cavalerie.

» M. Kyprianos vous dira les efforts que nous avons dû faire pour décider le corps des Péloponésiens à nous suivre : il a fallu leur donner quatre mille thalaris (environ cinq mille cinq cents francs).

» Voilà ma position, et vous savez fort bien que je n'ai reçu que trente mille drachmes. Vous n'ignorez pas non plus que, pour les autres dépenses indispensables que j'ai été forcé de faire au delà de ce chiffre, j'ai dû recourir à des emprunts que j'ai contractés avec des amis. Le camp de Péta se compose de sept à huit cents hommes des différents corps de Grivas, Thémeler, Karaïskaki, et de quelques Ioniens.

» J'ai l'honneur d'être, etc.   Signé TSAVELLAS. »

Lettre adressée au général Tsavellas.

« Caravassara, le 10-22 avril 1854.

» MONSIEUR ,

» Des ordres ont été donnés à tous les corps d'arrêter et de déférer au procureur du roi tout individu qui abandonne le champ de bataille pour rentrer en Grèce ; aussi, quand vous aurez à détacher un soldat pour affaire de service, vous devez le munir d'une permission jusqu'à Caravassara. Autrement, il sera considéré comme déserteur, et comme tel il sera arrêté. La permission écrite devra porter votre signature.   (Signature illisible.)

» P. S. Que tous ceux qui se trouvent à Péta, Zalkos et autres, les Péloponésiens, etc., prennent connaissance de cette lettre. »

En même temps des rapports transmis par les capitaines des vaisseaux naviguant dans l'Archipel établissaient que des pirates s'étaient montrés dans ces parages, les avaient rançonnés, avaient massacré des équipages, avaient attaqué aussi des bateaux transportant des chevaux et le matériel de l'armée d'Orient ; on assurait même que des soldats qui étaient transportés à Gallipoli par un navire de commerce avaient dû faire feu sur des pirates qui cherchaient à les surprendre. La piraterie trouve en effet de grandes facilités dans l'Archipel tout semé d'îles, derrière lesquelles les navires qui attendent leur proie peuvent se mettre à l'abri, choisir le moment favorable et disparaître s'ils aperçoivent quelque frégate suspecte. Il y a toujours eu dans les mers de la Grèce des hommes disposés à ce genre de métier, et toute commotion politique qui force l'autorité à se relâcher de sa surveillance leur est une occasion favorable pour transformer le caboteur en pirate.

Les choses sont arrivées à ce point que M. le contre-amiral le Barbier de Tinan dut, dans le mois d'avril, parcourir ces parages pour protéger le commerce et intimider les voleurs de mer. Il arriva à Chalcis sur la frégate à vapeur *le Gomer* après avoir visité Oréi, Stilida, Limni et quelques autres ports de l'Eubée, et fit adresser des paroles sévères aux autorités par le chargé d'affaires de France. Il y fut répondu avec une hauteur qui seule indiquerait que les Grecs comptent sur des forces autres que les leurs propres fort restreintes et fort insuffisantes dans l'entreprise où ils s'engagent.

Jusqu'au moment où une alliance fut conclue entre la Turquie et les puissances occidentales, l'existence des bandes insurgées, les brigandages commis par elles, leurs succès sur certains points n'étaient un échec moral et matériel que pour la Porte Ottomane, dont le territoire était envahi, le pouvoir méconnu ; mais du jour où la France et l'Angleterre avaient pris les armes pour défendre l'empire la Grèce devenait leur ennemie, et elles pouvaient combattre les Russes à Athènes aussi bien que dans la mer Noire et la Baltique : l'échec moral éprouvé par la Turquie rejaillirait sur elles, si quelques mesures vigoureuses ne venaient rétablir la tranquillité de ce côté et leur laisser la libre disposition de leurs forces.

Dans un article du 14 mai, qui n'aurait aucune signification s'il n'exprimait pas la pensée du gouvernement français, le *Moniteur* a résumé les griefs de la France contre les Grecs.

Ainsi, disait en substance cet article, personne n'ignore la part que la marine et l'armée françaises ont prise à l'affranchissement de la Grèce ; l'entretien de nos escadres dans la Méditerranée, l'expédition militaire de Morée ont grevé notre dette publique de près de cent millions : le service des intérêts de ce capital est un impôt que nous payons encore aujourd'hui.

L'œuvre de l'indépendance de la Grèce accomplie, restait à constituer le nouvel État sur des bases qui assurassent son avenir. La France a obtenu pour ce royaume un agrandissement de frontières ; elle a appuyé de sa garantie, collectivement avec l'Angleterre et la Russie, un emprunt de soixante millions de francs, bien difficilement réalisable à cette époque : en 1832. Elle a pourvu au payement des intérêts.

En 1846 la France fondait à Athènes une école dirigée par un haut fonctionnaire de l'université et où des professeurs sortis de notre école normale s'empressaient d'accueillir les jeunes gens qui voulaient s'initier à l'étude de notre langue et de notre littérature. La bibliothèque de la capitale de la Grèce était à la même époque placée sur le pied des bibliothèques françaises, c'est-à-dire comprise de droit dans la distribution des ouvrages publiés par le gouvernement.

La France ne se faisait aucune illusion sur le véritable état des choses en Grèce, elle déplorait les vices de l'administration, le désordre qui régnait dans les finances, mais elle cherchait à jeter un voile sur des maux qu'elle espérait guérir ; et ce n'est pas être au-dessous de la vérité que de dire que pendant vingt années consécutives il n'est pas une des désagréables affaires que le gouvernement s'attirait par sa négligence ou par sa faute que nous n'ayons pris le soin de calmer ou d'arranger.

A cette bienveillance qui avait un caractère si sympathique, on sait maintenant de quelle façon le gouvernement grec a répondu. Obéissant à de chimériques désirs, cédant à des suggestions étrangères, il s'est fait l'instrument d'une puissance avec laquelle la France est en guerre. Il a permis que sur son territoire il se formât des bandes armées commandées par des officiers à son service et qui ont été porter le désordre et le pillage en Épire, en Thessalie et en Macédoine. Il a vidé ses arsenaux et épuisé son trésor pour l'entretien d'une insurrection excitée par lui et qu'il cherche encore à ranimer, après les échecs qu'elle a subis.

La masse de la nation grecque réprouve hautement ces excès et ces folies ; elle est la première à en souffrir, et la responsabilité en appartient tout entière à un gouvernement assez mal inspiré pour mériter par une ingratitude égale à son aveuglement de perdre le seul soutien qui jusqu'ici ne lui ait jamais manqué.

Ces dernières lignes, textuellement citées, laissaient penser qu'un corps d'armée pourrait être prochainement envoyé de France dans le royaume grec, en même temps que les Anglais expédieraient des îles Ioniennes quelques régiments.

L'attitude prise par le gouvernement du roi Othon a eu de fâcheuses conséquences pour les Grecs établis dans diverses provinces de l'empire et à Constantinople. Dans la crainte de les voir par des agitations ou des menées favoriser l'invasion russe, la Porte Ottomane leur a ordonné de quitter la capitale et ensuite toutes les provinces turques. M. Metaxa, ambassadeur grec à Constantinople, a protesté, puis a demandé un délai de six mois, qui n'a pas été accordé, et une foule de négociants ont dû s'éloigner ; quelques-uns ont préféré renoncer à leur nationalité et se faire sujets turcs.

Cette mesure, conforme aux lois de la guerre, que la France et l'Angleterre toutefois n'ont pas appliquée, aura des résultats désastreux pour les Grecs qu'elle frappe et qui sont en très-grand nombre dans l'empire turc, où ils avaient toute facilité pour s'établir et commercer ; elle a été déjà la source de difficultés assez graves.

Parmi les Grecs habitant Constantinople et frappés d'expulsion il s'en trouve mille environ qui appartiennent au culte catholique, et qui, faisant valoir ce motif et la différence de croyance et d'intérêts entre eux et les Russes, avaient demandé à être exceptés de la mesure générale. Le divan, entrevoyant des embarras inévitables si le culte était mis à la place de la raison d'État, refusa ; mais M. Baraguay-d'Hilliers, qui s'était hautement déclaré le protecteur des Grecs catholiques, insista en leur faveur avec vivacité. Peut-être le zèle religieux qu'on lui soufflait de France l'égarait-il, peut-être les vieilles traditions diplomatiques lui firent-elles penser qu'il pouvait imposer sa volonté au moment surtout où le gouvernement qu'il représentait venait au secours de la Turquie d'une manière efficace ; et il menaça la Porte Ottomane de rupture.

Cette fausse appréciation de la situation n'eut heureusement pas de suites; le divan fit des concessions, et M. Baraguay-d'Hilliers fut appelé à un commandement en France.

IV.

Le roi des Grecs a été entraîné par l'ambition toute naturelle d'augmenter l'étendue de son royaume; le secours qu'il prête aux Épirotes répond sans aucun doute aux sentiments d'une grande partie de sa nation, jalouse d'arracher aux Turcs une province grecque et d'ajouter à sa propre puissance : il est donc facile de comprendre le parti qu'il a pris, et qui doit lui donner aux yeux des masses ardentes et irréfléchies une popularité recherchée par tous les monarques.

Il est moins facile de s'expliquer par quelle illusion le roi Othon se laisse entraîner lorsqu'il rêve le trône impérial d'Orient relevé par la Russie victorieuse. Les czars auraient travaillé pendant plus d'un siècle à s'approcher de Constantinople, ils auraient fait vingt expéditions, longues, pénibles, dévorant des hommes et des millions; ils se seraient légué de père en fils cette tradition que la Russie devait dominer le monde, s'ouvrir à la fois la route de l'Asie et celle de l'Europe occidentale par la possession de cette Byzance dont le nom perce les siècles, de cette métropole de l'empire d'Orient, plus grande encore, plus riche, plus peuplée que Rome, dont elle fut la rivale; et le jour où ivres de gloire et de joie ils toucheraient au but de tant d'efforts, de tant de sacrifices, le jour où ils planteraient leur drapeau sur la ville de Constantin, où leur empire s'étendrait des glaces du pôle américain jusqu'à l'Asie et à l'Afrique, ils iraient abdiquer, et la main qui aurait porté l'épée victorieuse repousserait le sceptre! Erreur! Abdiquer! Pour qui, et sous l'empire de quelle idée? Pour un roi inconnu, chef d'un peuple de quelques millions d'âmes perdu dans un petit coin de l'Archipel; pour un roi sans passé, sans traditions, qui n'a ni une idée à faire prévaloir, ni une mission à remplir! Les Russes auraient lentement, péniblement préparé leur triomphe, et détruit un à un tous les obstacles qui les séparaient de l'Europe occidentale, et, arrivés au but, ils se retireraient, ils abandonneraient la conquête, ils rétabliraient la barrière entre eux et le point où ils ont tendu! Il faudrait les supposer atteints de vertige.

Est-ce que les barbares venus contre Rome ont reculé? est-ce qu'ils ont relevé cet empire, bien qu'il ne pût leur barrer aucune route? Ceux qui ont détruit l'empire romain se composaient de vingt peuples obéissant à des chefs différents qui tous ont cherché à se créer des royaumes dirigés bientôt par des intérêts opposés, parce que leurs chefs avaient des vues divergentes; les Russes ont sur les premiers barbares cet immense avantage qu'ils forment un peuple obéissant à la même loi, marchant sous un chef unique; l'Europe n'a rien à attendre de leurs divisions, c'est une mer qui s'avance et ne s'éparpille pas, l'Europe peut lui opposer une digue, un môle, les Russes ne le construiront pas eux-mêmes.

En considérant ce qu'a fait la Russie jusqu'ici, en voyant avec quelle ténacité elle marche à son but, en se rendant bien compte de ses vues d'avenir, on reconnaîtra que le seul ennemi du royaume de Morée est précisément la Russie, dont il sert aujourd'hui les intérêts en aveugle.

L'Europe occidentale a contribué à le fonder, et n'a eu jusqu'ici aucun mauvais dessein à son égard; la Porte, bien qu'elle regrette cette portion détachée de son empire, n'aurait pas songé à la reprendre, car une pareille tentative serait le signal d'une nouvelle guerre; mais si les Russes arrivaient à Constantinople et pouvaient s'y maintenir, dussent-ils pour cela transiger avec l'Autriche, c'en serait fait de toute la Turquie d'Europe, et le royaume grec occupe une trop belle position dans la Méditerranée pour que la Russie souffrît cette enclave dans ses possessions nouvelles. Ses flottes de la mer Noire ne pourront librement franchir le détroit des Dardanelles que si elle est maîtresse de l'Archipel grec, et elle ne permettrait pas qu'entre l'Albanie et Constantinople il y eût une puissance, un royaume si mince qu'il fût. Le roi des Grecs obtiendrait sans doute un dédommagement, mais il pourrait considérer sa dynastie comme éteinte.

Le roi des Grecs s'abuse donc de toute manière : la couronne de l'Orient n'est qu'une folle illusion née de la vanité nationale, inspirée par les agents de la Russie, qui cherche partout des auxiliaires. On a supposé à la Russie la pensée de créer en Orient, pour l'un des fils du czar, un royaume composé de la Grèce et de la Turquie d'Europe. L'influence que la Russie a toujours recherchée et souvent obtenue dans les affaires du royaume grec a pu tromper ceux qui cherchent un prétexte à la guerre, mais ils s'égarent certainement dans leurs suppositions. La Russie mentirait à la politique suivie depuis longtemps avec une ténacité qui ne s'est rebutée de rien, suivie tantôt tortueusement, dans l'ombre et le silence, tantôt ouvertement, mais qu'elle n'a pas abandonnée un seul jour, si elle pouvait songer à constituer, des contrées qu'elle pourra conquérir, un État indépendant, appelé naturellement, nécessairement, par la force des choses, à se séparer de la mère patrie.

La Russie n'a pas une politique de famille, mais une politique nationale; elle n'imitera pas Louis XIV plaçant son petit-fils sur le trône d'Espagne à la condition de renoncer à jamais, pour lui et ses successeurs, à la couronne de France; la diplomatie russe a un but marqué, un rôle tracé; elle ne perdra pas de vue le premier, elle ne se départira pas du second. Si la Russie parvenait à refouler le sultan Abdul-Medjid hors de l'Europe, à renverser le roi Othon, elle créerait peut-être une vice-royauté de Byzance, mais elle ne la constituerait pas un royaume. Quant au sort ultérieur de cette vice-royauté, transitoire, temporaire, l'exemple de la Pologne dit assez haut ce qu'il serait bientôt.

En se liant à la politique russe, la Grèce s'est aliéné la France, l'Angleterre et la Porte, cette dernière surtout, qui ne lui pardonnera pas les secours prêtés aux insurgés. Les efforts énergiques du gouvernement ottoman, les quatre flottes françaises et anglaises, les cent cinquante mille hommes de troupe de ligne que la France et l'Angleterre dirigent vers les champs de bataille, laissent peu de doute sur la défaite des Russes, attaqués aux deux extrémités de leur empire. Les chances de la guerre sont si diverses, la fortune des combats est si changeante, qu'on ne saurait à l'avance déterminer d'une manière positive ce que fera le vainqueur, quelles conditions de paix il dictera. Les conventions qui mettent fin à la guerre dépendent du dernier combat, des ressources dont dispose encore le vaincu, de la saison plus ou moins avancée, de la disposition des armées, de mille circonstances, imprévues la veille, qui exercent à un jour donné une grande influence sur les déterminations. Il est donc difficile de prévoir sur quelles bases les puissances alliées pourront asseoir la paix : mais il est toutefois bien certain qu'elles voudront mettre la Russie hors d'état de recommencer la guerre, de troubler de nouveau la paix générale de l'Europe, et qu'elles s'efforceront en même temps de donner à l'empire turc une force de cohésion dont l'absence est aujourd'hui son plus grand péril. Or, dans les combinaisons que nécessitera cette réorganisation de l'empire ottoman, il ne faudrait pas s'étonner de voir disparaître le royaume grec.

Les causes qui ont amené sa fondation, qui ont maintenu son existence, embarras constant depuis vingt-cinq ans, n'existent plus aujourd'hui. Les derniers firmans obtenus du sultan par la France et l'Angleterre, en proclamant l'égalité civile et politique de tous les habitants de l'empire, en supprimant les raïas, ont du même coup supprimé les motifs de plaintes des chrétiens et les causes d'insurrection. Dès ce jour le royaume grec a perdu sa raison d'être.

Encore une fois on ne saurait prévoir ce que feront les puissances unies dans l'intérêt de l'Europe en général et de la Turquie en particulier, mais dès qu'un gouvernement perd la seule raison d'exister qu'il eût, la seule qui ait amené son établissement, il ne pèse que d'un bien faible poids dans la balance de la politique; et lorsque sa conduite est contraire à l'intérêt général, à l'intérêt qui triomphe, ceux qui l'ont fondé peuvent se croire le droit de l'effacer de la carte où ils l'avaient inscrit.

Ainsi, la Russie triomphante englobe le royaume grec dans ses États. La France et l'Angleterre victorieuses, si elles laissent subsister un État grec indépendant, ce qui est douteux, en renverseront la dynastie bavaroise, qui n'a aucun lien dans le pays, n'y a jeté aucune racine profonde. Tel est le double danger qui menace le roi Othon.

V.

Les déclarations dans lesquelles le gouvernement français faisait connaître officiellement ses griefs contre le gouvernement grec étaient trop significatives pour qu'on ne dût pas s'attendre à des mesures vigoureuses pour faire cesser l'hostilité des Grecs, ou du moins pour les réduire à l'impuissance. En effet, quelques jours après, quand il fut bien constaté que le roi Othon était entièrement livré à l'influence russe, qu'il secondait l'insurrection, un corps d'occupation, commandé par le général Forey, faisait voile pour la Grèce; il devait, conjointement avec quelques régiments anglais, débarquer au Pirée et occuper Athènes.

Le 23 mai, l'escadre commandée par le vice-amiral Bruat, portant huit mille hommes de troupes françaises et un régiment anglais, apparaissait dans le golfe d'Athènes; le lendemain elle était réunie, et les vaisseaux venaient l'un après l'autre prendre leur ordre de mouillage dans le port du Pirée. Durant la nuit, belle, douce et étoilée comme sont les nuits de printemps dans les contrées grecques, des embarcations sillonnaient le port, allant porter à tous les vaisseaux à l'ancre les instructions et les ordres pour le lendemain.

Le 25, au matin, les matelots descendirent des frégates dans les chaloupes armées en guerre, portant un canon à la poupe, et, le pistolet au poing, abordèrent les vaisseaux grecs mouillés dans le port. Les Grecs ne firent pas la moindre résistance; les matelots passèrent sur la flotte française, les officiers furent renvoyés à terre. Le débarquement commença; les canons des embarcations portés à terre furent montés sur leurs affûts, mèche allumée. Toutes les mesures furent prises pour résister au besoin à une attaque, mais on n'eut pas à brûler une amorce.

Quatre mille hommes d'infanterie de marine et le 74e de ligne débarquèrent. Le général Forey descendit à terre, alla reconnaître le terrain et choisir un campement. La moitié des troupes était encore sur les vaisseaux. Les ministres de France et d'Angleterre vaient posé au roi un ultimatum, le roi délibérait avec son conseil, les ministres s'étaient rendus à bord du *Gomer* et attendaient, en conférence avec l'amiral et le général.

A la vue des uniformes français dans sa capitale, des navires dans son port, le roi Othon, qui n'avait pu être secouru à temps par les Russes et qui ne pouvait opposer aucune force à l'armée d'occupation, se résigna à subir la loi qui lui était imposée. Il fit savoir aux deux ministres de France et d'Angleterre qu'il les recevrait officiellement dans la journée du 26. En effet ce jour-là MM. Forth-Rouen et Wyse arrivaient au palais escortés par des troupes des deux nations et étaient introduits dans la salle du trône, où se trouvait le roi entouré de ses ministres et de ses principaux officiers. Là, en présence de tous, debout sur l'estrade où est placé le siége royal, le roi prononça les paroles suivantes :

« Je déclare que j'observerai fidèlement une stricte et complète
» neutralité vis-à-vis de la Turquie, que je prendrai sans retard
» toutes les mesures nécessaires pour l'effectuer, et que, dans ce
» but, j'appellerai à mes conseils de nouveaux ministres, qui, par
» leur caractère et leur intelligence, sont les plus propres à donner
» exécution à cet engagement de ma part. »

Le doyen des deux ambassadeurs, M. Wyse, prit la parole et répondit :

« Sire,

» Nous nous empresserons de rapporter à nos gouvernements les
» paroles que le roi vient de prononcer, et nous ne doutons pas, Sa
» Majesté voulant bien prêter son appui aux nouveaux conseillers
» qu'elle daigne appeler auprès d'elle, que nous n'ayons plus à trans-
» mettre à nos cours que des informations très-satisfaisantes sur la
» Grèce. »

Le même jour le ministère était changé et composé d'hommes désignés par les ambassadeurs d'accord avec leurs gouvernements. Son premier acte fut la publication d'une proclamation qui témoigne de la difficulté de sa situation.

« Hellènes,

» Appelés par Sa Majesté notre roi à prendre les rênes du gouver-
» nement, nous comprenons la situation malheureuse de la patrie.
» Le commerce est interdit à nos concitoyens, la marine est con-
» damnée à l'inaction; d'autres dangers encore menacent la nation,
» exposée aux ressentiment de deux grandes puissances qui nous
» avaient comblés de bienfaits.
» Sa Majesté notre roi, dans son affection pour la nation, consi-
» dérant tous ces malheurs et tous ces dangers, s'est engagé avec les
» deux puissances maritimes à maintenir une parfaite neutralité. Par
» cet accord, tous les dangers sont évités; nous retrouverons les
» avantages dont nous sommes privés.
» Nous respectons plus que qui que ce soit la généreuse sympathie
» des Grecs pour nos frères, au sort desquels les deux puissances
» protectrices s'intéressent aussi vivement.
» L'avenir de la Grèce est entre les mains de la divine providence;
» cependant, par la franche application de nos institutions constitu-
» tionnelles, le développement de notre commerce et de notre in-
» dustrie, et surtout par notre bonne foi et notre droiture dans nos
» relations avec les autres nations, nous pouvons nous rendre dignes
» du sort qui nous est réservé.
» Ces idées seront appuyées et développées par notre respectable
» président, que nous attendons impatiemment.
» Nous sommes persuadés que nos concitoyens, approuvant nos
» sentiments inspirés par le plus pur patriotisme, sauront discerner
» le possible de l'impossible, et nous prêteront le concours indispen-
» sable de leurs paroles et de leurs actions pour ramener la sécurité
» et la tranquillité chez les citoyens et dans le royaume. »

En même temps une amnistie entière était accordée à tous les militaires qui avaient dépassé le temps de leur congé ou avaient arbitrairement quitté leur poste pour aller prendre part à l'insurrection, et à ceux qui avaient reçu leur démission motivée sur le même désir.

Quant aux illusions du roi Othon, il est probable qu'elles durent encore et ne seront dissipées que par les victoires des armées alliées, l'abaissement de la Russie, et peut-être par des événement plus graves pour lui que la déclaration qu'il vient de faire. Ces faits accomplis, l'escadre reprenait la mer et portait à Gallipoli les quatre mille hommes que la prompte soumission du gouvernement grec laissait disponibles.

Toutefois, dans le courant de juin, l'insurrection persistait en Epire, où deux mille hommes se trouvaient réunis sous les ordres de Botzaris, Tyani et Zorbos, et luttaient contre la petite armée de Fuad-Effendi, à laquelle ils avaient fait éprouver quelques revers. D'autres insurgés se maintenaient en Thessalie.

Il n'appartient pas au nouveau ministère grec de réduire ces insurrections qui sont en dehors du royaume, mais il est de son devoir de leur retirer l'appui qu'ils recevaient du précédent cabinet, de rappeler les officiers de l'armée grecque qui dirigent les insurgés et de signifier aux nationaux qu'ils aient à cesser les hostilités.

VI.

Si, de la Grèce, on se reporte aux événements accomplis dans le Montenegro, on voit la pensée constante qui pousse la Russie vers la Méditerranée se dévoiler ici par des faits évidents, palpables, par des actes qui ne laissent aucun doute et dont on ne peut nier la portée.

Le Montenegro, la plus éloignée des possessions ottomanes sur l'Adriatique, va de cette mer aux montagnes de l'extrémité sud-est de la Bosnie; il est enclavé entre l'Herzégovine et les provinces illyriennes à l'ouest et l'Albanie au sud-est. Cela est loin de la Russie, qui pour arriver des bords du Pruth au Montenegro doit traverser la Moldavie, la Valachie, la Bulgarie, la Servie et l'Albanie. La route est longue, et il y a beaucoup moins loin du Pruth à Constantinople que du Pruth au Cattaro ; mais, en attendant la grande conquête, la diplomatie de Saint-Pétersbourg ne néglige rien de ce qui peut lui ouvrir une route vers la Méditerranée : puis qui songera à lui disputer la suzeraineté du Montenegro, où elle ne peut pas jeter un soldat? Qui prendra garde à ses empiétements? L'Autriche convoite elle-même les contrées environnantes, et la Turquie aura dans peu à défendre des provinces bien autrement importantes que les vallées et les contre-forts du Montenegro.

Les Monténégrins sont agriculteurs, bergers ou soldats, assez pauvres, et fort disposés à la vie d'aventures et de combats. Ce sont des Slaves presque tous chrétiens du rit grec et jouissant d'institutions municipales que la Turquie a respectées partout dans les provinces qu'elle a conquises, et qui laissent aux habitants une sorte de vie nationale sous la suzeraineté de la Porte.

Dans toute la société du culte grec en Turquie, le clergé est arrivé à dominer complétement; on l'a vu dans le chapitre relatif à la Russie. L'évêque de Cattaro, grâce au clergé, dont les membres exercent les fonctions de magistrats municipaux dans toutes les localités, est parvenu peu à peu à devenir le chef réel du Montenegro. La Porte Ottomane, occupée de la guerre incessante qu'elle soutient contre la Grèce, contre le pacha d'Egypte, contre la Russie, ne s'est pas occupée de l'évêque monténégrin, qui a fini par réunir dans ses mains le pouvoir militaire et le pouvoir religieux, et qui a pris le titre de vladika; elle s'est bornée à faire de temps et temps quelques levées d'hommes.

Lorsque la coalition européenne ouvrit à la flotte russe les ports de la Méditerranée, les navires de la Russie se montrèrent dans le golfe de Cattaro; et on put juger bientôt que le peu d'importance politique de ce pays ne l'avait pas fait échapper à l'attention de la diplomatie moscovite. La religion servit alors comme aujourd'hui de prétexte et de moyen : le chef de l'Eglise grecque fut prôné comme un ami, un protecteur; ses employés firent des promesses exactement tenues; des églises furent embellies, reçurent des présents; des prêtres obtinrent des secours; l'or de la Russie lui créa des partisans parmi les chefs du pays comme l'identité de croyance lui assurait la bonne volonté du clergé; grâce à cette habile conduite, la Russie obtint que l'évêque du Montenegro reçût l'investiture de l'empereur à Saint-Pétersbourg. Or, cet évêque exerçant le pouvoir civil, le pays était de fait sous la suzeraineté de la Russie. Au fait viendra s'ajouter le droit, ou du moins, ce qui en tient lieu, ce qui est considéré comme tel en politique; la Russie n'est pas pressée, laissez faire le temps.

A la fin de 1852, l'évêque du Montenegro meurt; la Russie veut constituer dans le pays un pouvoir héréditaire; il ne lui convient pas de recommencer l'œuvre de la séduction chaque fois qu'un évêque nouveau monte sur le siége épiscopal; elle peut rencontrer un jour, par hasard, un évêque récalcitrant dévoué à d'autres intérêts, il entre dans les vues de sa politique de constituer une famille dans laquelle le pouvoir se transmettra et que l'intérêt lui attachera. En effet, un évêque est nommé et l'un de ses parents est choisi comme chef du pouvoir exécutif déclaré héréditaire; c'est le prince Danielo. Ce nouveau vladika va recevoir son investiture à Saint-Pétersbourg : l'empereur de Russie est désormais le véritable souverain du Montenegro.

Voilà une conquête réelle qui n'a coûté que de l'adresse, de l'argent et du temps : trois puissances dont la Russie sait admirablement se servir. C'est un point obtenu sur la Méditerranée, une province de l'empire slave futur. Laissez-la agir, elle marchera vers ce point qui lui appartient; elle plante aujourd'hui ses jalons sur la route qui y conduit.

Cependant le gouvernement turc ne pouvait pas rester tranquille spectateur de cette nouvelle et flagrante usurpation. Les fonctionnaires ottomans des frontières de l'Albanie reçurent l'ordre de procéder au recrutement; mais les montagnards monténégrins prirent les armes, et les 12 et 13 décembre 1852 des combats se livraient entre eux et les Turcs. Les Monténégrins furent battus, mais ces luttes de montagnes sont interminables; les bandes dispersées sur un point se reforment sur un autre et reprennent l'offensive. La guerre une fois déclarée entre la Russie et la Porte, les agents russes ont fait dans le Montenegro ce qu'ils ont fait en Grèce : ils ont poussé au soulèvement et envoyé des armes et des munitions, et quelques escarmouches ont eu lieu entre les Monténégrins et les Albanais.

Ces démonstrations n'ont pas suffi au gouvernement russe agissant dans une pensée uniforme sur ce pays et sur la Grèce et voulant un soulèvement complet; le vladika reçut des ordres en conséquence, et le 16 avril 1854 il appelait le peuple aux armes par une proclamation qui était de nature à produire quelque effet. Deux mille hommes se levèrent à l'appel du vladika, franchirent la frontière de l'Herzégovine, occupèrent le territoire entre Trébigné et Nikschitchi, mais n'osèrent pas attaquer ces deux points fortifiés et défendus par les Albanais. Ils se sont bornés à enlever un millier de têtes de bétail. Les milices locales ont pris immédiatement les armes, et un corps de cinq mille Turcs a reçu l'ordre de marcher contre les insurgés.

Les Monténégrins sont plus disposés à la guerre des grands chemins et des défilés qu'à une guerre régulière, et il est probable que l'exemple de la Grèce occupée par les troupes franco-anglaises arrêtera le mouvement insurrectionnel. Les bâtiments français qui étaient dernièrement à Scutari ne tarderont pas à paraître dans le golfe de Cattaro, et leur présence suffira sans doute pour ramener le prince Danielo à une plus juste appréciation de sa position.

CHAPITRE VII.

Opérations dans la mer Baltique. — Flotte anglaise. L'amiral Napier. — Préparatifs du gouvernement russe. — Départ de la flotte anglaise; passage du Cattégat; Gothembourg. Passage du Sund; Elseneur, Copenhague. Le grand Belt, le petit Belt. Les deux routes de l'Elbe et de l'Oder. Kiel; Stralsund; Kioge. — Composition de la flotte au 10 avril. Dantzick; Kœnigsberg; Tilsit; Memel; frontière russe. — Ile d'OEland; île de Gothland. — Golfe de Livonie; Riga; îles d'OEsel et de Dago. — Stockholm. — Iles Aland. — Golfe de Botnie. — Golfe de Finlande. — Littoral nord : forts d'Hangoe; Helsingfors; Sveaborg; Ruotsinsalmi; Lovisa; Fredrikshamn; Viborg. — Littoral sud : Revel; Narva; Oranienbaum; Péterhoff. — Ile Hogland. — Cronstadt. — Saint-Pétersbourg. — Première opération de l'amiral Napier. — Escadre française; départ; passage du grand Belt; M. Parseval-Deschènes. Flotte russe. — Le grand-duc Constantin. — Bombardement des forts d'Hangoe. Expédition à Eckness. — Arrivée de la flotte française.

I.

En se déclarant les protectrices de l'empire ottoman, l'Angleterre et la France durent songer à faire tête à l'ennemi sur tous les points où il pouvait agir, à porter sur son propre territoire la guerre qu'il avait espéré concentrer sur le territoire ottoman. Envoyer dans la mer Noire deux flottes puissantes, et à Gallipoli une double armée de terre destinée soit à couvrir les deux routes qui mènent à Constantinople, soit à garder et disputer les défilés des Balkans, soit enfin à se présenter en ligne sur les bords du Danube, c'était faire face au danger le plus imminent; mais il eût été souverainement impolitique, en bornant son action au sud, de laisser à la flotte russe la faculté de déboucher de la Baltique dans la mer du Nord, de venir s'embosser à l'embouchure de la Tamise ou devant le port de Cherbourg, d'attaquer une ville française ou anglaise, de descendre dans la Méditerranée et d'y soulever la Morée, les provinces grecques et le Monténegro, par lequel on donnait la main à la Servie. C'était s'exposer à perdre le fruit des sacrifices que l'on s'imposait et assumer sur soi un immense danger sans amoindrir celui qui menace l'empire ottoman. L'Angleterre et la France, une fois engagées dans le conflit, durent donc ajouter à leurs forces du sud des flottes destinées à agir au nord.

Les deux puissances alliées, en prenant position dans le Cattégat, à l'entrée du Sund et des deux Belt, auraient certainement enfermé la flotte Russe dans la Baltique; mais celle-ci eût pu agir contre la Suède, qu'elle eût peut-être contrainte à sortir de sa neutralité : dans tous les cas, se borner à neutraliser les efforts de la Russie par mer, ce n'était pas lui renvoyer la guerre, ce n'était pas faire une diversion assez puissante.

La Baltique, dans sa partie supérieure, gèle ordinairement du mois d'octobre à la fin d'avril; il arrive quelquefois cependant que, les vents d'ouest soufflant avec violence et faisant refluer les rivières, la débâcle des glaces a lieu un peu plus tôt; mais, même dans ce cas, il est rare que les navires aient l'entière liberté de leurs manœuvres avant le 15 ou le 20 avril. Ainsi, pendant six à sept mois, la flotte russe, disséminée dans les différents ports militaires, reste emprisonnée dans les glaces, absolument comme les navires qui font des voyages d'exploration au pôle nord restent pris dans les banquises. Il importait d'arriver à temps pour enfermer les navires russes dans le golfe de Finlande, empêcher ceux qui se trouveraient dans le golfe de Botnie, à Wasa ou à Kiémi, de se réunir au gros de la flotte.

Dès le mois de février une flotte anglaise se réunissait à Spitcad, sous les ordres de l'amiral Napier, et y attendait l'arrivée de l'escadre de l'amiral Corry, qui arrivait des côtes de Portugal. La première division de cette flotte se rendit à Portsmouth; le 11 mars elle appareillait, le 13 elle entrait dans le Cattégat, et de là dans le Sund, où elle devait attendre la déclaration de guerre officielle. Sa flotte se composait alors de huit vaisseaux à hélices, dont deux trois-ponts; de quatre vapeurs à hélices et de quatre autres vapeurs à aubes; elle avait à bord huit mille huit cent quatre-vingt-sept hommes, huit cent quatre-vingt-sept canons, ses machines présentaient la force de sept

mille trois cent soixante-dix chevaux; elle portait les pavillons de trois amiraux : Napier, Chads et Plumridge.

II.

L'amiral Napier, commandant en chef de la flotte, avait arboré son pavillon sur le Duc de Wellington. Sir Charles Napier est fils d'un capitaine de marine et descend de l'amiral John Napier, connu dans le monde savant par l'invention des logarithmes. Il est né le 6 mars 1786 à Murchiston-Hall, comté de Stirling; il a donc soixante-huit ans. Entré dans la marine en 1800, il était lieutenant en 1807, commandant le brick la Recrue, et avait la cuisse cassée dans un combat contre la corvette française la Diligente.

En 1813 il commandait le Furieux. Appelé en 1833 à commander la flotte de dom Pedro contre dom Miguel son frère, qui disputait aux enfants de dom Pedro le trône de Portugal, il battit l'ennemi au cap Saint-Vincent. En 1840, commandant en second de la flotte envoyée contre le vice-roi d'Egypte, il coopéra aux victoires remportées sur lui, mais devenues faciles par la retraite de la France, qui, d'abord alliée de Méhémet-Ali, l'abandonna pour rentrer bientôt dans ce qu'on appelait alors le concert européen.

Charles Napier, deux fois envoyé à la chambre des communes par Marylebonne, se montra toujours le défenseur de la réforme.

III.

L'entrée du bassin du Cattégat est entre les 57e et 58e degrés de latitude nord, c'est-à-dire à la hauteur de l'Ecosse. On a alors à gauche la Suède, à sa droite le Jutland (Danemark), en arrière la Norvége, car on court au sud. On range à gauche Gothembourg, la seconde ville de Suède par son importance et sa population. Fondée en 1250, détruite par des incendies, repeuplée et habitée par des hommes de toutes les nations du Nord, cette ville est située à l'embouchure de la Gotha-Elf et à la tête du canal de Gothie, qui coupe la Suède dans sa largeur et va déboucher en pleine Baltique au-dessus de l'île de Gothland, position magnifique qui en a fait une ville de grand transit. Les batteries du fort d'Elfsborg protégent son port, assez profond pour recevoir des navires d'un fort tonnage.

Trois passes conduisent du bassin du Cattégat dans la Baltique : le Sund, route directe et la plus courte, entre la côte suédoise et la grande île de Seeland; le grand Belt, entre l'île de Seeland et l'île de Fionie, et enfin, plus à l'ouest, le petit Belt, entre l'île de Fionie et le Schleswig. Si on traverse le Sund, qui n'a qu'une lieue de largeur, on passe entre deux villes, Helsingborg, sur la côte suédoise, et Elseneur, sur la côte danoise. Des deux côtés s'élèvent des fortifications. Au delà d'Elseneur, la passe s'élargit jusqu'à Copenhague.

Les navires marchands de toutes les nations, à l'exception des suédois, sont tenus de payer au Danemark un droit de passage. L'origine de ce droit est basée sur des conventions arrêtées d'abord entre le Danemark et les villes anséatiques; l'un s'engageait à faire élever des phares, à placer des balises et des bouées pour indiquer et éclairer les passes, les autres à payer une redevance pour les entretenir. C'est à Elseneur que le péage est acquitté.

Les navires sont tenus en outre, en doublant la pointe de Cronembourg, de saluer le château en abaissant leurs voiles, dès qu'ils aperçoivent l'église la plus septentrionale d'Elseneur par derrière le château, et en les tenant abaissées jusqu'à ce qu'ils aperçoivent la même église en dehors de la direction du château. Mais comme il y a des courants et que l'abaissement prolongé des voiles pourrait avoir quelque danger, on tolère qu'elles soient hissées de nouveau après cinq minutes.

C'est le salut de ceux qui passent au maître du lieu. C'est dans cette ville que les navires destinés pour la Baltique prennent des pilotes qui les dirigent, à travers les bancs dont ces parages sont semés, jusqu'à Copenhague.

Copenhague est à 55 degrés 41' de latitude nord et 10 degrés 15' de longitude est, à 272 lieues de Paris, sur la côte orientale de l'île de Seeland. Elle a environ 110,000 âmes de population. Des fortifications entourent complétement la ville, qui est belle et dans une position agréable. Une grande citadelle pentagone et le fort des Trois-Couronnes défendent le port, mais ni le port ni la ville ne sont suffisamment protégés.

Le port de Copenhague est sûr et commode, il a une profondeur de cinq mètres cinquante centimètres à six mètres et de beaux chantiers de construction et de radoub. Les navires à qui leur trop grand tirant d'eau ne permet pas d'y entrer trouvent en dehors un bon ancrage par environ sept mètres d'eau.

Les exportations du Danemark consistent en blé, graines oléagineuses, beurre, fromages, chevaux, bétail, salaisons et eaux-de-vie. Les négociants étrangers qui veulent s'y établir sont tenus d'acheter le droit de bourgeoisie.

En quittant Copenhague on passe entre l'île d'Amach et la ville suédoise de Malmoë, cité importante par son commerce, sa position et sa population. Sur la rive opposée, et dans l'île de Seeland, s'ouvre la belle et large rade de Kioge, à six lieues de Copenhague; ce point est le plus large de la passe du Sund, et tout près de ce qu'on appelle la grande entrée de la Baltique. Cette entrée est formée par la pointe avancée et les rochers de Falsterbo, du côté de la Suède, et par le cap de Hédinge, sur la côte danoise. Si on se dirige par le grand Belt, le navire passe devant Ebeltoft, l'île de Samsoë, et entre dans la passe après avoir doublé sur sa gauche les deux pointes entre lesquelles se trouve Kallundborg; il en sort en doublant l'île Femern.

La passe du petit Belt est le plus à l'ouest, c'est par conséquent la route la plus longue; mais on ne choisit pas et on obéit aux vents dans ces passages resserrés et semés d'îles et de rochers. C'est aussi la passe la plus étroite, mais la plus profonde.

IV.

Telles sont les trois grandes routes qui conduisent de la mer du Nord dans la Baltique; mais depuis longtemps le commerce a voulu s'affranchir et des péages auxquels il est assujetti et des dangers que présente le passage des détroits. La nature en effet avait disposé tous les éléments d'une route nouvelle. L'Elbe a son embouchure dans une coupure profonde de la mer du Nord, d'où l'on arrive jusqu'à Hambourg; là un canal qui emprunte les eaux de la Stecknitz fait communiquer l'Elbe avec la Trave, qui coule en sens inverse et se jette dans la Baltique au fond de la baie de Travemünde. Cette route est suivie depuis longtemps par un assez grand nombre de navires de commerce qui n'ont pas un trop grand tirant d'eau.

Au mois d'août 1852, la *Gazette d'Augsbourg* annonçait la formation toute récente d'une compagnie anglaise, créée sous le patronage de la Russie, pour établir un service régulier de bateaux à vapeur entre Hull et Saint-Pétersbourg, en passant de la mer du Nord dans la Baltique, par l'Elbe et le canal de la Trave réparé et agrandi. Ce chemin, beaucoup plus direct, beaucoup plus court, aurait évité en même temps le péage dans le Sund.

La guerre qui interrompt les communications ne permettra pas pour le moment de mettre cette pensée à exécution, ou tout au moins de la compléter, mais tôt ou tard, c'est par là que le grand commerce prendra sa route.

Il y a encore une autre route, depuis longtemps empruntée, et qui sûrement verra passer un jour les grands navires de commerce. Elle a également son point de départ dans l'Elbe d'où elle va, au moyen de canaux à écluses, rejoindre la Sprée et l'Oder. Elle traverse ainsi le territoire prussien et aboutit à la Baltique dans la baie de Stettin. Cette route est longue et dessert par conséquent beaucoup d'intérêts, il est donc probable que, malgré l'établissement des chemins de fer, elle sera améliorée et verra s'établir une importante navigation.

V.

L'escadre de l'amiral Napier traversa le détroit par le grand Belt, où elle entra le 26, et alla mouiller à Kiel pendant qu'il se rendait lui-même à Copenhague. Kiel est sur la côte du Schleswig, au fond d'une rade profonde et sûre; son port vaste et commode peut recevoir les plus grands navires.

Kiel paraît appelée à un brillant avenir; un canal, qui débouche dans la rade, s'avance de Kiel dans l'intérieur du pays; il a aidé beaucoup au développement du mouvement commercial, et il est destiné à l'activer encore; il va droit de l'est à l'ouest, de Kiel à Rendsbourg, et il pourra être facilement continué jusqu'à la mer du Nord, sur un espace d'environ vingt lieues, en se servant des eaux de l'Eyder, qui viennent se jeter dans cette mer, dans une baie qui semble préparée exprès pour le recevoir. L'escadre anglaise y était tout entière le 28 mars. Elle reprenait la mer le 29 et se rendait dans la baie de Kioge.

Bientôt l'escadre passait devant Lubeck, ville qui sera un jour une grande étape commerciale sur le canal qui reliera les deux mers par l'Elbe. Fondée en 1140 par un comte de Holstein, elle devint plus tard la capitale de la ligue anséatique et attira la plus grande partie du commerce de la Baltique. Déchue peu à peu de sa splendeur par la chute de l'association, par l'habitude que prirent les navigateurs de commercer directement avec les Etats riverains, Lubeck est encore une des quatre villes libres anséatiques, mais elle a perdu la plus grande partie de ses relations. Cependant elle a des foires importantes et exporte d'assez grandes quantités de laines provenant des troupeaux du Holstein, du Schleswig et du Mecklembourg.

En poursuivant la route on arrive à Stralsund, dans une baie qui fait une échancrure de douze à quatorze lieues dans les terres. Stralsund, dans la province de Poméranie était autrefois une des villes anséatiques; elle a été réunie à la Prusse. Son port est petit, bon toutefois, mais environné de bas-fonds. Elle a des fabriques de draps, de toiles, de glaces, de tabac, de savon; on y a établi, il y a vingt ans, une foire aux laines, matière assez abondante dans le pays.

L'escadre anglaise quitta Kioge le 5 avril pour faire route vers Bornholm. De nouveaux bâtiments venaient la renforcer, et le vaisseau français l'*Austerlitz*, le précurseur de la flotte française, entrait dans le grand Belt au commencement d'avril et ralliait bientôt l'escadre.

Les forces anglaises dans la Baltique se composaient alors de 10 vaisseaux de ligne à hélice, 5 vaisseaux à voiles, 11 frégates et corvettes à hélice, 11 frégates et sloops aubes; 12 navires étaient en route pour rallier cette escadre, qui allait compter 49 bâtiments portant 22,000 hommes et 2,344 canons.

VI.

Soit que l'on se dirige vers le nord-est par la côte de Poméranie, coupée de baies profondes, entamée par les embouchures des rivières, et les déversoirs des lacs; soit que l'on suive les contours moins accidentés de la côte suédoise, c'est seulement après avoir dépassé l'île Bornholm qu'on entre vraiment en pleine Baltique, mer brumeuse, battue par de fréquents orages, d'une navigation difficile en raison des îlots et des écueils dont elle est semée, et dont la partie supérieure donne par ses glaces et ses brumes le spectacle des mers polaires. Par la côte allemande on range à droite les villes de Colberg et de Rugenwalde avant d'arriver au golfe de Dantzick, dans lequel se jette la Vistule.

La nature s'est chargée de protéger la rade : une langue de terre longue et étroite, qui commence à Tupadell et finit à Hela, s'avance de l'ouest au sud-est, et couvre une partie de la rade comme les jetées artificielles sous lesquelles on abrite les ports. Le port de Dantzick est à Weiselmunde; les Allemands l'appellent *Fair-Water, belle eau;* il est défendu par des forteresses considérables.

Afin de relier la ville à la mer on a canalisé la petite rivière la Moltau, qui traverse Dantzick et se joint à la Vistule. Cette ville est, après Saint-Pétersbourg, la plus commerçante du Nord. Elle expédie des bois de construction, des mâts de navire, de la potasse, du zinc, de la laine, mais surtout du blé, qui est considéré comme le meilleur de la Baltique. C'est par là que vient le blé blanc de Pologne, un des meilleurs que l'Europe fournisse.

VII.

Dantzick rappelle aux Français de brillants souvenirs et de cruelles douleurs; quand les navires de la flotte de France passeront devant sa rade, les marins pourront voir les remparts où leurs pères ont vaillamment combattu, et d'où ils sont sortis pour aller, au mépris des capitulations, mourir en Sibérie.

En 1734 Dantzick faisait partie de la Pologne, et le roi Stanislas poursuivi par les Russes et les Saxons, qui avaient fait élire un autre roi, Auguste III, vint s'y réfugier et soutenir un siège. Louis XV avait épousé la fille de Stanislas; le cardinal Fleuri, premier ministre, n'osa ni soutenir dignement ni abandonner Stanislas, il se borna à lui envoyer quinze cents hommes commandés par un chef qui ayant sans doute des instructions secrètes alla débarquer en Danemark au lieu de se porter en Poméranie. A la guerre, on ne discute pas l'utilité d'une expédition, on obéit, l'officier qui s'arrêtait en route avait donc des ordres particuliers; mais il y avait à la cour de Copenhague un ambassadeur français, le comte de Plélo, qui prit l'expédition au sérieux, se mit à la tête de la troupe, débarqua à Dantzick, et marcha contre l'armée russo-saxonne avec une incroyable témérité. M. de Plélo fut tué; ses soldats se retranchèrent et tinrent quelques semaines, bien qu'ils fussent entourés d'ennemis. Enfin ils durent mettre bas les armes après avoir obtenu une capitulation honorable, en vertu de laquelle ils devaient être conduits dans un port de la Baltique où ils pourraient s'embarquer pour la France. Mais le gouvernement russe donna un déplorable exemple de mauvaise foi, les Français prisonniers furent conduits à Narva, dans le golfe de Finlande, et, après avoir été donnés en spectacle aux habitants, dirigés dans l'intérieur.

Les Français, en guerre contre la Russie, s'emparèrent de Dantzick le 24 mai 1807 après deux mois d'un siège conduit par le maréchal Lefebvre, qui déploya une audace et une activité extraordinaires. Lefebvre fut nommé duc de Dantzick, et le général Rapp fut fait gouverneur de la place; la ville reprenait les lois et les coutumes qu'elle avait eues comme ville anséatique, la navigation de la Vistule était déclarée libre pour toutes les nations à l'exception des Anglais. Six ans plus tard, lorsque changea la fortune de la guerre, et que la désastreuse retraite de Moscou permit à la coalition de reprendre l'offensive, les Français furent à leur tour assiégés dans cette même ville de Dantzick. Rapp tint pendant dix mois avec une armée soumise aux plus dures privations, décimée par les maladies, et ce siège a laissé dans l'histoire un des souvenirs les plus héroïques du temps. Le général Rapp ne pouvant plus tenir, ne pouvant être secouru, alors que tous les efforts étaient concentrés en France, où l'armée des alliés avait pénétré, capitula le 29 novembre 1813 avec le duc de Wurtemberg. La garnison devait sortir le 2 janvier 1814; les Français et les Polonais pouvaient rentrer en France, les soldats des autres nations retournaient chez eux; mais les conditions de cette capitulation ne furent pas tenues; l'empereur de Russie, Alexandre, s'appuyant sur le prétendu droit que donnent la victoire et la force, refusa d'approuver le traité, et, au mépris de la foi jurée, cinq mille deux cents Français, débris de la garnison de Dantzick, furent envoyés en Sibérie, faisant de longues marches durant l'hiver à travers des pays glacés.

Dantzick fut de nouveau incorporé à la Prusse; elle est aujourd'hui sa première place de commerce maritime : on y compte environ soixante mille habitants.

En avançant vers l'est on trouve deux jetées semblables à celles de Hela, mais plus grandes; la première couvre et sépare de la mer le lac de Frisch-Haff. Cette jetée s'ouvre à Pillau pour donner une route maritime à Kœnigsberg, capitale de la Prusse orientale, sur le Prégel.

Les grands vaisseaux s'arrêtent à Pillau, où l'on a construit un phare dont le feu brille à trente et un mètres au-dessus du niveau de la mer. Afin d'indiquer la route du port, un édifice gothique ayant de loin l'apparence d'un trois-mâts sans voiles a été élevé à quarante mètres au-dessus de l'eau.

Grâce au Prégel, qui est navigable à une assez grande distance dans l'intérieur des terres, Kœnigsberg est un grand centre de navigation et un grand marché des produits des pays environnants.

Les chevaliers teutons, aidés du roi de Bohême Ottokar, voulant soumettre cette partie de la Prusse, élevèrent en 1254, sur le bord du Prégel, un château de bois; trois ans après, un château de pierre et de brique remplaçait le premier : peu à peu les habitations se groupèrent autour et avec le temps formèrent Kœnigsberg (château du roi). Là vécut et mourut le philosophe, chef d'école, Kant. Aux grands souvenirs de la pensée se mêlent ceux de la guerre : en 1807 et en 1813, une année de triomphes, une année de revers, Napoléon vint établir son quartier général dans cette ville.

VIII.

A peine a-t-on doublé la pointe de Dirschkeim, que l'on suit en remontant la seconde jetée qui couvre le lac Turisch-Haff; elle a vingt lieues de longueur. Derrière le lac se trouve Tilsit, ville devenue célèbre par le traité de paix. Les souvenirs de la France sont encore semés sur toutes ces côtes.

La longue jetée qui s'étend le long du lac va finir près de Memel.

Depuis longtemps les navires en courant droit au nord naviguent à la hauteur des possessions que la Russie a conquises sur l'Allemagne, mais une longue bande de terres prussiennes sépare encore la Russie de la Baltique; c'est à Polangen que l'on touche aux côtes russes : c'est le poste de la douane en Lithuanie.

Ceux qui suivent la côte suédoise peuvent de loin saluer en passant Cimbrishamn et Christianstadt en s'enfonçant dans le golfe des côtes de la Skanie. Ils s'avancent vers la grande île d'OEland. Cette île a vingt-sept lieues de longueur, elle est fertile et peuplée de nombreux villages. Son principal port du côté de la terre suédoise est Borgholm, qui est défendu par une forteresse, à quelques lieues de Calmar, ville célèbre dans les annales suédoises et danoises par le traité qui porte son nom.

Au nord-est de l'île d'OEland s'étend, moins allongée mais plus large, l'île de Gothland (terre des Goths), dont Wisby est le chef-lieu; elle est coupée du sud au nord par une chaîne de montagnes; au pied et sur les versants s'élèvent des villes et des villages; l'île compte quarante mille habitants. Le port de Wisby, à l'orient de l'île, offre un bon mouillage aux grands navires. C'était autrefois une ville anséatique, elle appartient aujourd'hui à la Suède. L'extrémité nord de l'île de Gothland se trouve précisément à la hauteur du cap de Grenen, par lequel les flottes sont entrées dans le Cattégat.

Cette mer Baltique, vers laquelle tant de regards sont tournés aujourd'hui, prend au-dessus de l'île de Gothland un aspect tout nouveau. A droite, en continuant la route au nord, s'ouvre le golfe de Livonie, dont les caps de Jamma et de Domesnes gardent l'entrée principale, et au fond duquel s'élève au sud-est l'importante ville commerciale de Riga.

A trente lieues plus au nord, et du même côté, s'enfonce profondément dans les terres le golfe de Finlande. A gauche est Stockholm, en face sont les îles Aland et l'archipel d'Abo, possessions russes, derrière lesquelles s'étend le golfe de Botnie, qui est lui-même aussi long que la Baltique, bordé d'un côté par la Finlande, de l'autre par les côtes de Suède.

On a pu remarquer que toutes les villes de commerce de la Baltique sont situées sur des rivières importantes, et à une certaine distance de la mer; Riga est assise sur la Dvina, à environ neuf milles de l'embouchure de ce fleuve dans le golfe. Une barre de sable à l'embouchure de la Dvina, où il n'y a plus que quatre mètres à quatre mètres trente centimètres d'eau, force les navires qui tirent plus d'eau à charger sur des allèges une partie de leurs marchandises à Bolderaa, sur la rive ouest du fleuve. Sur la même rive, au fort Comet, brillent deux feux, l'un à environ cent pieds, l'autre à vingt-quatre.

Riga est peuplée de négociants anglais et autres étrangers; le commerce est considérable : on exporte principalement du chanvre, du lin, des bois de construction et de mâture, du suif, des cuirs et du blé. Ce dernier est bien inférieur à celui de Dantzick, il vient de Russie et de Courlande; celui-ci supérieur à celui de Russie, mais tous deux de médiocre qualité. Le chanvre exporté par Riga vient de l'Ukraine et de la Pologne, il remonte par le Dniéper et descend ensuite la Dvina; mais ce trajet demande un temps très-considérable.

Le lin vient de la Russie blanche, de la Lithuanie et de la Courlande. Les bois de mâture viennent des bords du Dniéper; c'est le pin d'Ecosse qui fournit les plus beaux : ils ont de vingt-trois à vingt-sept mètres de longueur. Riga à environ cinquante mille habitants.

IX.

On sort du golfe de Livonie pour se rendre dans celui de Finlande, sans rentrer dans la Baltique, par un détroit situé entre la côte d'Esthonie et les grandes îles OEsel et Dago, qui, toutes deux défendues par de grandes fortifications, forment des postes militaires importants.

OEsel, la plus vaste des îles, a environ vingt-cinq lieues de long sur douze de large, Arensbourg en est le chef-lieu; elle est échancrée de tous côtés par de profondes anses, qui offrent généralement de bons mouillages. De cette île s'avance en mer un long promontoire qui forme l'un des côtés de l'entrée du golfe de Livonie.

L'île de Dago est beaucoup moins grande que celle d'OEsel, mais elle a également de bons mouillages.

Stockholm, sur la côte opposée, est la capitale de la Suède; elle est située dans une baie assez profonde, au point où le lac Melar se joint à la mer. Le port est profond et bon, mais les îlots qui l'avoisinent en rendent l'accès difficile et dangereux. Le mouvement du port de Stockholm représente à peu près la moitié du commerce extérieur de la Suède. On trouve avant d'y arriver, à l'extrémité sud de l'île d'Oja, un phare de vingt-quatre mètres de hauteur, dont le feu fixe s'aperçoit par le beau temps jusqu'à cinq lieues en mer. C'est là que l'on prend les pilotes.

La Suède exporte des bois de construction, des planches, du brai, du cuivre, du goudron, et surtout du fer dont la qualité est renommée. Elle a des fabriques d'horlogerie, de papier, de tabac, des tanneries, des teintureries. Ses mines de fer forment sa richesse principale; elle a aussi des mines de cuivre. On estime la production du fer en gueuses à plus de cent millions de kilogrammes, et celle du gros fer et du fer en barre à environ quatre-vingts millions de kilogrammes.

L'île d'Aland appartenait à la Suède il y a un siècle et demi; Pierre Ier s'en empara en 1714 pendant que Charles XII, découragé par la perte de la bataille de Pultava, s'obstinait à demeurer en Turquie, où il s'était réfugié, attendant un corps d'armée que les Turcs lui avaient promis et passant sa vie au lit à Démotica, petite ville près d'Andrinople. Les Danois, les Prussiens et les Russes tombaient tous ensemble sur les provinces suédoises et démembraient cet empire.

Le golfe de Finlande s'étend de l'ouest à l'est, en inclinant au nord, sur une longueur d'environ deux cents lieues, entre la Finlande au nord et l'Esthonie au sud.

X.

Sur la côte de Finlande ont été réunis d'immenses moyens de défense; ce sont d'abord les forts de Hangoe, qui veillent à l'entrée des deux golfes de Botnie et de Finlande; puis viennent successivement Helsingfors, Sveaborg, Ruotsinsalmi, Lovisa, Fredriksamn et Viborg.

Helsingfors est une ville fort belle, capitale de la Finlande, et gardant de profonds souvenirs de la vieille nationalité. Fondée par Gustave Wasa, elle a été brûlée et a changé de place, abandonnant un sol rocailleux pour s'asseoir sur un terrain un peu moins âpre. Son port, vaste et très-profond, reçoit les plus grands vaisseaux. L'aspect de la ville est grandiose, mais il n'y a pas de fortifications; à moins que le grand-duc Constantin n'y ait fait élever depuis peu des batteries, les escadres n'y rencontreront pas une grande résistance. Tout agglomérés qu'ils sont à la Russie, les Finlandais, fort avancés en civilisation, ne supportent le joug qu'avec impatience; et le gouvernement russe n'a sans doute pas voulu construire des fortifications qui à un jour donné pourraient leur servir contre lui.

Sveaborg est à cinq kilomètres en avant de Helsingfors, de manière à en défendre l'approche; c'est une forteresse formidable, surnommée le Gibraltar du Nord. Sa construction a duré dix ans; elle fut commencée en 1749 sous le roi Frédéric, et achevée en 1759 sous Gustave III; les plans en furent faits par le feld-maréchal comte Ehrensvœrd; elle a coûté, dit-on, vingt-cinq millions de rixdales de banque, soit cinquante millions de francs.

Sept îlots d'un sol granitique, portant chacun une forteresse et reliés les uns aux autres par des ponts et par des jetées, composent le système de défense de Sveaborg. Ces îlots sont nommés : *Vargœ*, île du Loup; — *Stora œster svartœ*, grande île noire de l'est; — *Lilla œster svartœ*, petite île noire de l'est; — *Wester Svartœ*, île noire de l'est; — *Langœrn*, Grand Aigle; — *Gustaffssvœrd*, Épée de Gustave; — *Bakholm*, île du Phare. Deux autres îlots non reliés aux premiers complètent la défense, ce sont : *Skans landet*, Terre aux Redoutes, — et *Kungsholm*, île du Roi.

Helsingfors est bâtie au fond d'une baie, quatre passes y conduisent, mais une seule est accessible aux grands vaisseaux de guerre, et cette passe est défendue par trois des forteresses et battue par les canons des quatre autres; on porte le nombre de pièces d'artillerie qui protégent ainsi la passe à un millier.

Sur une des places de l'îlot de *Vargœ* s'élève le tombeau du feld-maréchal Ehrenvœrd, qui a bâti Sveaborg ; c'est un vaisseau au corps de granit, à la proue et à la poupe de bronze. La tombe de l'illustre Suédois est au pouvoir des Russes, comme la forteresse qu'il avait élevée contre eux. Bizarre jeu de la destinée !

Ruotsinsalmi est située sur les deux bouches de la Kymenne ; son port est bon, bien abrité, et entouré de petites îles. Dix-neuf ouvrages de fortification défendent cette place ; l'un d'eux, *le Fort de la Gloire*, est à une lieue en mer et porte quatre-vingt-dix canons.

Lovisa, jolie ville de trois mille habitants, est au milieu du détroit d'Orrensund ; elle est doublement défendue et par le peu de profondeur de ses eaux et par la citadelle de Svartholm, qui est à deux lieues et demie en avant, dans une île placée à l'entrée du détroit.

Plus à l'est s'avance Fredrikshamn, sur la pointe d'une presqu'île nommée Wehkalati ; elle est entourée d'un rempart comportant sept bastions et deux demi-lunes casematés. Des batteries élevées sur une île qui domine le port complètent sa défense.

XI.

A la côte nord les fortifications, les citadelles ; à la côte sud plus spécialement le commerce et les fabriques. La première ville de quelque importance que l'on rencontre de ce côté est Revel. Elle a un beau port, reconstruit en 1820 ; et bien qu'une partie de la flotte militaire y stationne d'ordinaire, il est surtout affecté au commerce. Elle est mieux abritée contre les vents que le port, mais il arrive fréquemment qu'elle est encore encombrée de glaces quand déjà la débâcle a eu lieu sur d'autres points.

On exporte de Revel, ou par Revel, des poils de chèvre destinés à la fabrication, du lin, de l'étoupe, du seigle et de l'orge ; il y a des fabriques d'épingles, de bas de laine, des verreries, des faïenceries. L'art du verrier est peu avancé en Russie, les produits en ce genre sont lourds, manquent de grâce et coûtent fort cher. Les faïences ont un caractère particulier ; on sent l'enfance de l'art, et pourtant elles ne manquent pas d'originalité. Ce n'est pas la beauté, ce n'est pas, tant

Conseil de guerre tenu à Varna le 12 mai.

« La dernière place importante que l'on rencontre sur les côtes finlandaises en se rapprochant de Pétersbourg est Wiborg ; elle est à trente-cinq lieues de la capitale. Elle appartenait aux Suédois, qui l'ont fondée en 1293, et faisait un commerce considérable avec les villes anséatiques ; les Russes l'ont toujours enviée ; ils l'ont assiégée cinq fois ; et enfin Pierre Ier la prit en 1710, un an après la bataille de Pultava.

Il venait d'assiéger et de prendre la ville anséantique d'Elbing ; il faisait assiéger Riga, contre laquelle il avait lui-même pointé les canons : il arrive à Pétersbourg, se rend à la forteresse de Kronslott, s'embarque, suit les côtes de la Carélie, vient mettre le siége devant Wiborg, que ses troupes de terre arrivées sur les marais encore gelés avaient déjà investie, et après un siége de près de trois mois se rend maître de la place, et fait la garnison prisonnière de guerre, malgré les termes formels de la capitulation qui lui avait été accordée.

Cette ville, autrefois florissante, n'a pas retrouvé son ancienne splendeur ; cependant son commerce est actif, et le canal qui joint le lac de Saïma au golfe en passant par Wiborg doit l'accroître encore. Sous le rapport militaire, Wiborg est une place de première classe ; elle est environnée d'une muraille flanquée de bastions, reliée par un pont à une citadelle et à une forteresse. Elle est en outre défendue par des batteries élevées sur une île en avant et à six kilomètres de la ville.

s'en faut, le fini des objets du même genre que fournissent la France et l'Angleterre, mais on y reconnaît le contact avec l'Asie ; c'est bizarre.

Revel, bien qu'elle soit avant tout une place de commerce, occupe une position trop importante dans le golfe pour que le gouvernement russe négligeât de la fortifier ; la ville est défendue par d'assez grandes fortifications ; le port est protégé par une citadelle ; il y a, en outre, une fonderie de canons et un arsenal de marine.

Cette ville jouera sans doute un rôle important dans cette guerre, et il se peut que l'on tente un débarquement de ce côté. Revel serait alors attaquée et par la flotte et par des troupes de terre, et la prise de cette place aurait dès le début de la guerre un immense résultat ; elle donnerait aux troupes franco-anglaises la possession d'une des routes de Saint-Pétersbourg, celle-là même que suivit Charles XII lorsque, après avoir débarqué à Pernaw, dans le golfe de Riga, il marcha au secours de Narva assiégée par le czar Pierre Ier. En outre, la prise de Revel permettrait de redescendre vers la Livonie et peut-être trouverait-on dans cette province conquise sur la Suède et qui, dit-on, garde d'assez vifs souvenirs de sa nationalité, les éléments qui, tôt ou tard, doivent servir à briser le faisceau de populations hétérogènes qui constitue aujourd'hui l'empire de Russie.

Le gouvernement russe ne pouvait méconnaître ce danger, aussi a-t-il ajouté de nouveaux moyens de défense à ceux qui existaient déjà. Revel est au fond d'une rade et placée sur une éminence; des batteries ont été établies en avant de la cité, de manière à battre la rade. Des maisons qui gênaient le tir du canon ont été rasées et la garnison a reçu des renforts.

En continuant de longer la côte sud, on trouve Narva, sur la rivière de Naïova, tout près de la mer. Cette ville est célèbre par la défaite que le roi de Suède, Charles XII, y fit éprouver aux Russes qui l'assiégeaient. Pierre Ier vengea, quelques années plus tard, ce désastre en s'emparant de Narva. Cette ville est aujourd'hui fortifiée.

Cette charmante petite ville qu'on aperçoit, à l'endroit où le golfe se resserre, après qu'on est sorti de la baie profonde de Narva, est Oranienbaum. Le favori du czar y bâtit en 1715 un petit palais élégant, orné d'un péristyle, d'une colonnade, entouré de beaux jardins; des maisons sont venues se grouper autour et ont formé la ville. Tous les jours, en été, un bateau à vapeur vient de Pétersbourg à Oranienbaum. Il trouve un point de débarquement dans un canal qui a été creusé au-dessous d'un autre canal qui s'avance assez profon-

qui vivent de pêche et de commerce, à peu près étrangers au reste du monde. De jour on aperçoit sur cette île une espèce de *tumulus* élevé et couvert de sapins; la nuit, un phare l'indique aux navigateurs; il est probable que le gouvernement russe y aura construit des batteries, non pour arrêter les flottes qui peuvent facilement en éviter l'approche, mais du moins pour empêcher qu'on s'y établisse.

De cette île à Cronstadt il y a environ soixante lieues.

XII.

Cronstadt est placée sur l'île de Kotline ou île Retou-Sari, qui, à six lieues de Saint-Pétersbourg, divise dans sa largeur le golfe de Finlande en deux parties inégales, la plus large du côté de la Carélie, la plus étroite du côté de l'Ingrie. Cette île a trois lieues de longueur, et Cronstadt est à l'extrémité est, faisant un large carré.

L'île se présente aux navigateurs venant de l'occident, comme une pointe aiguë, un éperon, défendue en avant par des rochers sur les-

Illumination de la flotte française à l'annonce de la déclaration de guerre.

dément dans les terres. Les ponts jetés sur ces canaux font un coup d'œil gracieux. Le palais appartient à un des membres de la famille impériale. Une route qui suit les bords de la baie conduit de là à Saint-Pétersbourg. Oranienbaum est situé en face de Cronstadt.

Plus loin est Péterhoff, sur une colline qui regarde la mer. Un canal conduit de la baie au château, qui a été bâti par un architecte français, M. le Blond, pour le czar Pierre Ier. Le parc et les jardins sont magnifiques, ainsi que les orangeries. Dans le bois est une maisonnette qui a souvent abrité Pierre Ier.

La cour de Russie donne chaque année, au mois de juillet, dans cette résidence, une fête brillante, et une illumination splendide éclaire la baie pendant la courte nuit qui à cette époque de l'année va d'un soleil à l'autre. On appelle Péterhoff le Versailles russe.

Strelna est encore un château impérial, car cette route en est semée; celui-ci est d'architecture gothique. C'est la même situation que celle de Péterhoff, mais avec moins de grandeur et de luxe.

Bientôt la baie s'élargit, et la route qui la contourne n'offre plus jusqu'à Saint-Pétersbourg, où elle arrive à la porte de Riga, qu'une longue suite de maisons de plaisance, de villas, qui se disputent d'élégance, de richesse, et que parent de frais ombrages.

Le golfe est semé de quelques îles; la plus importante, l'île de Hogland, tient le milieu entre les deux rives, en avant de Cronstadt. C'est une île de porphyre renfermant deux villages et 600 habitants

quels s'élève le phare de Tolboukin. Les navires ont trouvé jusque-là une mer profonde, mais le fond diminue bientôt quand on est à la hauteur de l'île.

On ne peut arriver à Cronstadt que par l'un des côtés et par une seule passe. Le bras de mer qui s'étend le long de la côte de Carélie est rempli de rochers sous-marins et de bancs de sable; le fond descend brusquement de treize mètres à deux mètres, et interdit toute navigation aux vaisseaux d'une certaine dimension. Ce côté est en outre protégé par le fort Alexandre et par des batteries avancées, élevées sur des récifs qui sèment la passe. On arrive donc par le bras de mer qui est entre l'île et la côte de l'Ingrie, et il faut passer au milieu du chenal entre des batteries de terre et des forts élevés au milieu des eaux. On ne pourrait pas arriver à Cronstadt par le sud, car là aussi le fond diminue et ne présente plus que deux et trois mètres de fond.

Le fort Pierre est le premier que du pont du navire on aperçoive à la gauche; il s'avance en mer sur un petit promontoire. Un peu plus loin, dans un angle rentrant, s'élève une batterie. Presque en face, à une certaine distance du rivage, est le fort Constantin, armé de cinquante canons; puis le fort Alexandre, de forme ronde, bâti en blocs de granit et portant cent seize canons; ensuite le fort appelé la Citadelle, le plus important des trois, armé de soixante-douze canons. Ces trois ouvrages, bâtis sur des rochers ou les bancs de sable, décrivent par leur position environ un huitième de cercle, et battent, du nord au sud, sur la passe, dont ils tiennent la gauche, la citadelle étant la plus rapprochée de la ligne.

Sur la droite s'élève le Riesbank de soixante canons, et en arrière une batterie, puis enfin le grand fort de Kronslott, qui fait face au phare de Cronstadt.

Les navires passent entre toutes ces bouches à feu. Cronstadt a trois ponts : un destiné au commerce, un à la marine militaire, un aux constructions navales; tous les trois sont défendus par des môles. A l'extrémité est de l'un d'eux, un peu plus loin que le fort Kronslott, s'avance sur la mer le fort Menschikoff, parallélogramme qui termine la ligne des fortifications du côté de l'est. La mer enveloppe Cronstadt de trois côtés, et fait encore au sud une profonde échancrure dans le terre-plein où commence la ville. Sur toutes ses faces celle-ci est couverte par des batteries et des ouvrages considérables.

Ce fut Pierre Ier qui commença ces fortifications en 1703, pour mettre à l'abri d'un coup de main sa ville naissante de Pétersbourg. I. vint lui-même sonder la profondeur de la mer, désigna l'endroit où devrait s'élever le fort de Kronslott, en fit un modèle en bois, et laissa à Menschikoff le soin de le faire construire sur son modèle. Telle fut l'origine de Cronstadt ou mieux Kronstadt (ville de la couronne).

Les bateaux à vapeur qui font un service entre la France, l'Angleterre, les villes allemandes et Saint-Pétersbourg, sont obligés de s'arrêter à Cronstadt. Les voyageurs montent sur de plus petits bateaux, et les marchandises sont chargées sur des allèges.

L'hiver est long et rigoureux dans le golfe de Finlande, et surtout dans les parages de Cronstadt; la mer gèle régulièrement du mois d'octobre à la fin d'avril; mais il y a quatre beaux mois, et alors la baie qui conduit de Cronstadt à Saint-Pétersbourg offre un coup d'œil ravissant.

<h3 style="text-align:center">XIII.</h3>

De toutes les villes qui existent en Europe, Saint-Pétersbourg est assurément la plus grande, mais elle n'est pas la plus peuplée, il s'en faut de beaucoup. Paris et Londres laissent bien loin en arrière sous ce rapport la ville du czar Pierre. Il est vrai que celle-ci embrasse des parcs, des jardins et des villages.

Saint-Pétersbourg est bâti sur la Néva, dans un terrain bas et marécageux, sujet aux inondations, à l'embouchure de ce fleuve dans le golfe de Finlande, par 59 degrés 56′ de latitude nord, et 27 degrés 58′ de longitude est; elle est donc à 11 degrés 6′ plus au nord que Paris, soit à deux cent soixante-dix-sept lieues plus près du pôle, en même temps qu'elle est à sept cents lieues plus à l'est.

Le terrain où s'élève Saint-Pétersbourg fut conquis sur les Suédois; une forteresse, quelques cabanes et deux maisons de bois servant de palais à Pierre Ier et à Menschikoff furent les premiers édifices de cette cité aujourd'hui splendide.

La Néva aide merveilleusement à la beauté de Saint-Pétersbourg. Après avoir coulé dans un seul lit, elle fait un brusque contour, puis se divise en deux bras appelés, l'un la grande Néva, l'autre la grande Nevka. Ces deux bras se partagent eux-mêmes bientôt en six bras principaux et en petits courants auxquels vient se mêler encore une petite rivière et forment une dizaine d'îles, dont deux sont fort grandes, ainsi que plusieurs îlots. On comprend combien doivent donner de grandiose à une cité ces quais nombreux bordés de palais, de monuments publics, liés par de beaux ponts, et quelle animation résulte de la navigation sur tous ces bras du fleuve.

Par suite du prolongement de la ville vers la mer, la forteresse qui fut le premier édifice de Pétersbourg se trouve aujourd'hui au milieu de la cité, dans un îlot, au-dessous du premier point de partage et au-dessus de celui où la grande Néva se divise encore en grande et petite.

La cité est environnée d'ombrages, de bois, d'îles toutes vertes; elle est coupée de larges rues dont quelques-unes, plantées d'arbres, n'ont pas moins de quarante-cinq mètres de largeur et présentent une longue file de maisons élégantes, de bazars, de colonnades. Des squares, des statues équestres, des colonnes de bronze, ornent quelques quartiers.

La Néva n'est pas profondément encaissée, elle coule d'ordinaire à plein bord; et lorsque les eaux de la Baltique, poussées en automne par les vents d'ouest, se précipitent dans la baie de Cronstadt, les eaux de la Néva refluent dans la ville, et quelquefois l'inondent après avoir franchi leurs bords. On compte ainsi d'assez nombreuses inondations à Saint-Pétersbourg, et dans ce pays plat, elles causent de très-grands ravages. Elles emportent les arbres, les ponts, jettent parfois des navires hors du fleuve et entraînent les malheureux habitants qui ne peuvent s'enfuir. L'une d'elles fit périr cinq cents personnes, détruisit près de cinq cents maisons de fond en comble, et en endommagea presque autant.

Le froid est chaque hiver très-intense à Saint-Pétersbourg, et la Néva gèle régulièrement du mois de novembre au milieu d'avril. Au moment de la débâcle, les ponts de bois sont enlevés, et le départ des glaces est accompagné d'une cérémonie qui donne le signal du rétablissement de la circulation. Le directeur du département de construction de l'amirauté monte dans une chaloupe, salue de sept coups de canon la forteresse, qui lui rend son salut par un nombre égal de coups, puis se dirige vers le commandant de la forteresse, qui lui-même s'avance au-devant de lui dans un autre bateau, et lui annonce officiellement que les deux rives peuvent communiquer. Aussitôt, mais seulement alors, les bateaux s'élancent d'une rive à l'autre, et les ponts sont ensuite rétablis.

L'hiver est dans toutes les grandes villes l'époque des réunions, des bals, des spectacles; à Saint-Pétersbourg, cette saison est extrêmement animée : une foule innombrable de traîneaux sillonnent les rues et les quais, on circule sur tous les bras de la Néva, où l'on trace des rues avec des branches de sapin, et l'on organise des parties de plaisir sur la glace entre Pétersbourg et Cronstadt, dont la distance est franchie avec la plus grande rapidité.

L'été des régions polaires succède à l'hiver presque sans transition. A peine les glaces ont-elles rendu libres la Néva et la baie de Cronstadt, qu'un soleil ardent échauffe la terre et développe la végétation avec une extrême rapidité. Toute la population riche quitte alors la ville pour aller s'abriter dans les campagnes qui l'avoisinent; les ouvriers, qui ne disposent que du dimanche, se rendent ce jour-là dans les îles plantées d'arbres de la Néva et de la baie. Les nuits sont surtout d'une pureté remarquable; c'est un demi-jour vaporeux d'un charme indicible. Ce temps dure peu, quelques mois à peine; mais il a suffi à la nature pour faire germer et mûrir les récoltes.

L'automne est triste, chargé de brouillards et de pluie; il commence à la fin d'août. Le mois le plus mauvais est celui de novembre; la neige se mêle à la pluie et court poussée par les rafales du vent qui vient de la mer : c'est l'époque la plus pénible et la plus dangereuse.

On évalue à plus de cinq cent mille âmes la population de Saint-Pétersbourg; mais on n'est pas bien fixé sur ce point.

Les campagnes qui entourent Saint-Pétersbourg sont tristes, marécageuses; ce sont des plaines unies et peu fertiles, coupées seulement par des bois. Ce n'est qu'à grands frais qu'on a pu créer, sur les routes de Péterhoff et de Moscou, les délicieuses villas qui abritent l'été la société riche de Saint-Pétersbourg; il a fallu, pour obtenir la belle végétation qui en fait le charme, former un sol et le superposer à l'ancien : des sommes incroyables ont été enfouies dans ce travail de l'homme contre la nature.

Saint-Pétersbourg doit à sa position sur le golfe de Finlande, et surtout aux nombreuses rivières qui sillonnent la Russie et qui sont mises en communication par des canaux, depuis la mer Noire jusqu'à la Baltique, un mouvement commercial immense et supérieur à celui d'aucune autre ville du nord de l'Europe.

Telle est cette Baltique dans laquelle va se décider le sort de l'Europe, tel est ce golfe de Finlande, réseau de citadelles qui se relient de rivage en rivage, qui se dressent sur tous les points où un grand vaisseau peut aborder; telle est cette capitale vers laquelle s'avancent les flottes.

Les souvenirs de Moscou inspirent encore aujourd'hui un certain effroi, on croit voir la Russie toujours prête à incendier ses villes et à se faire de la dévastation un moyen de résistance. Un général a pu, il y a quarante-deux ans, livrer aux flammes une ville immense, une ancienne capitale, enlever à l'armée française ses quartiers d'hiver, les approvisionnements qu'elle y savait réunis, et, en la mettant hors d'état de subsister, la contraindre à retourner en arrière, à renoncer à son plan de campagne; mais on ne renouvelle pas ce miracle de sacrifice dans des conditions tout à fait différentes.

Quand Rostopchin incendia Moscou, l'armée française obligée de battre en retraite avait cinq cents lieues à faire; elle devait rencontrer sur sa route des corps d'armée qui lui barreraient le chemin, traverser des contrées ennemies, trouver des alliés de la veille devenus adversaires dans le malheur. Mais, en marchant sur Saint-Pétersbourg, une armée anglo-française n'a plus à redouter toutes ces chances défavorables; les deux plus belles flottes que jamais les puissances aient armées seraient ses auxiliaires. Mouillées à quelques journées de la capitale, suivant les mouvements des troupes, elles leur fourniraient les subsistances qu'elles ne trouveraient pas dans les campagnes. En cas d'incendie, en cas de défaite, elles recueilleraient les soldats, pour lesquels leur présence serait une garantie. Rien ne soutient le moral des troupes comme la certitude d'avoir et des subsistances assurées et des moyens de retraite. Appuyer les mouvements d'une armée de terre par la présence et la coopération d'une flotte a toujours été l'opération qui réunissait le plus de chances de succès. Ce n'est donc pas un incendie qu'il faudrait craindre; les vrais obstacles sont les flottes russes, les fortifications de Cronstadt et des deux rives, et une armée de terre considérable.

<h3 style="text-align:center">XIV.</h3>

Le 15 avril, l'amiral Napier, qui avait rejoint l'amiral Corry, se porta en avant avec sa division, entra dans le golfe de Finlande et se dirigea vers Helsingfors, soit pour examiner l'état de la mer, soit pour attaquer les vaisseaux russes que l'on disait être dans ce port. Mais les glaces ne lui permirent pas d'approcher de cette place,

Tournant au sud, il se présenta devant Revel, monté sur *l'Impérieuse,* et par un épais brouillard; mais ici encore la glace l'arrêta, et *l'Impérieuse* revint entourée de glaçons.

L'amiral forma alors sa flotte en trois divisions : la première, en vue des côtes de Courlande, croisait devant les ports de Polangen, Libau et Windau; la seconde entra dans le golfe de Livonie, s'enfonça au sud et vint prendre position tout près du port de Riga, afin d'interrompre toute communication par mer; la troisième se tint à l'entrée du golfe de Finlande, quelques vapeurs allant jusqu'auprès de Sweaborg.

L'amiral se rendit le 24 avril à Stockholm; douze navires anglais étaient mouillés devant les îles de l'archipel de cette ville, près d'Elfsnaben; le lendemain, après avoir été reçu par le roi, l'amiral retourna à son mouillage; on attendait d'un moment à l'autre le départ des glaces : déjà elles s'étaient brisées près de Cronstadt. Le gouvernement russe faisait des préparatifs de défense à Saint-Pétersbourg, et quatre batteries venaient d'être établies aux embouchures de la Néva. Les forts de la côte finnoise se tenaient sur le qui-vive et envoyaient des boulets aux navires anglais qui passaient à portée.

Le 29, quelques vapeurs se présentaient de nouveau devant le port de Riga; mais il y avait encore trop de glaces pour leur permettre d'attaquer. Le 5 mai, l'amiral quittait son mouillage d'Elfsnaben; le 7, la flotte se trouvait à Gottskasandon, au nord de l'île Gothland; le 12, les ports de Riga, de Libau et de Windau étaient mis en état de blocus rigoureux. Le 13 mai, toute la flotte anglaise réunie comptait quarante bâtiments dont dix-sept vaisseaux de ligne.

XV.

Elle attendait l'escadre française, dont M. le vice-amiral Parseval-Deschênes avait été nommé commandant en chef dès le mois de mars; les vaisseaux qui devaient composer la flotte française étaient en armement dans l'Océan et dans la Méditerranée. Le vice-amiral partit de Toulon pour Brest le 20 mars; il devait mettre son pavillon sur *l'Inflexible.* Le 20 avril, la flotte quittait la rade de Brest, paraissait à Deal, en Angleterre, et le 27 avril mouillait dans les Dunes. Elle se composait alors de vingt-trois bâtiments dont neuf vaisseaux.

Au commencement de mai, elle quittait ce mouillage, où les vents contraires l'avaient retenue quelques jours, pénétrait dans le Cattégat, traversait le grand Belt, et arrivait à Kiel le 20 et le 21 mai.

La flotte française dut partir de Kiel le 28 ou le 29 mai pour se rapprocher le plus rapidement possible du théâtre des événements; elle allait être renforcée de plusieurs bâtiments à voiles et de huit vapeurs qui devenaient disponibles après avoir achevé le transport des troupes destinées pour l'armée d'Orient.

La France allait donc avoir trente et un navires dans la Baltique, et avant peu les deux escadres pourraient agir de concert.

M. Parseval-Deschênes est né en 1790. Il était enseigne provisoire à la bataille de Trafalgar à bord du *Bucentaure.* Sa belle conduite dans ce fatal combat lui valut sa nomination définitive. Il fit, sous la restauration, la campagne d'Espagne; la campagne d'Alger, en 1830, comme capitaine de frégate. En 1833, il était, à bord de *la Victoire,* au siége de Bougie, après lequel il fut nommé capitaine de vaisseau. Il commandait *l'Iphigénie* au siége de Saint-Jean-d'Ulloa. Successivement préfet maritime à Cherbourg, à Toulon, inspecteur général des équipages de ligne à Lorient, Cherbourg et Brest, membre du conseil de l'amirauté, il est depuis dix ans grand officier de la Légion d'honneur.

XVI.

La Russie, de son côté, a dans la Baltique une flotte imposante, qui se compose, d'après des renseignements consignés dans le *Courrier de Marseille,* de :

30 vaisseaux de ligne dont 20 sont susceptibles d'un bon service, les 10 autres étant employés dans les ports comme casernes ou magasins;

6 frégates à voiles, 8 corvettes et bricks à voiles, 10 frégates et corvettes à vapeur; total 57 navires, stationnant dans différents ports. Ces bâtiments présentent un ensemble de 7,992 canons.

La Russie a fait de grands efforts pour se créer une marine à vapeur; elle a, dans ce but, engagé des ingénieurs et des ouvriers anglais chargés d'organiser des ateliers de construction. Profitant des progrès de la science, elle a voulu appliquer l'hélice à ses grands navires de guerre. Cinq vaisseaux construits dans ce système sont sur les chantiers de Saint-Pétersbourg, mais leurs machines, commandées en Angleterre, ont été saisies par le gouvernement anglais au moment de la livraison. Quelques autres vaisseaux en construction à Cronstadt ont eu également leurs machines saisies.

La Russie a en outre une dizaine de yachts à vapeur de cent à cent soixante chevaux, une flottille de cinquante anciennes canonnières et quatre-vingts en construction.

Le grand-duc Constantin avait pris au mois d'avril le commandement de la flotte russe; l'amiral Ricord et le vice-amiral de Lütke furent placés sous ses ordres. Ce dernier était plus spécialement chargé de la défense de Cronstadt. Le 14 avril un ukase de l'empereur ordonna la formation d'une flotte à rames de réserve pour les côtes de Finlande; quatre légions de rameurs, formées par un appel de volontaires dans les quatre gouvernements de Pétersbourg, Novogorod, Olonetz et Twer, furent affectées au service de cette flotte. Il s'agit probablement de chaloupes et de bateaux particuliers tirant peu d'eau et destinés à manœuvrer au travers des bas-fonds et des îles.

Le grand-duc est le second fils de l'empereur, il a vingt-sept ans; c'est un homme d'une taille au-dessus de la moyenne, élancé, mais vigoureux; fort instruit, connaissant parfaitement la langue turque et l'histoire de l'empire ottoman; il a cru utile à ses desseins de ne pas borner ses études sur ce pays aux événements passés, et il est, comme le cabinet russe, exactement et parfaitement renseigné sur ce qui se passe et à Constantinople et dans les provinces.

On prête à Constantin des projets ambitieux et des paroles fort peu respectueuses pour la loi d'hérédité, en vertu de laquelle son frère aîné doit un jour occuper le trône de Russie. Constantin est l'objet des prédilections de son père, qui le voit avec plaisir nourrir des pensées de conquête que ne paraît pas avoir le grand-duc Alexandre, héritier présomptif; il est en même temps, et pour les mêmes motifs, fort aimé du parti de la guerre. Ceux qui se complaisent à faire des pronostics sur les destinées des peuples en prenant pour base les caractères, les aspirations de ceux que le hasard de la naissance a mis à leur tête, croient voir dans le grand-duc Constantin celui qui partagera en deux parts l'empire de Russie après la mort de Nicolas, et s'adjugera la partie orientale, la Turquie comprise.

Depuis un an et demi le grand-duc est adjoint, c'est-à-dire sous-secrétaire d'État, au ministère de la marine.

L'amiral Lütke, longtemps gouverneur de Constantin, passe pour un homme fort éclairé.

L'amiral Ricord est un vieillard qui a commencé sa carrière militaire sous Catherine; il commandait l'escadre russe à Navarin. On le regarde comme l'un des hommes les plus distingués du conseil de l'amirauté, dont il fait partie.

XVII.

Cependant les glaces avaient disparu, le golfe de Finlande était libre, l'amiral Napier voulut commencer les hostilités aussitôt que l'état de la mer le permit.

Dans le courant de mai l'amiral Napier envoya *l'Arrogant* reconnaître les postes et les rivages russes dans la rade de Hangoe; bientôt ce navire fut rejoint par *l'Hécla,* capitaine Hall, qui a déjà figuré dignement dans la guerre de la Chine. Ces deux vaisseaux remontèrent une rivière étroite, et, dans la soirée du 19, une de leurs chaloupes reçut une décharge des Russes embusqués les uns dans un bois, les autres derrière un banc de sable.

Aussitôt le branle-bas fut ordonné sur les deux navires, des boulets et des bombes furent lancés sur le bois et sur le banc de sable, et les Russes en furent délogés. La nuit fut tranquille. Le 20, à deux heures du matin, les navires quittèrent le mouillage, et naviguèrent de conserve pendant trois heures, les canonniers à leurs pièces; tout à coup ils se trouvèrent à portée du canon d'un fort russe. *L'Hécla* ouvrit le feu, l'ennemi répondit vigoureusement, en même temps qu'un feu très-vif de mousqueterie, parti d'un bois, envoyait une grêle de balles sur les deux navires.

On voyait, sur le rivage du promontoire où la batterie russe était établie, de nombreux soldats en capote grise et la tête couverte de casques d'acier qui brillaient au soleil levant; *l'Arrogant* leur lâcha une bordée. Un détachement d'artillerie à cheval partit à toute bride, mais le feu du bois continua.

Un accident arrivé à *l'Arrogant* faillit compromettre le sort de ce bâtiment; il toucha terre tout près de la batterie, dont heureusement sa bordée démonta tous les canons. Il se releva bientôt, et, en dépassant le fort, dont les navires avaient fait taire le feu, on put voir à terre des affûts brisés, des canons démontés, des casques et des havre-sacs jonchant le sol.

La ville d'Eckness était découverte, le but de l'expédition était atteint. Le capitaine Hall voulut ne pas rejoindre l'escadre sans emporter quelque trophée; il débarqua avec ses marins, et les disposa en tirailleurs, pendant qu'avec une partie de ses hommes il enlevait un canon en fer que le feu des navires avait démonté, et le plaçait sur *l'Hécla.*

Le 21, les deux vaisseaux ralliaient l'escadre, et l'amiral faisait faire ce signal : « Bien agi, *Arrogant* et *Hécla!* » En même temps les navires se pavoisèrent et firent entendre trois salves d'applaudissements.

Le 22 mai, *le Dragon,* capitaine Wilcox, prit position près d'une île où une bouée était établie, et commença le feu contre le fort, qui répondit aussitôt.

Le fort et le vaisseau se canonnèrent pendant six heures et demie; plusieurs bombes, lancées par *le Dragon,* firent explosion au centre du fort. Deux bombes démolirent une embrasure. *Le Dragon,* placé sur l'un des côtés du fort, ne pouvait être atteint que par le feu de deux canons; il reçut plusieurs boulets et éprouva quelques pertes.

Pendant ce combat, *la Magicienne* alla prendre position de l'autre côté de la petite île, et ouvrit un feu vigoureux contre une des batteries masquées du côté de la terre. Elle y lança plusieurs bombes, et la batterie répondit de même avec des bombes.

Bientôt *le Basilic* vint joindre son feu à celui des deux autres bâtiments.

En même temps *l'Hécla* attaquait le fort Gustave-Adolphe et soutenait avec lui un rude combat; les autres navires furent rappelés, *l'Hécla* resta dans sa position toute la nuit. Deux jours après, la flotte a continué sa route vers l'est.

L'escadre française a fait sa jonction avec la flotte anglaise, le 13 juin, à Barœsund, à quelques lieues de Sweaborg. On ne savait pas encore sur quel point elles se dirigeaient.

Le département des affaires étrangères de France notifiait, dans le *Moniteur* du 18 juin, que l'amiral Napier a, depuis le 28 mai, déclaré le blocus des ports, rades, havres, ou criques, appartenant à la Russie, dans la mer Baltique, sur les côtes de Courlande, d'Esthonie, de Finlande et dans le golfe de Bothnie, depuis le 55° degré 53′ de latitude nord, jusqu'au 65° degré 50′. Cela fait une longueur de deux cent cinquante lieues. Parmi les ports bloqués se trouvent Libau, Windau, Riga, Port Baltique, Revel, Abo, l'archipel d'Aland, Uleaborg.

CHAPITRE VIII.

Opérations dans la vallée du Danube. Rive droite. Widdin ; Nicopoli , Sistova , Routschouk, Turtukoï, Silistrie, Rassova, Hirsova, Matchin, Isatcha, Goultcha. — Rive gauche : Kalafat, Giurgevo, Ibraïla, Galatz, Ismaïl — Bouches du Danube. — Positions des deux armées. Combats de Kalfat. Préparatifs pour le passage du Danube par les Russes. Combat de Turtukoï. — Corps d'armée des généraux Gortschakoff, Luders et Uschakoff Position des trois corps d'armée le 22 mars ; les Russes passent le Danube sur trois points et s'établissent dans la Dobrutscha. — Evacuation par les Turcs de Matchin, d'Isatcha, de Toultcha. Arrivée du général Paskiévitsch à l'armée du Danube. Préparatifs pour traverser les Balkans. — Bataille de Bazardjick. — Situation des deux armées après cette bataille. Attaques contre Silistrie : combats des 5, 13 et 28 avril ; combat du 11 mai ; nouveau passage du Danube ; attaques du 20 et du 21 mai contre le fort d'Arab—Tabia ; combats des 29 et 30 mai autour de Silistrie.

I.

Le Danube commence à couvrir la frontière turque à Belgrade, capitale de la Servie, à son confluent avec la Save, rivière qui elle-même sert de limite entre la Sclavonie autrichienne et la Bosnie. Belgrade est une des plus fortes places de l'Europe et le grand entrepôt des marchandises qui s'échangent entre l'Allemagne et les contrées asiatiques par la mer Caspienne, le Pont-Euxin et le Danube. Elle se trouve jusqu'à ce moment en dehors du rayon de la guerre actuelle, ainsi que Smendria, assise comme elle au bord du fleuve. La ligne d'opération sur le Danube commence au pont de Trajan, au pied des montagnes qui séparent le Bannat de Temeswar, en Hongrie, du Bannat de Valachie ou petite Valachie, montagnes qui font partie de la grande chaîne allant de la Transylvanie à la mer Noire, et entre lesquelles passe le Danube. A partir de ces montagnes, il sert de limite entre la Bulgarie et la Valachie.

Les places principales de la rive droite — Bulgarie et Dobrutscha — sont Widdin, Nicopoli, Sistova, Routschouk, Turtukoï, Silistrie, Rassova, Hirsova, Matchin, Isatcha et Goultcha. En arrière de cette ligne, à quinze ou dix-huit lieues de distance du Danube et marchant parallèlement à lui, se continue la chaîne des montagnes entre lesquelles le fleuve a passé et qui va finir à la mer Noire.

Le champ de bataille de la guerre actuelle est précisément ce territoire bordé au nord par le Danube et au sud par les montagnes.

Les places de la rive gauche sont Orsova, Kalafat, Giurgevo, Oltenitza, Ibraïla, Galatz et Ismaïl.

II.

Widdin est la mieux fortifiée des places du Danube; son système de défense embrasse Kalafat sur la rive opposée. Ces deux villes sont, en effet, entourées de retranchements, qui ensemble forment un cercle que le Danube partage en deux. Au sud de Widdin s'élève une tour du haut de laquelle on peut surveiller tous les mouvements de l'ennemi.

Cette ville, qui fait partie de la haute Bulgarie, est regardée comme la clef de cette province. La route qui vient de Temeswar en Transylvanie et qui traverse le Danube au pont de Trajan, entre Orsova et Czernez, vient passer à Widdin et de là va relier la route de Belgrade à Andrinople par Semendria et Sophia.

Les fortifications de Widdin datent de trois siècles; elles ont été réparées et bien armées par les Turcs. Cette place a vu sous ses murs de rudes combats ; les Turcs l'ont disputée longtemps aux Hongrois, en ont fait deux fois le siège sans succès et se sont retirés avec des pertes énormes. En 1690, un traité de paix leur en assura la possession. Dans la guerre de 1828, le pacha qui commandait à Widdin fit plusieurs sorties à la tête de ses troupes, passa sur l'autre rive, y

attaqua les Russes commandés par le général Geismar, les battit, les força à se retirer sur Krajova, puis lorsque des forces supérieures le contraignirent à rentrer dans la place, ne cessa de les harceler quand l'occasion s'en présenta. Widdin est une ville mahométane à laquelle de grandes mosquées et des minarets élancés donnent un aspect pittoresque.

Nicopoli, ou Nicopet, est une des villes les plus remarquables de la vallée du Danube; le fleuve, qui a près de deux lieues de largeur devant la ville, lui a fait un port magnifique dans lequel se pressent de nombreux navires, et son cours est semé d'îles ou s'épanouit la plus brillante végétation. Du côté de la terre la ville est dominée par de hautes falaises surmontées elles-mêmes par une citadelle et par d'épaisses murailles malheureusement à demi ruinées.

Sistova est défendue par un vieux château ; ses mosquées, ses édifices, lui donnent de loin un aspect grandiose auquel l'intérieur est très-loin de répondre. Cette ville a une population de vingt mille âmes.

Routschouk est une ville fortifiée qui a trente mille habitants, Turcs, Grecs, Arméniens et Juifs. C'est une ville commerçante, pleine d'activité, le principal marché de la Bulgarie. Placée en face de Giurgevo, qui est sur la rive gauche, elle a été l'objet de fréquentes attaques de la part des Russes; ils l'ont occupée en 1829 et ont, en se retirant, abattu ses fortifications, dont ils avaient eu beaucoup à souffrir, comme s'ils prenaient leurs précautions en vue d'une nouvelle et prochaine attaque.

III.

La position de Turtukoï est imposante; le rivage s'élève à partir du fleuve et la ville est assise sur le penchant de la colline. De grands travaux ont été faits autour de la place, quartier général de Djafez-Pacha, commandant des irréguliers, et d'Ahmet-Pacha, chef des Albanais. A l'est de Turtukoï, il a été récemment construit une batterie qui domine toute la largeur du Danube au-dessous de l'île formée au confluent de l'Ardjick. Une grande redoute sur le plateau qui surmonte Turtukoï protége la ville.

Silistrie est au bord même du Danube, au point où il fait une courbe vers le sud et se divise en plusieurs bras qui entourent des îles ; elle forme à peu près un hémicycle que défendent cinq bastions du côté du fleuve, et sept du côté de la terre et sur les flancs. Ce qui constitue la principale force de Silistrie, ce sont des forts détachés; quatre dans la plaine, dont un au bord du fleuve: trois sur les hauteurs, et un dernier sur la colline d'Akbar, appelé le fort d Abdul-Medjid ; puis une enceinte formée d'une épaisse muraille crénelée et défendue par trois blockhaus en maçonnerie.

IV.

La Dobrutscha ou Tartarie de Dobrudz, ou Silistria, est, sur la rive droite du Danube, le territoire enfermé entre la mer Noire, le fleuve et une ligne qui serait tirée, droit de l'ouest à l'est, depuis Rassova jusqu'au golfe de Baba, près de Kustendji. Elle a donc pour limites le Danube au nord et à l'ouest, la Bulgarie au sud, la mer à l'est; elle enferme Rassova, Hirsova, Babadag, Matchin, Isatcha, Toultcha et Kustendji.

Rassova, où commence la Dobrutscha, n'est qu'à dix-sept lieues de la mer, mais le Danube fait là une courbe, remonte au nord, en sorte que Matchin et plusieurs autres villes situées sur le cours du Danube beaucoup plus bas que Rassova, se trouvent cependant plus éloignées de la mer que celle-ci. Une ancienne tradition conservée dans le pays prétend que le Danube ne faisait pas autrefois cette longue courbe et se rendait directement, en allant de l'ouest à l'est, de Rassova dans le Pont-Euxin. On ignore si le cours du fleuve a été changé par la main des hommes ou si, dans un débordement, le Danube se serait creusé un nouveau lit dans lequel il aurait ensuite continué à couler. L'aspect de la Dobrutscha, marécageuse, fiévreuse, bordée par des collines dont les pieds sont coupés à vive arête, semble confirmer la tradition.

Ce pays a joué un rôle important dans toutes les guerres des Russes contre les Turcs, depuis que la Bessarabie est devenue une province moscovite.

V.

Ibraïla (Ibraïloff, Braïloff) est, sur la rive gauche du Danube, le grand entrepôt des produits de la Valachie, le principal débouché de son commerce. C'est par là que sont introduites les marchandises anglaises, françaises et autrichiennes qui sont vendues aux foires de Leipzig, à la destination des provinces moldo-valaques. Ce sont des draps, des châles, des mérinos, des indiennes, des toiles peintes, des mousselines, des calicots, des objets d'orfévrerie, de bijouterie, d'horlogerie, des soieries, des porcelaines, du vin de Champagne, de la parfumerie, du fer et du sucre.

En retour, on tire des provinces danubiennes par Ibraïla, du blé, de l'orge, du maïs, du miel ; les blés moldaves sont supérieurs aux blés valaques. La Valachie donne surtout de très-beaux bois de construction, provenant des grandes forêts des montagnes qui séparent

L'aile droite des Russes, se prolongeant dans la direction de Silistrie, était commandée par le général Kotzebue; le centre par le général Luders, l'aile gauche par le général Gortschakoff.

Omer-Pacha, à la tête d'une armée à peu près égale à celle du général Gortschakoff, attendit les Russes. L'aile gauche des Turcs était commandée par Mustapha-Pacha, le centre par Omer-Pacha lui-même, l'aile droite par Nakim-Pacha.

C'est au centre que l'action s'engagea le plus vivement entre le général Luders et Omer-Pacha; celui-ci fut culbuté et obligé de se replier; mais, grâce à un mouvement simultané des deux ailes, le général turc put se mettre à la tête de ses réserves; il revint à la charge et força à son tour le général Luders à reculer; en sorte qu'il n'y eut pas de résultat décisif. Après des pertes considérables des deux côtés, les deux armées gardaient leurs positions.

Le corps russe qui s'était engagé dans cette journée du 19 avril et qui avait livré la bataille de Bazarjik, fait partie de l'aile gauche de la grande armée d'invasion des provinces danubiennes. Voici quelle était à ce moment la situation des deux armées russe et ottomane.

L'extrême droite de la grande armée russe était dans la Valachie, sur la rive gauche de l'Alouta ou Oulot, vers Slatina, à l'ouest de Bucharest; il y avait deux corps : les réserves étaient au nord.

Un troisième corps reliait à Giurgevo la droite au centre, qui s'étendait de ce point jusqu'à Rassova, sur la rive droite du Danube, par le pont de Matchin; les réserves à Bucharest.

L'aile gauche commençait à Rassova, s'étendait dans la Dobrutscha, et se liait par Ismaïl, Kilia et Akermann aux troupes du général Osten-Sacken qui commande à Odessa; les réserves étaient à Matchin.

L'aile gauche et le centre des Turcs faisaient face à l'aile droite et au centre des Russes; l'aile gauche couvrant Kalafat et Widdin, le centre occupant Routschouk, Turtukoï et Silistrie; leur aile droite, plus éloignée de l'ennemi, était le long du fossé ou rempart de Trajan; les réserves à Bazarjik et à Varna.

En seconde ligne étaient les troupes d'Andrinople; en troisième les corps français et anglais arrivés à Gallipoli, à Constantinople et à Scutari.

XII.

Mais les opérations de l'armée russe ne pouvaient marcher avec ensemble qu'à la condition d'emporter Silistrie.

Dans ce but, le général Schilder tentait le 11 mai de jeter un pont entre les îles du Danube qu'il occupait et la rive droite. Ses pontonniers, foudroyés par l'artillerie des Turcs, étaient forcés d'abandonner ce projet.

Renforcés immédiatement par de nouvelles troupes, les Russes faisaient une seconde tentative le 16 mai. Plus heureux cette fois, le général Schilder parvenait, au prix de sacrifices considérables, à jeter son pont, et vingt mille Russes passaient sur la rive droite. En même temps un autre corps d'armée, fort également de vingt mille hommes, sortait de la Dobrutscha, forçait la ligne de Rassova, remontait le cours du Danube, et s'avançait sur Silistrie après avoir disputé le terrain défendu par les Turcs et éprouvé de grandes pertes.

Il y eut donc dès lors quarante mille hommes autour de Silistrie, et la position de cette place devenait des plus critiques. Maîtres du Danube par la possession des îles, maîtres des environs de Silistrie, les Russes pouvaient en faire le siége, mais il importait d'abord d'enlever les ouvrages extérieurs. Deux attaques eurent lieu dans ce but le 20 et le 21 sur le fort détaché de Arab-Tabia, à deux mille mètres en avant de la place, et sur les fortifications qui forment une enceinte continue plus rapprochée. Ces deux tentatives échouèrent devant la vigueur des troupes turques faisant partie du centre de l'armée d'Omer-Pacha, qui disputèrent le terrain, et devant le courage de la garnison, qui fit une sortie sous le commandement de Moussa-Pacha.

Le 28, des forces plus considérables se portaient de nouveau sur les mêmes points, et, malgré une vive résistance, parvenaient à s'en emparer et à s'y loger.

C'était un grave échec pour les Turcs, et le danger devenait de plus en plus pressant; les Russes pourraient bientôt battre la ville de très-près. Moussa-Pacha essaya de réparer cette perte; dans la nuit du 29 au 30, il fit une sortie à la tête de forces assez grandes; les Turcs se ruèrent avec fureur sur le fort et sur la partie de l'enceinte dont les Russes s'étaient emparés; dans cet espace resserré la lutte fut affreuse, les soldats combattaient corps à corps et la perte fut considérable des deux côtés. Enfin les Turcs parvinrent à reprendre la ligne de l'enceinte et le fort; mais ne pouvant garder celui-ci, ils l'ont ruiné et mis hors d'état de servir à l'ennemi, qui depuis investit la place et fait un siége régulier.

Cette nuit du 29 au 30 mai fut sanglante. Les renseignements les plus complets qui aient été donnés sont fournis par l'*Invalide russe*, journal qui se publie à Saint-Pétersbourg. Aux pertes qu'il avoue, on comprendra la grandeur de la défaite éprouvée par les Russes. Voici son article :

« L'ennemi attaqua dans la même nuit notre flanc droit. Le lieutenant général Selvane, chargé du commandement des troupes dans les tranchées, présumant d'après cette attaque que la fortification avancée faisant face à notre flanc gauche avait été laissée par les Turcs avec une très-faible garnison, résolut, sans y avoir été aucunement autorisé, de profiter de cette circonstance, qui lui paraissait favorable, pour s'emparer de ce fort.

» Dans ce but, après avoir donné ordre au général major Popoff, commandant de la 2e brigade de la 8e division d'infanterie, de venir le renforcer avec quatre bataillons, le lieutenant général Selvane conduisit à l'assaut trois compagnies du 3e bataillon du régiment d'infanterie de Poltava, le 3e bataillon du régiment de chasseurs d'Alexopol et le 1er bataillon du régiment de chasseurs de Zamosc, qui se trouvaient sous sa main.

» En un clin d'œil les troupes s'élancèrent sur le fort, passèrent vivement le fossé et même escaladèrent en partie le rempart; mais elles ne purent achever cette audacieuse entreprise en raison de l'escarpement de ce dernier. Alors le lieutenant général Selvane donna ordre de battre la retraite, et fut mortellement atteint de plusieurs coups de feu. Les hommes qui montaient à l'assaut tardant à se replier, le général major Vessélitsky, qui se trouvait auprès du lieutenant général Selvane en qualité d'adjoint, fut obligé de faire battre de nouveau la retraite, et ayant rallié les troupes, les ramena dans les tranchées.

» Dans l'intervalle le major Popoff, qui était arrivé avec sa colonne, avait chargé le général major prince Ouroussoff, de la suite de S. M. l'empereur, de mener à l'assaut le 1er bataillon du régiment de chasseurs d'Alexopol. Quelques hommes de ce bataillon, le prince Ouroussoff en tête, avaient également pénétré par une embrasure sur le rempart, mais, dans l'impossibilité d'avancer plus loin, avaient été obligés de se retirer avec les autres.

» Malgré l'ardeur des troupes et l'abnégation exemplaire des généraux et officiers, cette tentative, exécutée au milieu de la nuit, sans dispositions préliminaires et sans autorisation, ne pouvait être couronnée de succès, et il a malheureusement entraîné des pertes sensibles.

» Outre le lieutenant général Selvane, qui a payé de sa vie son imprudente tentative, les bataillons qui avaient donné l'assaut ont eu mis hors de combat 1 officier subalterne et 269 hommes tués; 1 général, 18 officiers supérieurs et subalternes et 421 hommes blessés; 1 général, 19 officiers supérieurs et subalternes et 127 hommes atteints de contusions.

» Parmi les blessés se trouvent le général major Popoff, commandant de la 2e brigade de la 8e division d'infanterie; le colonel comte Orloff, aide de camp de l'empereur, qui avait été des premiers à escalader le rempart; le colonel Kostanda de l'artillerie à cheval de la garde et le lieutenant colonel Gladysch (mort de ses blessures), commandant du 1er bataillon du régiment de chasseurs de Zamosc. »

On sait par quels moyens honteux les Russes sont parvenus à s'emparer de Varna dans la campagne de 1828-29. Si l'on en croit les correspondances, ils ont tenté la même séduction auprès de Moussa-Pacha, et lui ont offert une somme considérable s'il voulait, par des mesures concertées avec les généraux ennemis, favoriser leur approche de la place et par suite sa reddition.

Moussa-Pacha a repoussé ces propositions et a vaillamment défendu Silistrie. Malheureusement la mort l'a frappé sur les remparts, et il est tombé noblement dans une attaque des Russes. C'était le 2 juin; l'ennemi avait donné un assaut général, il attaquait les forts pendant que la flottille bombardait la ville de différents points du Danube; on se battait des deux côtés avec acharnement, lorsqu'un éclat de grenade atteignit Moussa-Pacha au flanc gauche et le renversa; quelques minutes après le général était mort.

Ce malheur ne découragea pas les assiégés. Les Russes avaient établi une mine qui, dirigée sous la première batterie du fort *Arab Tabia*, devait en sautant faire une brèche par laquelle une colonne d'attaque se tenait prête à s'élancer. Les Turcs, de leur côté, avaient établi des contre-mines, dont l'une se trouvait précisément sous le sol occupé par la colonne d'attaque; ils y mirent le feu, et elle produisit un désordre épouvantable dans la colonne. Ils en profitèrent pour faire une sortie dans laquelle ils repoussèrent l'ennemi au delà de ses retranchements, dont ils s'emparèrent. La perte des Russes dans cette journée fut considérable.

D'autres attaques eurent lieu les 5, 9 et 13 juin. Ce dernier combat fut un des plus meurtriers. Le général Schilder, qui a dirigé les opérations du passage du Danube, eut une jambe fracassée par un boulet de canon et dut être amputé le soir même à Kalarasch, où il avait été transporté. Dans une des attaques précédentes, le général en chef Paskiévitsch avait reçu une contusion et le général Gortschakoff avait été blessé.

Le 28 mai, une affaire avait lieu près de Slatina à l'extrême gauche des Turcs. Ils traversèrent l'Alouta, marchèrent toute la nuit et se trouvèrent au matin devant un corps russe de deux mille hommes : quatre charges eurent lieu; les Russes furent mis en déroute et perdirent quatre canons, qui furent amenés triomphalement à Crajova.

Telle était la position de Silistrie au milieu du mois de juin, et on annonçait que cette place pouvait tenir encore quelque temps. Il est à désirer que les forces alliées viennent bientôt à son secours. Car l'armée d'Omer-Pacha est trop faible pour la dégager, obligée qu'elle est de garder Schoumla et de couvrir la ligne des Balkans.

CHAPITRE IX.

Opérations dans la mer Noire. Rentrée des escadres. Mouillage devant Varna ; importance de ce point ; souvenirs de la dernière guerre. — Ordre de commencer les hostilités ; illuminations sur les flottes. — Affaire du *Furious*. — Bombardement d'Odessa. Rapport de l'amiral Hamelin. Croisière des escadres. État de la flotte française au 25 mai. Nicolaïef, Sébastopol, Kaffa.

I.

La mer Noire, considérée au point de vue de la guerre actuelle, doit être divisée en cinq parties :

1° Le littoral de la Turquie d'Europe allant de Constantinople aux bouches du Danube ;

2° Le littoral russe non contesté en Europe, comprenant la Bessarabie, Odessa, les côtes qui, partant de la pointe nord et allant au sud-est, embrassent le Cherson, la Crimée, Sébastopol, et le détroit de Kaffa qui mène à la mer d'Azof ;

3° Les côtes de Circassie et d'Abasie disputées par les montagnards ;

4° La Géorgie russe, placée à l'extrémité ouest du Pont-Euxin ;

5° Enfin la Turquie d'Asie, embrassant toute la rive sud de la mer Noire, de l'est à l'ouest, c'est-à-dire de Poti jusqu'à Constantinople, comprenant Trébizonde et Sinope.

La guerre est allumée sur tous ces points à la fois, la mer Noire est entourée d'un cercle de feu.

Les deux escadres de France et d'Angleterre attendaient dans le Bosphore que la diplomatie eût fini son œuvre, lorsqu'elles reçurent l'ordre de rentrer dans la mer Noire, et le 24 mars elles appareillaient, traversaient le détroit, passaient devant Constantinople, et, rangeant à leur gauche les côtes de l'ouest, allaient s'échelonner entre Constantinople, Varna, Baltchik, Kavarna et Kustendji. Elles étaient à leurs mouillages respectifs le 27, au moment où l'armée russe achevait de traverser le Danube ; elles arrivaient à propos pour sauver Varna, que l'armée d'Omer-Pacha ne suffirait peut-être pas à couvrir.

II.

Varna est une ville bulgare, à mi-chemin entre les bouches du Danube et Constantinople, au fond d'une baie profonde dans laquelle se jettent la Varna et la Shioumla ; c'est un des meilleurs ports de la mer Noire.

Dans la campagne de 1828, les Russes, maîtres comme aujourd'hui de la Dobrutscha, soutenant leur armée de terre et la ravitaillant par cur flotte, mirent le siége devant Varna, sous le commandement du prince Menschikoff, qui y fut blessé et dut être remplacé par le général Woronzoff. L'empereur Nicolas, dans le but de hâter les travaux, y arriva le 21 juillet, et bientôt, mécontent de l'impuissance de ses généraux à prendre une place qui se défendait vaillamment, attristé d'un échec, il laissa son armée continuer le siége et se retira à Odessa. A la fin du mois d'août, son quartier général était établi sur un vaisseau de ligne qui faisait partie de la flotte embossée devant la ville.

Philippe de Macédoine a dit qu'une forteresse n'était pas imprenable quand un mulet chargé d'or y pouvait monter ; la Russie a su mettre à profit ce précepte de tenter la cupidité, d'acheter la trahison qui livre la vie des soldats à ceux qu'ils doivent combattre, et ouvre aux ennemis les Etats qu'on était chargé de défendre contre eux. Deux hommes dirigeaient la défense de Varna, Yussuf-Pacha, qui en était commandant, et le grand amiral (capitan-pacha), que le sultan y avait envoyé comptant sur sa bravoure et sur sa probité. Malheureusement l'amiral n'était pas seul ; après un assaut donné le 7 octobre, et durant lequel quelques soldats russes parvinrent à pénétrer dans la place, Yussuf proposa des pourparlers à la suite desquels il ordonna à sa troupe de mettre bas les armes sans conditions.

Yussuf se rendit dans le camp russe avec ses troupes ; l'amiral s'enferma dans la citadelle avec un certain nombre de soldats restés fidèles et déterminés à suivre la fortune de leur chef : il menaça de se faire sauter et obtint une capitulation honorable.

Le 11 octobre l'empereur Nicolas faisait son entrée dans Varna.

Avant de quitter Varna, l'empereur adressait le rescrit suivant au comte de Voronzoff :

« Après avoir offert un juste tribut de reconnaissance à Dieu, qui protége la bonne cause, et qui vient de couronner les armes de la Russie d'un nouveau triomphe, je désire rendre hommage à la mémoire de mon illustre prédécesseur qui a perdu la victoire et la vie, mais non pas l'honneur, sous les murs de la même ville de Varna que nous venons de conquérir. Ici a péri, combattant sous les drapeaux du Christ, le fils intrépide des Jagellons, Wladislas, roi de Pologne. Le lieu où ses cendres reposent est inconnu ; mais c'est dans la capitale de la Pologne que je veux honorer sa mémoire d'une manière convenable. Je destine à cet objet douze canons turcs de ceux que nous avons pris à Varna. J'en fais présent à la ville de Varsovie, et je vous charge de les lui envoyer incessamment. Ces canons seront placés, d'après l'ordre de Son Altesse Impériale, dans l'endroit qu'il jugera le plus convenable, en l'honneur du héros qui n'est plus et de la brave armée russe qui a vengé sa mort. *Signé* Nicolas. »

L'événement auquel l'empereur Nicolas faisait allusion mérite d'être rapporté. Wladislas III était roi de Pologne ; c'était en 1443, les Turcs avaient conquis déjà une grande partie de l'empire grec, il ne restait aux empereurs d'Orient que Constantinople et quelques possessions environnantes ; la Valachie et la Moldavie étaient menacées, Wladislas en était suzerain et avait intérêt à les défendre ; il venait en outre d'épouser la fille d'Elisabeth, reine de Hongrie, et était devenu roi de ce pays. Cependant le sultan des Turcs, Mourad, proposait une alliance à Wladislas ; mais le pape espérait réunir l'Eglise grecque à l'Eglise latine s'il pouvait amener les princes chrétiens à secourir l'empereur Paléologue. Le roi de Pologne se laissa persuader par le légat et un peu par son ambition, et il marcha contre les Turcs à la tête des Polonais et des Hongrois, ces derniers commandés par un homme devenu célèbre, Jean Hunyade, palatin de Transylvanie.

L'armée confédérée traversa le Danube près de Smendria, Hunyade envahit la Servie, traversa les Balkans, au delà desquels Wladislas le rejoignit. Après une bataille dont l'histoire polonaise fait tout l'honneur à l'armée polono-hongroise, celle-ci revint à Ofen d'où elle était partie, et Mourad, obligé de passer en Asie afin de soumettre un vassal révolté, fit faire des propositions de paix ; un traité fut conclu à Szegeden le 12 juillet 1444 et ratifié le 15. La Valachie était réunie à la Hongrie, la Servie et l'Herzégovine étaient rendues à leur ancien prince Brankowitch. Mourad payait en outre soixante-dix mille ducats pour la rançon de son gendre, Mamoud-Tubélébi, fait prisonnier à Cunobizza.

Wladislas avait été déterminé à la paix par Hunyade et par Brankowitch, fort satisfaits des conditions, par le refus des autres princes de l'Europe de se joindre à lui et d'entreprendre une nouvelle croisade contre les Turcs, et surtout par les dangers que courait la Pologne menacée par les Tatars, et qui pressait le roi de venir au secours de sa patrie.

Cette paix glorieuse et avantageuse tout à la fois fut donc conclue ; le traité fut écrit en polonais et en turc, et confirmé par serment le 4 août. Wladislas jura sur l'Evangile, Mourad jura sur le Koran. Le sultan, persuadé que le traité serait respecté, que la paix jurée ne serait pas violée, passa en Asie.

Dix jours s'étaient à peine écoulés que le roi Wladislas se laissait persuader de recommencer la guerre, et prêtait un nouveau serment entre les mains du cardinal Cesarini, au nom de ce que la religion catholique a de plus sacré, de violer le traité juré sur l'Evangile, et de mettre le siége devant Orsova le 1er septembre. Hunyade se laissa persuader moins facilement, mais il finit par céder lorsqu'on lui promit le titre de roi et la possession de la Bulgarie après que cette province aurait été conquise ; seulement il demanda que la rupture de la paix fût ajournée jusqu'au moment où les Turcs auraient rendu les forteresses de la Servie, ce qu'ils firent loyalement en observateurs fidèles du traité. Il était difficile de montrer plus de mauvaise foi que ne le faisaient les Hongrois et les Polonais.

A peine les forteresses étaient-elles remises aux Hongrois, qu'une nouvelle armée traversait le Danube, descendait par la vallée du fleuve, envahissait la Bulgarie, Hunyade marchant en avant avec trois mille cavaliers hongrois et des troupes valaques conduites par Drakul, prince de Valachie, suivi par Wladislas roi de Pologne et de Hongrie, qui commandait ses troupes et un corps de croisés. Ces derniers, armés au nom du Christ, pillaient et incendiaient les églises grecques et bulgares.

Une flotte turque de vingt-huit voiles, destinée à agir dans le Danube, fut brûlée ; plusieurs places furent emportées d'assaut ou se rendirent ; Varna fut prise, et Wladislas, en mémoire de ce triomphe, fut surnommé le Varnanien.

Les Turcs apprirent les exploits du roi de Pologne et du palatin de Transylvanie ; Mourad, en apprenant cette trahison, quitte l'Asie avec quarante mille hommes, traverse le Bosphore sur des vaisseaux génois en payant un ducat par homme (12 francs), échappe à la flotte papale qui croisait dans les Dardanelles pour lui barrer le chemin, débarque en Europe, traverse à marches forcées les Balkans, et vient asseoir son camp à moins d'une lieue de celui de Wladislas. Sur le front de ce camp il fait creuser un fossé, et sur le revers de ce fossé plante une pique au bout de laquelle il suspend le traité violé par le roi et le palatin. Dernier appel à la justice au moment où les armes allaient juger.

Le 11 novembre 1444 les deux armées étaient en présence, et une bataille des plus terribles s'engagea. Au milieu de la mêlée, Wladislas s'élance du côté de Mourad ; les janissaires ouvrent leurs rangs et les referment. Un moment après, la tête de Wladislas était placée au bout d'une pique comme l'avait été le traité violé. Ce ne fut plus qu'un affreux massacre, il dura deux jours. Hunyade se retira à marches précipitées avec les troupes valaques qui restaient, abandonnant les Hongrois. Un butin immense tomba entre les Turcs, et dans ce butin se trouvèrent les archives de la couronne, que Wladislas avait dans ses équipages, et que l'on ne retrouva jamais. La tête de Wladislas fut envoyée à Brousse, qui était alors la capitale de l'empire ottoman.

Quelques années après, Constantinople tombait au pouvoir de

Mahomet II; et c'en était fait de l'empire grec. Wladislas n'avait que vingt et un ans, son corps ne fut jamais retrouvé; longtemps on ne crut pas en Pologne à cette fin prématurée, qui fut suivie d'un interrègne de trois ans.

Tel fut l'homme dont l'empereur Nicolas voulait honorer la mémoire, d'abord au lieu même où il était tombé pour avoir faussé son serment, puis dans la capitale de cette Pologne que son aïeule avait démembrée, et dont il devait quatre ans plus tard achever de détruire la nationalité.

III.

Sur ce rivage, les points les plus importants après Varna sont Baltchick, Kavarna, Mangolia et Kustendji.

Baltchick est un beau port, abrité contre les vents du nord, dans une vaste baie. C'est un abri bien commode, et fréquenté par les navires que menace la tempête; un port de refuge. Là se chargent en grande quantité les produits de la Bulgarie.

Kavarna n'est plus qu'une ruine faite par la guerre, et son port est à peu près abandonné; il reste près de là, au nord, une forteresse génoise sur la pointe du cap de Kalagriah. Un peu au-dessus de ce cap il y a un phare à demi ruiné dont personne n'allume plus le feu.

Mangalia a été dévastée, comme les autres villes du littoral, durant la campagne de 1828 et 1829; les Russes ont entassé ruines sur ruines, comme s'ils eussent voulu détruire tous les centres de population et de résistance. Il faudra un demi-siècle de tranquillité et de prospérité à ce beau littoral aujourd'hui désolé pour retrouver son ancienne richesse.

Kustendji est l'ancienne Tomi des Romains lorsqu'ils occupaient le Pont-Euxin; c'est là que le poëte Ovide fut exilé pour avoir vu de trop près les mystères amoureux de la cour impériale, peut-être aussi pour avoir inspiré une passion de quelques jours à une femme de la famille de l'empereur. Il y a à toutes les époques quelque chose d'analogue à la tour de Nesle, modifié suivant les mœurs du temps. De sa splendeur passée, de ses palais, de ses colonnades, de ses mosaïques, il ne reste plus que des ruines enfouies sous le sol que creuse la main des savants et des curieux pour en arracher les débris. C'est sur ce beau rivage qu'Ovide pleurait les jours écoulés, les amours oubliées ailleurs, et que la solitude lui peignait en traits de feu.

IV.

C'est dans ces parages que l'escadre attendit l'ordre de commencer les hostilités; il fut apporté le 10 avril au soir par le vapeur anglais le Banshee, et il fut accueilli par les acclamations et des transports de joie; les marins illuminèrent leurs vaisseaux durant la nuit qui suivit, et les navires marchands qui passaient au large se dirigeant vers Constantinople ou les côtes d'Arménie purent voir briller les feux et entendre les chants guerriers des matelots.

Avant que cet ordre fût arrivé, mais après la déclaration de guerre publiée, un vapeur anglais, le Furious, accompagné d'une embarcation, se présenta le 6 avril devant Odessa pour en ramener les consuls de France et d'Angleterre; il portait pavillon parlementaire, et dès lors il n'avait à redouter, d'après les lois ordinaires de la guerre, aucune agression. Cependant, soit que les Russes se trompassent sur le caractère de sa mission, ce qu'il est fort difficile d'admettre, soit qu'ils fussent décidés à violer les lois respectées par toutes les nations civilisées, dans l'espérance de se ménager un triomphe facile, ils accueillirent le Furious à coups de canon : sept boulets furent tirés sur lui.

Cette inqualifiable provocation décida les amiraux Hamelin et Dundas à prendre des mesures énergiques contre la ville d'Odessa, qui fut en effet bombardée quinze jours après. Odessa était il y a soixante ans un village tartare, qui s'appelait Adgibey; l'amiral de Ribas, suivant l'avis de Pierre Ier de se rapprocher le plus possible de Constantinople, conseilla à l'impératrice Catherine d'y bâtir une ville, sa pensée fut comprise, et Odessa s'éleva en amphithéâtre sur une colline.

L'émigration amena en Russie un homme héritier d'un grand nom, M. de Richelieu; l'empereur de Russie le nomma gouverneur d'Odessa en 1803; il y passa dix ans, y fonda les établissements publics, y organisa les services, attira le commerce par des mesures favorables. Lorsqu'en 1814 il quitta cette ville, elle avait trente-cinq mille habitants.

Odessa est le grand entrepôt des blés de la Wolhynie, de la Podolie et de la Crimée; c'est là qu'ils s'embarquent pour venir dans la Méditerranée. Mais ce n'est pas là le seul objet de son commerce; on exporte par cette ville des laines, du suif, des fourrures, des toiles à voiles, des cordages, du goudron, du fer de Sibérie venant par le Volga et le Don jusqu'à Taganrog, ou travaillé dans les fonderies de Toula, à trente-six lieues de Moscou, dont les environs abondent en minerais.

Le port d'Odessa est formé de deux môles jetés très-avant dans la mer et divisé à l'intérieur par d'autres môles plus petits. La rade est vaste et bonne. Son port peut abriter trois cents navires et comprend un port militaire et un port commercial. La population est d'environ cinquante mille habitants; elle est formée d'un quart de Russes, les autres sont des Allemands, des Anglais, des Français, des Arméniens, des Polonais et des Juifs; tous vivent du commerce, et la guerre allait porter un coup terrible à leurs intérêts.

Odessa est défendue par une forteresse et des môles fortifiés; les Russes, sous le commandement du général Osten-Sacken, y ont établi des ouvrages importants du côté de la mer et y ont réuni de vingt à trente mille hommes, les uns pour protéger leurs navires de guerre qui viendraient s'y abriter, les autres pour repousser une attaque par terre, si un débarquement de troupes alliées avait lieu.

C'est contre cette place que les escadres allaient opérer; voici sur le bombardement un extrait du rapport de l'amiral Hamelin :

« *Ville de Paris*, rade d'Odessa, 24 avril 1854.

» Monsieur le ministre,

» Les deux escadres se sont portées de Kavarna à Odessa pour exiger une réparation des autorités de cette ville au sujet de l'inqualifiable agression que les batteries du port avaient exercée contre une frégate et une embarcation anglaises portant pavillon parlementaire.

» Nos vaisseaux jetaient l'ancre le 20 avril à trois milles dans l'est d'Odessa, dont la rade est peu accessible à des escadres.

» Le 21, l'amiral Dundas reçoit une lettre datée du 14 que lui adressait M. le général baron d'Osten-Sacken, gouverneur d'Odessa.

» Cet officier général adoptait pour sa défense un système de dénégations contraires à tout ce que nous avions recueilli non-seulement de la bouche du capitaine et des officiers de la frégate canonnée, mais encore de celle des capitaines des bâtiments marchands mouillés sur la rade d'Odessa. Il ne nous restait plus qu'à sommer catégoriquement M. le gouverneur de nous donner réparation du procédé dont il avait usé à l'égard d'un bâtiment des escadres combinées.

» Le délégué de l'empereur de Russie était seul coupable d'un attentat au droit des gens : c'était donc le port impérial seul, les magasins et les navires qu'il renfermait et les batteries qui les protégeaient de leurs feux que l'amiral Dundas et moi avions résolu d'attaquer et de détruire.

» Le 21 avril au soir, le général d'Osten-Sacken n'ayant fait aucune réponse à notre sommation, l'attaque fut résolue pour le lendemain matin. Les deux frégates françaises le Vauban, capitaine d'Herbinghen; le Descartes, capitaine Darricau, réunies aux deux frégates anglaises le Tiger, capitaine Gifard, et le Sampson, capitaine Jones, arrivent à six heures et demie du matin à neuf ou dix encablures de distance devant la batterie du port impérial, qui leur envoie un premier coup de canon. Les frégates lui ripostent vivement; mais le calibre de nos bouches à feu étant plus fort que celui des batteries de l'ennemi, nos coups sont plus sûrs que les siens. Pendant que cette première lutte s'engage, le vaisseau anglais le Sans-Pareil avec la corvette à vapeur le Highflyer à la limite extrême de la portée de canon des batteries, non pour prendre part au combat, mais pour servir d'appui aux frégates engagées. Au même instant la frégate à vapeur française le Mogador, capitaine de Wailly; la frégate à vapeur anglaise la Terrible, capitaine Cleverty; le Furious, capitaine Loring, et la Rétribution, capitaine Drummont, s'approchent du lieu de l'action pour y prendre part.

» Le feu dure depuis une heure et demie lorsque la frégate le Vauban reçoit trois boulets rouges, dont un brise quelques rayons de ses roues à aubes, et les autres mettent le feu dans sa muraille à vent; les pompes sont en jeu pour éteindre l'incendie, mais vainement; un des boulets rouges a pénétré entre maille et brûle intérieurement la muraille de la frégate à petit feu. M. le capitaine de vaisseau comte Bouët-Willaumez, chef d'état-major de l'escadre, arrive alors à bord du Vauban, qui a stoppé, et prescrit au commandant de cette frégate de quitter momentanément le théâtre de l'action et d'aller mouiller au milieu des escadres, afin d'en recevoir les secours nécessaires.

» Peu de temps après, la seconde division de quatre frégates à vapeur reçoit l'ordre de venir soutenir les trois premières frégates engagées. Les obus des sept bouches tombent comme grêle sur la batterie du port impérial, les magasins et les navires, où des symptômes d'incendie commencent à se manifester. Des batteries établies sur les hauteurs d'Odessa joignent leurs feux à celui des pièces du port impérial. Non loin des frégates six chaloupes anglaises se rapprochent de ce port dans la partie nord-ouest du môle où l'ennemi n'a pas établi de bouches à feu, et lancent force fusées à la Congrève qui paraissent produire fort bon effet.

» À midi le Vauban, qui a éteint son incendie, rallie les autres frégates.

» À une heure l'incendie est complètement déclaré dans les magasins et casernes du port impérial; les toitures s'écroulent, la poudrière de la batterie de ce port saute en l'air.

» L'œuvre de destruction du port impérial marche rapidement sous les coups redoublés des frégates, qui profitent du désordre occasionné à terre par l'explosion de la poudrière pour s'avancer de deux encablures et foudroyer plus promptement une douzaine de petits bâtiments russes renfermés dans la darse. Les bouches à feu du port de commerce recommencent alors sur nos frégates un feu assez vif, auquel vient se joindre celui des mortiers établis sur les hauteurs d'Odessa. Mais les frégates n'en accélèrent pas moins leur œuvre de destruction. Un instant le feu d'une partie de ces frégates change de direction pour forcer à la retraite une batterie de campagne que l'ennemi a établie à leur droite sur la plage dont s'étaient approchées les chaloupes lançant les fusées à la Congrève. A quatre heures cette batterie, mise en déroute, s'est repliée dans l'intérieur après avoir été cause de l'incendie qu'allument les obus dans quelques maisons d'un village. Tous nos coups sont alors dirigés contre les bâtiments russes encore à flot dans le port impérial et que les flammes ne tardent pas à dévorer à leur tour vers quatre heures et demie. Bref la destruction de ce port est complète : celle de la ville d'Odessa, en ce moment à notre merci, ne tarderait pas à suivre, si nous en faisions le signal à notre escadre de bâtiments à vapeur ; mais le but que nous avions en vue est atteint complétement, et c'est au contraire le signal de cesser le feu et de rallier nos pavillons que l'amiral Dundas et moi faisons à ces bâtiments.

combat, durent se borner à enlever un certain nombre de navires marchands portant pavillon moscovite, et deux vaisseaux sur lesquels se trouvaient huit cents soldats russes qui furent faits prisonniers. La croisière n'eut à regretter que la perte du *Tiger*, frégate anglaise de seize canons, qui, par un brouillard épais, s'échoua le 11 mai, à six milles à l'ouest d'Odessa, fut canonnée et prise par les Russes. Le capitaine Giffard, qui avait pris part au bombardement d'Odessa, fut grièvement blessé sur le *Tiger*, fait prisonnier et mourut quelques jours après.

Au 20 mai, les escadres combinées étaient mouillées devant Baltchik. La flotte française se composait, au 25 mai, de 20 bâtiments sous les ordres du vice-amiral Hamelin et auxquels allait se joindre l'escadre du vice-amiral Bruat, composée de 6 vaisseaux et de 3 corvettes.

La flotte turque comptait 21 bâtiments dont 9 vaisseaux de ligne.

Les forces russes obéissaient à un plan arrêté, consistant à gagner du temps sans combattre, pendant que l'armée du Danube conti

Revue d'Omer-Pacha à Schoumla.

» Tel est le châtiment que nous avons cru devoir infliger non à la ville, mais aux autorités militaires d'Odessa en raison de l'attentat dont elles s'étaient rendues coupables à l'égard d'un de nos bâtiments portant pavillon parlementaire. Ni les trente mille hommes de la garnison d'Odessa, ni les soixante-dix canons de sa forteresse et de ses batteries n'ont pu préserver le port impérial du désastre que nous lui avions réservé en le faisant attaquer par nos frégates à vapeur.

» *Le Descartes* a reçu cinq boulets, et le *Vauban* et le *Mogador* chacun quatre ; le *Vauban* a eu à regretter deux hommes tués et deux hommes blessés par suite d'un accident arrivé à une de ses bouches à feu.

» Un pareil résultat, monsieur le ministre, atteste hautement l'immense supériorité de calibre et de tir des bouches à feu de nos frégates à vapeur sur celles de l'ennemi ; et si l'art suprême de la guerre consiste à faire beaucoup de mal sans en recevoir, jamais semblable maxime ne reçut une plus complète application.

» *Signé* HAMELIN. »

V.

Après l'affaire d'Odessa, les flottes combinées croisèrent en face de Sébastopol, de Kaffa et sur les côtes de Circassie ; quelques vapeurs détachés allèrent visiter les côtes d'Arménie ; la flotte russe se tint constamment à l'abri des formidables fortifications de Sébastopol ou dans le détroit de Kaffa ; les croiseurs, ne pouvant l'attirer à un

nuait à avancer. Elles couvraient Nicolaïef et Sébastopol, en même temps qu'elles étaient protégées par les canons de ces places.

VI.

A droite d'Odessa, en regardant au nord, le Dniéper forme à son embouchure dans la mer Noire un immense lac ou *Limen* couvert du côté du large par un long et étroit promontoire qui s'étend parallèlement au rivage, et à l'extrémité duquel est Kimburn. C'est dans ce Limen, entre le Dniéper, le Bug et près du confluent de celui-ci avec l'Ingul Weliki, que se trouve Nicolaïef, abrité des vents du sud et de l'ouet.

Nicolaïef est un grand chantier de construction de marine militaire, un des plus importants de la mer Noire ; il est en effet admirablement situé pour recevoir les bois et les matières premières, soit par la mer, soit par les trois grandes rivières près desquelles il se trouve placé, et par les nombreux affluents du Bug.

Ce port est défendu par deux forteresses avancées, celle d'Otchakoff et celle de Killbouronne ; en outre, une route stratégique, sur laquelle on a élevé des ouvrages en terre propres à recevoir des batteries mobiles, domine la ville du côté du Bug et complète sa défense.

On estime la population de Nicolaïef à trente mille âmes. Il y a là cinq grandes cales couvertes, sur les eaux de l'Ingul, abritant toujours un assez grand nombre de bâtiments en construction ; on y comptait au mois de février dernier 7 vaisseaux, 5 frégates à vapeur, 6 à voiles, 14 corvettes, bricks et avisos, plus ou moins avancés.

VII.

Sébastopol est un des plus grands établissements maritimes et une des plus fortes places qui existent. Elle est située un peu à l'ouest de la vaste pointe de la Crimée, qui s'avance dans la mer Noire comme un triangle échancré d'un côté par la baie de Sébastopol et celle d'Aloulah qui y confine. Lorsqu'on vient de l'est, il faut doubler le cap de Karadzé-Bouroun, que borde un immense récif, pour arriver à Sébastopol et aux trois ports qui sont dans sa baie. Son mouillage, de quatre milles de longueur sur un mille de largeur, est enveloppé de hauts rochers taillés à pic, dans lesquels des anses naturelles ont été utilisées pour former le port de quarantaine et le bassin de carénage des navires du commerce. L'eau y est profonde et permet aux plus grands bâtiments d'y aborder à quai.

Depuis les balises qui indiquent la passe du port jusqu'à l'entrée

de quatre-vingts pièces, battent la pointe est de l'entrée de l'arsenal.

Au nord, près du télégraphe, viennent successivement une batterie en terre, à mi-côte, de dix-sept pièces, puis le fort Constantin, de cent quatre canons; plus loin, à l'est, un fort de quatre-vingt-dix canons, et enfin au sud, sur un cap, deux batteries de trente-quatre canons croisant leur feu avec celui du cap Paul.

Les casernes, le parc d'artillerie, les ateliers de réparation des vaisseaux, sont groupés autour de l'arsenal. Toute la flotte de Sébastopol, de vingt à vingt-cinq vaisseaux, peut se mettre à l'abri dans l'arsenal, dont l'entrée, défendue par les deux forts Nicolas et Paul, peut être rendue infranchissable par une ligne de vaisseaux embossés.

Le bassin où l'on radoube les vaisseaux a été établi de manière à servir de défense au besoin. Il est situé à l'est de l'arsenal et entouré de cinq formes ou petits bassins contenant chacun un vaisseau. Ces formes sont remplies par un courant d'eau qui descend de la montagne; elles sont à écluses à sas et les vaisseaux sont toujours très-élevés au-dessus du niveau de la mer, en sorte qu'on pourrait les

Les Russes abandonnent Redoute-Calé.

de l'arsenal, sur un mille de longueur, tous les petits promontoires avancés sur la mer sont garnis de forts en pierre casematés et à double étage, ou de batteries en terre, batteries et forts dirigeant leur feu vers le port. Au nord, un fort étoilé placé sur une éminence bat la mer et les abords de la rade; au sud, un autre fort protège la ville. Un camp retranché, situé au sud, dans une bonne position, et quatre casernes fortifiées surplombant les établissements de la marine et le parc d'artillerie complètent le système de défense dont voici les détails.

En approchant de la passe, on rencontre d'abord, au sud, un fort à double rang de batteries en terre, armé de cinquante canons de gros calibre, et la batterie dite de la quarantaine, armée de cinquante et une pièce. Au sommet de la colline, à l'ouest de la baie de la quarantaine, est le fort étoilé qui dirige vers l'entrée de la rade cinquante pièces.

Sur le cap Alexandre s'élève le fort du même nom, composé d'une tour en pierre à deux étages de batteries casematées et d'un front dirigé pour battre la passe; sur la plate-forme est une batterie à barbette. Ce fort a soixante-quatre canons. Les autres forts casematés sont dans le même système.

En continuant par le sud, vient le fort Saint-Nicolas, armé de cent quatre-vingt-douze pièces, flanqué à droite et à gauche de deux forts, l'un regardant la passe, l'autre battant le parcours des vaisseaux depuis l'entrée jusqu'à l'arsenal. Derrière ce fort, les batteries Paul, armées

armer et les faire servir à la défense. On estime qu'il y a mille canons à Sébastopol [1].

Kaffa est à l'est de cette même pointe de la Crimée, un peu avant le détroit qui conduit à la mer d'Azof; c'est l'ancienne Théodosie. Son port est bon, très-fréquenté par les vaisseaux du commerce et défendu par des fortifications considérables.

Tels sont les parages où l'on croisent les deux escadres de France et d'Angleterre, les villes qu'elles ont à défendre, les fortifications qu'elles ont à attaquer.

CHAPITRE X.

Suite des opérations dans la mer Noire. — Côtes de Circassie. Comment les Russes ont préparé la conquête du Caucase. Les deux lignes d'opération. La guerre nationale. Schamyl; ses combats, ses victoires, ses revers; ses moyens d'influence. La mère de Schamyl condamnée à mort. — Voyage de Schamyl à Constantinople. — Dernières opérations dans le Caucase. — Les Russes abandonnent les forts sur toute la côte de la mer Noire. — Avenir des Circassiens.

I.

La Russie, qui touche à la Perse et à l'Arménie par la Géorgie et s'avance ainsi vers la Chine et les Indes, possède les contrées situées

[1] Les principaux éléments de ce passage relatif à Sébastopol sont empruntés à une lettre écrite de Constantinople, le 4 février, par le major Yonval, et publiée par le *Moniteur de la flotte.*

entre l'extrémité est de la mer Noire et la mer Caspienne, qu'elle a conquises sur les Tartares. Mais au cœur des montagnes qui dominent les côtes de la mer Noire et de la mer Caspienne, il est resté un peuple belliqueux cultivant des terres fertiles, se livrant à la chasse, élevant de nombreux troupeaux et qui n'a jamais obéi, depuis que l'histoire parle de lui, à aucun des peuples qui l'entourent. Bien qu'il professe en grande partie l'islamisme, il a toujours été complétement indépendant de la Turquie : il est gouverné, administré par les chefs qu'il se donne. C'est le peuple circassien, formé de diverses peuplades portant des noms différents, mais appartenant toutes à la race du Caucase.

Deux parties des montagnes habitées par cette race sont restées plus spécialement libres : celle qui suit les côtes nord-est de la mer Noire, et le Daghestan sur la Caspienne.

Vers la fin du dix-septième siècle, un chef circassien, pour défendre sa contrée, jugea prudent d'y bâtir une forteresse. Bientôt des Tatars de la Crimée et des paysans des côtes de la mer d'Azof vinrent y chercher un asile contre les exactions et les persécutions des Russes : c'est la forteresse de Soudjak-Kalessi. La possession de cette forteresse tenta le gouvernement russe, qui mit en usage les moyens ordinaires de sa politique. En 1784, la Russie conclut un traité de paix avec la Porte Ottomane et glissa dans ce traité un article déclarant que « les droits formés par les khans des Tatars sur le territoire » de la forteresse de Soudjak-Kalessi étaient à jamais abandonnés par » la Russie, qui reconnaissait ladite forteresse comme appartenant » en toute souveraineté à la Porte Ottomane. »

Or les Tatars n'avaient jamais élevé de prétention sur la forteresse, ils n'avaient pas cédé à la Russie des droits auxquels ils ne songeaient pas, et la Russie n'avait pas à les transmettre à la Turquie ; mais ce traité était habilement combiné en vue de l'avenir et semblait reconnaître la souveraineté de la Porte sur toute la Circassie. La Russie s'était emparée de Taganrog, de la mer d'Azof. En 1784 elle prit définitivement la Crimée, l'île de Taman et l'embouchure du Kouban ; en 1787, en guerre avec la Turquie et feignant de considérer la Circassie comme une province turque, elle envahit cette Circassie dont elle avait ainsi préparé la conquête. Mais le peuple de ces montagnes n'appela pas les Turcs pour se défendre, il prit les armes et lutta pendant seize ans avec un courage héroïque. Ne pouvant plus défendre la forteresse de Soudjak-Kalessi, les Circassiens y mirent le feu.

Le traité d'Andrinople, conclu en 1829 au moment où les Russes étaient aux portes de Constantinople, reconnut à la Russie la propriété de tout le littoral de la mer Noire ; l'empereur Nicolas venait d'incorporer la Circassie tout entière à son empire ; il restait à la soumettre. Des armées y furent envoyées, et alors commença une des plus rudes guerres qui aient jamais été faites.

II.

Stavropol est le chef-lieu du gouvernement russe du Caucase. Le Kouban forme avec le Térek la frontière des contrées où la guerre est circonscrite. Sur leurs bords comme sur toute la côte de la mer Noire les Russes ont établi une double ligne destinée, du côté de la mer, à les réduire, et du côté des fleuves, à arrêter leurs excursions contre les provinces méridionales.

La ligne des fleuves se compose de forteresses et de postes de surveillance. Ces postes n'ont été longtemps que des espèces de guérites élevées sur des piquets à environ cinquante pieds du sol. Deux soldats y sont en sentinelle jour et nuit. Dès qu'on aperçoit les Circassiens, un fanal allumé est placé sur la guérite ; s'ils approchent, on brûle une énorme torche de paille goudronnée, et bientôt cinq ou six cents soldats russes accourent. Ces postes sont ordinairement gardés par une douzaine d'hommes et très-rapprochés les uns des autres dans les endroits dangereux. Depuis quelques années on a remplacé les guérites par des blockhaus. De distance en distance, pour soutenir ces postes, on a élevé des forts entourés de retranchements en terre et qui ont des garnisons de quelques centaines d'hommes.

Ces postes étaient encore gardés il y a peu de temps par des Cosaques de la mer Noire, petits-fils des Zaporogues, vaincus et plus tard colonisés aux pieds du Caucase par Catherine II. Toute la population cosaque est encore assujettie au service militaire. Les hommes sont enrôlés à dix-sept ans et restent trente ou quarante ans au service. Ils servent à contenir les montagnards et sont de même occupés par eux, double combinaison qui a paru de nature à supprimer toute tentative d'indépendance.

Du côté de la mer, huit mille Russes occupaient de 1837 à 1839 les points les plus importants appelés les échelles de Chapsigua, Touaps, Waya, Choubèche (Soubâchi), Soûtcha et Ardler. En 1839, sur ces six points s'élevèrent six forteresses russes défendues chacune par vingt canons de gros calibre et par une garnison de quatre cents hommes. Ainsi les Circassiens étaient enveloppés de tous côtés et l'entière soumission du Caucase paraissait très-prochaine ; les canons dominaient la côte et l'entrée des vallées qui de l'intérieur viennent s'ouvrir sur le rivage qu'elles découpent. Les montagnards, habiles

tireurs, peuvent, dans leurs bois, dans leurs rochers, leurs ravins, lutter contre les soldats russes, mais ils étaient impuissants contre les forteresses aux épaisses murailles, aux embrasures qui vomissent la mitraille et qui sont recouvertes par des retranchements ou entourées de fossés.

Un voyageur anglais visitant le Caucase par distraction, plein d'admiration pour ce peuple qui achète son indépendance par tant de sacrifices et d'héroïsme, et sans doute désireux, comme tout bon Anglais, d'arrêter un peu les envahissements de la Russie, donne des conseils aux Circassiens, leur enseigne comment on attaque les fortifications, comment on les tourne lorsqu'on manque de canons pour les prendre de face. Une expédition s'organise dans toute la montagne sur une longueur de plus de quatre-vingts lieues : la voix court à travers le désert, les hommes isolés se rapprochent des points qu'ils doivent attaquer, se réunissent, se glissent la nuit comme des panthères à travers les bois, et de tous les côtés tombent à la fois sur les six forteresses.

Quelques jours après, les forts incendiés s'écroulaient ; les hommes qui en composaient les garnisons étaient prisonniers ou morts : l'œuvre de l'occupation était perdue, les Circassiens, animés par la satisfaction du triomphe, allaient continuer leur guerre avec plus d'ardeur. Un chant de victoire retentit dans tout le Caucase.

Impassible dans les revers, incapable de se laisser décourager, la Russie recommença. Au lieu de six forteresses couvrant quatre-vingts lieues, elle en éleva sur toute la côte, depuis la mer d'Azof jusqu'aux confins de l'Imérétie. Les principales furent celles d'Anapa, Soukoum-Kalé, Cagri, Bouka, Soubâchi, Unzula, Touaps, Psnad. En même temps qu'ils occupaient les postes d'observation et les forts, les Russes essayaient de s'avancer dans l'intérieur du pays : ils prenaient un à un les villages, les plateaux, organisant leur administration sur tous les points conquis, resserrant ainsi le cercle où les Circassiens vivaient indépendants, employant tour à tour les armes, les promesses, les séductions de l'or. Dans les villages rapprochés des cantonnements russes, les montagnards ne peuvent lutter et sont obligés de se soumettre ; mais sur les points éloignés, dans les vallées entourées de rochers, où l'on ne pénètre que difficilement, la résistance n'a pas été brisée. Elle n'est pas isolée, elle a un centre, une organisation, des chefs, et lorsque les Russes se mettent en route pour une expédition afin de porter leur drapeau un peu plus loin, de déterminer une soumission, de dissiper un rassemblement inquiétant, ils trouvent des corps qui leur disputent le passage, des villages fortifiés qu'ils battent avec le canon, dont ils sont obligés de faire le siège, et alors, de tous les sommets, de toutes les anfractuosités, de tous les arbres, pleuvent des balles ou s'élancent des hommes qui luttent corps à corps et précipitent les soldats russes dans les ravins. L'armée du Caucase, qui ne fut longtemps que de vingt mille hommes, fut portée à soixante mille au commencement de 1844, puis plus tard à cent mille.

Dans cette rude guerre soutenue des deux côtés avec énergie, dix armées russes se sont fondues et dix généraux en chef ont perdu la vie ou le prestige que des victoires passées attachaient à leur nom. Saas y a dépensé plusieurs années d'audace, de vaillance et d'adresse ; Williamineff, après sept campagnes sans résultat et des flots de sang inutilement versés, s'y trouva en 1836 acculé au Kouban, et ne parvint à sauver son armée découragée, délabrée, serrée de toutes parts, qu'en ayant recours à la ruse et au mensonge. Il annonce que des dépêches de l'empereur lui ordonnent de cesser toute tentative de conquête, de remettre l'épée dans le fourreau ; les Circassiens resteront indépendants. On hésite à le croire : les magistrats et les prêtres du pays sont convoqués, Williamineff prête un faux serment et obtient de se retirer. Quelques semaines après, renforcé par de nouvelles troupes, il rentrait sur le territoire circassien en conquérant. Les montagnards l'arrêtèrent dans sa marche et le réduisirent à l'impuissance, Williamineff fut révoqué. Raïeuski le remplaça, et reçut l'ordre de se montrer conciliant, en même temps qu'on établissait autour de la Circassie une sorte de blocus qui, ruinant le commerce, devait forcer les Circassiens à recourir à leurs oppresseurs ; Raïeuski fut battu. Fési a lutté avec une énergie incroyable, dirigeant lui-même les expéditions dans le cœur des montagnes contre les aouls des Circassiens. Grabbe a emporté d'assaut des rochers fortifiés et défendus par des hommes qui tombaient jusqu'au dernier sans céder le terrain, et cependant, après de brillantes victoires, Grabbe éprouva en 1842 la plus sanglante déroute qui eût encore marqué cette guerre. Neidhart passa sans avancer la conquête. Woronzoff arriva et reçut l'ordre de venger la défaite de Grabbe ; Woronzoff, l'un des plus habiles généraux du Caucase, fit, avec dix mille hommes, une des plus hardies expéditions, et ne revint qu'après avoir vu tomber deux de ses généraux et avoir perdu une grande partie de son armée.

III.

Au milieu de ces montagnes marquées par tant de combats, témoins de tant de morts, s'était élevé un homme que les Russes devaient trouver toujours devant eux, opposant le courage au courage, l'adresse à l'adresse, qui avait l'avantage de combattre pour le maintien de sa nationalité et l'art de s'entourer d'une sorte de merveilleux, c'était Schamyl, le chef et le prophète du Caucase.

Il est né en 1797, à Himri, dans cette dernière chaîne du Caucase qui s'avance vers la mer Caspienne et fait partie du Daghestan; il a aujourd'hui cinquante-sept ans. C'est un homme de taille moyenne, bien constitué, l'œil ardent, le regard profond. Il s'appelle Myle. Né pendant la première guerre du Caucase, il a grandi au bruit des combats et y a pris part de bonne heure. Mais il avait plus que du courage, il avait la perspicacité qui fait juger sainement d'une situation difficile et la volonté de profiter des circonstances. Les passions dominantes en lui étaient l'amour de l'indépendance de sa patrie et la haine des Russes. Il devint bientôt l'un des chefs du Daghestan.

Depuis 1797 la guerre n'avait réellement pas cessé, mais elle était poussée avec moins de vigueur depuis plusieurs années, lorsque, après le traité d'Andrinople, qui donnait une sanction aux efforts de la Russie, elle fut reprise avec plus d'activité. Myle avait alors trente-trois ans, l'âge de la force et de l'ardeur; c'est à ce moment qu'il déploie toute l'activité dont il est capable, dispute le pouvoir à des rivaux aussi ardents que lui, et finit par conquérir à peu près la suprématie. Jusque-là il n'a été que soldat, il commence alors à s'entourer d'un certain mystère, à appeler à son aide l'idée religieuse et la disposition naturelle des Orientaux pour le merveilleux. Il est entouré d'hommes dévoués, disciples favoris du prophète, serviteurs zélés du chef militaire. A ses côtés, ils combattent et meurent pour le sauver; éparpillés dans les tribus, ils emploient leur influence à faire suivre les plans du chef, à faire exécuter ses ordres. Ils lui signalent les tendances des populations. Par eux, il connaît les manœuvres des Russes, qui ne se bornent pas à combattre par l'épée, qui agissent par la séduction et achètent la soumission des villages. Ces hommes forment une espèce de corps nommé les murides. C'est alors qu'on donne au chef le titre d'iman, de scha, et que, joignant à son nom celui de sa dignité, on l'appelle Schamyl.

Rien n'égale la rapidité de ses mouvements. Il apprend que les Russes font une expédition à quarante ou cinquante lieues de l'aoul qu'il habite, il y a passé la journée, tous l'ont vu, les espions de l'ennemi le croient dans son palais à la porte duquel on monte la garde. Le lendemain le prophète est en prière, il invoque l'esprit; les murides disent qu'il est en communication avec celui-ci. Schamyl a quitté le soir le palais, seul, sur un cheval arabe aux pas légers; deux murides l'attendent à un endroit désigné; tous trois s'élancent et courent à travers les sentiers des montagnes. De distance en distance, loin des villages, des murides veillent, tenant des chevaux sellés, prêts à partir. Schamyl a couru toute la nuit, et le lendemain il apparaît au milieu des guerriers qui vont défendre les tribus menacées. On l'a vu descendre la montagne, accourir, comme s'il avait entendu la voix de ceux qui l'appelaient à leur secours. Le courage des montagnards s'accroît, s'exalte, et quand les Russes se présentent ils comprennent bientôt que Schamyl est là.

Souvent, dans cette lutte perpétuelle, les moissons des montagnards sont fauchées par les Russes, leurs arbres coupés, leurs aouls incendiés, et ils doivent refluer vers les plateaux supérieurs, emmenant leurs troupeaux, dont l'ennemi pille toujours une partie; les tribus soumises, au contraire, vivent en paix, cultivant et moissonnant à leur jour, faisant du commerce avec leurs vainqueurs. Schamyl trouve que l'exemple est contagieux, que la sûreté générale est compromise; il se met en route avec une armée, fait quelquefois cinquante lieues, arrive dans les villages soumis, ravage les jardins, emmène toute la population dans la montagne, et brûle les maisons en partant, ne laissant que des ruines aux lieux où les Russes avaient la veille un établissement important.

Cette vie aventureuse est semée de succès et de revers, comme toute carrière militaire. Schamyl a éprouvé parfois de cruelles défaites et couru de grands dangers. Il vit un jour Himri, sa patrie, prise par le général Passkoï; il vengea ce coup de main par la défaite du général et reprit la place d'assaut. Bientôt il fut lui-même assiégé par le général Fesi dans l'aoul fortifié de Tilitlai; il se défendit vigoureusement, mais la moitié de la place fut occupée par les Russes. On s'attendait à le voir fuir ou demander la paix, mais il ne fit ni l'un ni l'autre, il tint bon, maintint sa position, répandant le bruit que des nuées de montagnards arrivaient. Les Russes s'arrêtèrent, étonnés de cette audace, craignant de voir paraître bientôt des milliers d'ennemis, certains d'une victoire qui ne pouvait leur échapper, mais ne voulant pas acheter la possession d'une bicoque sans importance réelle par la mort d'un nombre considérable d'hommes. Cela se passait en 1837, Schamyl n'avait pas encore conquis la haute réputation qu'il eut depuis; sa mort ou sa capture ne pouvait pas être considérée comme un grand événement, et le général Fesi, pour éviter une effusion de sang inutile, fit proposer à Schamyl de traiter. Celui-ci accepta, et les Russes, qui voyaient arriver l'hiver dans des montagnes et des rochers qui leur offraient peu de ressources, où ils ne pouvaient s'établir et faire parvenir leurs approvisionnements qu'avec beaucoup de difficultés, quittèrent l'aoul et rentrèrent dans leurs cantonnements.

Depuis, le général Fesi prétendit que Schamyl avait fait sa soumission à l'empereur et avait promis fidélité, et dans la situation où

il était, cela paraît fort probable. Le Circassien, de son côté, fit répandre une proclamation dans laquelle il affirmait que d'un mot il avait forcé les Russes à se retirer.

IV.

Un fait assez grave vient à l'appui des assertions du général Fesi, c'est que pendant toute l'année 1838 les Russes ne firent pas d'expédition; Schamyl en profita pour affermir son pouvoir. En 1839, le général Grabbe voulut détruire d'un seul coup la puissance de Schamyl. Neuf bataillons, soutenus par dix-sept pièces d'artillerie, marchèrent sur l'aoul d'Akhulgo. Les Circassiens Tchetsenses accoururent dans l'espérance d'arrêter la colonne et furent culbutés. Schamyl vint se poster à Burtanai, sur le versant nord de la chaîne des Andis, et voulut lui barrer le passage, il fut battu; il se remit en route, tourna la chaîne, et se remit en ligne sur le versant sud des mêmes montagnes, à Arguani. Malgré cette activité, il fut encore battu, et perdit 1,500 hommes.

Il battit en retraite par l'Andi-Kossu, et alla s'enfermer dans Akhulgo avec ses murides et un certain nombre de soldats, pendant qu'un autre chef circassien attaquait encore vainement l'arrière-garde des Russes.

Grabbe s'avançait, prenant en passant les riches aouls qu'il trouvait sur sa route. Akhulgo est sur un rocher élevé, se dressant à pic sur la rivière le Koissu, qui l'enveloppe de trois côtés. Schamyl avait fortifié cette position de manière à la rendre formidable. Après l'avoir bloquée pendant plus d'un mois, dans l'espoir de prendre Schamyl par la famine, Grabbe fit donner l'assaut le 17 juillet. Les Russes furent repoussés avec une perte considérable, mais ils revinrent à la charge; et après un mois de combats, ils s'emparèrent des ouvrages extérieurs le 17 août. Alors ce fut une mêlée à outrance, sans merci, un combat affreux, où le sang coula à flots, auquel les femmes elles-mêmes prirent part. Un officier russe, acteur dans ce drame terrible, en raconte ainsi un épisode (voir Bodenstedt):

« Peu de temps avant la fin du combat, suivant le capitaine, aujourd'hui le colonel Schultz, le plus intrépide entre les braves, à la tête des débris de mon bataillon, je gravis une montée escarpée. Le feu d'en haut avait cessé. Le vent dispersait les épais nuages de fumée qui s'étendaient, comme un rideau, entre nous et la forteresse. Au-dessus de ma tête, je voyais un certain nombre de femmes circassiennes debout sur une petite plate-forme en face du rocher que nous gravissions.

» L'approche lente mais continue de nos troupes leur annonçait trop sûrement leur destinée; mais bien résolues à ne pas tomber vivantes dans nos mains, elles employaient le reste de leur énergie à détruire les assaillants. Enveloppées par la fumée qui s'éclaircissait à mesure que nous gagnions du terrain, on eût dit des furies vengeresses portées sur les nuages et semant la destruction.

» Dans la chaleur du combat, elles avaient rejeté leurs vêtements supérieurs, leurs longues et épaisses chevelures flottaient sur leur cou et leurs seins nus. Après des efforts surhumains, quatre de ces femmes parvinrent à faire rouler sur nous un vaste quartier de roche, qui passa à quelques pas de moi avec un bruit de tonnerre, et alla écraser plusieurs de mes soldats.

» Je vis une autre jeune femme, les yeux un instant fixés sur la sanglante tragédie et son immobile spectatrice, saisir soudain le petit enfant qui se tenait accroché à ses vêtements, lui briser la tête contre un angle de rocher, et le lançant avec un cri sauvage dans un précipice, s'y jeter après lui. Beaucoup d'autres femmes suivirent son exemple. »

L'aoul fut emporté, quinze cents morts jonchaient le sol, six cents hommes presque tous blessés durent se rendre; mais c'était Schamyl qu'il importait de trouver: il n'était ni parmi les morts ni parmi les blessés. On l'avait vu cependant combattre jusqu'au dernier moment. Tous les recoins de l'aoul furent fouillés, les deux rives du Koissu furent explorées et gardées; Schamyl fut insaisissable. Il est probable que quelque couloir secret, pratiqué dans le roc, connu seulement de quelques murides, lui permit d'échapper au massacre. On n'a jamais connu les détails de cette fuite, et la réapparition de Schamyl, dès le mois suivant, dans l'Itchkerie, fit une impression profonde sur les populations, qui le croyaient mort et l'accueillirent avec enthousiasme.

Dès ce moment, Schamyl change son mode de guerre, il renonce à opposer des corps réguliers aux masses des régiments russes, il fait la guerre de guerrillas, mais elle est partout à la fois, et Schamyl court d'un point à un autre avec une merveilleuse rapidité, toutefois, en renonçant aux grandes batailles, il conserve un corps permanent de cinq à six mille hommes, et organise le pays de telle sorte qu'une forte armée peut se lever instantanément à un signal donné.

La marche des Russes est partout éclairée; s'ils ne rencontrent aucun obstacle quand ils font une expédition, il n'en est pas de même à la halte ni au retour, c'est un combat perpétuel dans lequel les montagnards se sacrifient avec un grand courage et qui ruine les armées russes.

En 1842, Schamyl avait établi son quartier général à Dargo. Fatigué de cette guerre, dont tous les généraux annonçaient la fin et

qui recommençait toujours, l'empereur Nicolas envoya le ministre
de la guerre, M. de Tschernichoff, visiter le Caucase, juger de l'état
des choses et aviser aux moyens de pacifier le pays; le général Grabbe
voulut donner au ministre la satisfaction d'assister à une victoire,
et, à la tête de forces considérables, marcha contre Dargo, à travers
les forêts de l'Itchkerie. Les Russes arrivèrent sans obstacle jusqu'en
vue de l'aoul; mais alors Schamyl, et ses murides, et son armée
régulière, et toutes les guerrillas réunies s'élancèrent sur l'ennemi de
tous les côtés, avec une telle ardeur que Grabbe dut battre en retraite, laissant deux mille morts, trente-six officiers et quelques
canons.

V.

M. de Tschernichoff comprit qu'il fallait modifier la tactique suivie
et lui donner un puissant auxiliaire : bientôt les Russes ne parurent
plus animés que du désir de pacifier sans combat, ils protégèrent plus
activement les populations soumises, ils comblèrent de présents les
chefs des tribus; les chefs militaires indigènes qui servaient dans
leurs rangs reçurent des décorations, des faveurs; des propositions
furent faites aux murides : à tous les hommes qui exerçaient quelque
influence, on représenta les avantages de la pacification en appuyant
le raisonnement d'offres brillantes, et des envoyés russes se rendirent
auprès de Schamyl pour traiter de sa soumission à des conditions
avantageuses.

Schamyl a une mère dont il est adoré et pour laquelle il a beaucoup
d'amour et de respect; les envoyés russes circonvinrent madame
Myle, lui représentèrent la vie pleine de fatigues et de dangers de son
fils, la force des Russes, l'inutilité de la lutte, la certitude de la
défaite. A ce tableau fait pour effrayer une femme âgée, une mère,
ils opposèrent les avantages d'une soumission, d'un traité qui laisserait Schamyl iman d'une partie du Caucase, chef du Daghestan,
qui le ferait riche, puissant, tranquille, honoré, vivant au milieu
d'une cour brillante, remplaçant par l'éclat les agitations d'une vie
d'aventures et de périls. La vieille mère se laissa persuader, et le
soir, quand ils furent seuls, quand les murides retirés dans leurs
appartements ne purent plus entendre leur conversation, la pauvre
femme aborda la brûlante question et dit à Schamyl tout ce qu'une
mère peut dire à un fils qu'elle aime, et pour la vie duquel elle
tremble à chaque instant.

Cela se passait en 1843 : le bruit s'était répandu que plusieurs chefs
acceptaient les propositions des Russes, que Schamyl lui-même était
entré en pourparlers. Parmi les murides, quelques-uns combattaient
énergiquement ces bruits, d'autres courbaient la tête et gardaient le
silence quand on les interrogeait à ce sujet; l'armée hésitait, inquiète,
défiante; les montagnards, frémissants de colère et de haine, faisaient
entendre de sourdes menaces : c'était un moment de crise, et tout
semblait annoncer la dernière heure de l'indépendance du Caucase.

Schamyl, assis devant une table dont sa mère occupait l'autre côté,
écouta sans sourciller, sans donner le moindre signe d'émotion, ses
paroles et ses conseils; son regard calme, qui paraissait plus indifférent qu'étonné, se promena sur sa mère, puis il s'accouda sur la
table sans prononcer un seul mot, et sa tête tomba dans ses mains,
qui cachèrent son visage. Il resta longtemps ainsi. Sa mère avait passé
peu à peu de la confiance au doute; ce silence l'inquiétait, son âme
se remplissait d'une vague terreur, elle n'osait ni reprendre l'entretien ni tirer son fils de sa rêverie.

Enfin Schamyl releva la tête, son visage était animé, ses yeux brillaient d'un doux éclat; rien de joyeux, rien de cruel, mais comme
un rayon inspirateur qui serait venu les frapper. Il se leva, et regardant sa mère : Femme, dit-il, Dieu nous a inspirés tous les deux !
Il sortit et gagna son appartement.

Un quart d'heure après, un muride au turban blanc sortait du
palais, et pendant toute la nuit on aurait pu entendre les piétinements
des chevaux allant par la montagne, de tribu en tribu, et des mouvements de troupes qui s'approchaient.

Le lendemain au matin, sur le plateau entouré de bois où se trouve
l'aoul de Dargo, les chefs des tribus aux vêtements éclatants étaient
assemblés en conseil, les cavaliers accouraient par toutes les éclaircies
de la forêt, l'armée régulière était rangée en bataille, et les femmes
entouraient l'armée. Schamyl parut à cheval, escorté par ses murides,
passa devant le front des troupes et vint s'arrêter devant les chefs
des tribus. Les murides avaient jeté quelques paroles aux officiers des
réguliers, et déjà dans les rangs se manifestait un sentiment de cu-
riosité et de stupeur. Les chefs des tribus s'étaient levés devant
Schamyl.

— Juges du pays, leur dit Schamyl, reprenez vos siéges. Et quand
ils furent placés, il continua :

— Vous et moi, en combattant pour l'indépendance du Caucase,
nous avons voulu prévenir les tentatives de séduction de la part de
l'ennemi, nous avons rendu une loi qui punit quiconque transigera
avec lui, quiconque proposera de se soumettre. Cette loi ne fait
exception de personne, elle frappe le coupable partout et quel qu'il
soit.

Il s'arrêta un instant; la pâleur courait sur quelques visages, des
cœurs se serraient, des gouttes de sueur perlaient le front de plu-

sieurs des guerriers et des juges, car plusieurs avaient écouté les propositions des Russes, avaient consenti à les discuter, et n'attendaient
qu'un moment favorable pour mettre bas les armes sans danger.

Schamyl reprit : Quelque douloureux que soit le devoir que je
remplis, la loi me l'impose, et, votre chef, je donne l'exemple de
l'obéissance à la loi. On m'a proposé de me soumettre à l'empereur,
de livrer le Caucase aux Russes nos ennemis, et on m'a offert gran-
deurs et richesses si j'acceptais; la voix qui m'a parlé est la voix
d'une femme, et cette femme... c'est ma mère ! J'ai fait mon devoir,
faites le vôtre.

Et soudain il s'éloigna au galop de son cheval et alla passer en revue son armée, dans les rangs de laquelle courait un frémissement
étrange, une sorte d'enivrement; tous les regards dévoraient ce chef
qui venait de grandir encore à leurs yeux.

Madame Myle fut amenée immédiatement devant les juges. Stupé-
faite que les confidences d'une mère pussent donner lieu à une accu-
sation capitale, elle avoua tout, raconta simplement les faits sans
chercher à justifier ce qu'elle regardait comme permis d'une mère à
son fils. La loi était précise, elle punissait de mort le fait dénoncé
par Schamyl; les juges hésitèrent, se parlèrent bas, voulurent dé-
puter un des leurs vers Schamyl, s'arrêtèrent dans la crainte d'une
réponse ou dédaigneuse ou foudroyante, et enfin le président prononça un arrêt qui condamnait madame Myle à la peine de mort.

Le son des instruments annonça que le jugement était rendu.
Schamyl revint lentement vers les juges, les yeux baissés, le visage
pâle et sévère; sa mère épouvantée se jeta, un genou en terre, aux
pieds de son cheval, les bras tendus vers lui, en criant : Schamyl,
mon fils, la mort à moi! La mort! La mère tuée par son fils !

Alors Schamyl élevant la voix en regardant les murides et les
guerriers : Juges, dit-il, la sentence est juste.

Un frémissement courut dans cette assemblée haletante.

Schamyl reprit : Mais je suis votre chef, votre roi, j'ai le droit de
commuer la peine; comme roi, je commue la peine en cent coups de
verges; comme fils, j'ai le droit de prendre la place de ma mère, et
je la prends.

Et descendant de cheval, il dépouilla son riche vêtement, et ployant
le genou, il s'écria : Je m'agenouille devant la loi, frappez!

Le chaouce hésitait. Frappe! lui dit Schamyl.

Le chaouce frappa. Alors, comme par un mouvement électrique,
les juges se levèrent et s'approchèrent gravement.

— Justice est faite! s'écria le président. Prince Schamyl, remontez
à cheval et ordonnez, nous sommes prêts à vous suivre.

L'armée rentra dans ses cantonnements, les montagnards se reti-
rèrent, la foule s'écoula; quelques jours après le Daghestan tout entier se levait, et au mois de septembre, Schamyl, à la tête de dix
mille hommes, avec dix-huit canons pris à l'ennemi, forçait le district des Khasi-Kumyken, soumis depuis longtemps aux Russes, à se
déclarer contre eux, pénétrait dans le district des montagnes habitées
par les Awares, assiégeait la forteresse d'Unzula, qu'il contraignait à
se rendre après six jours de résistance, taillait en pièces un bataillon
amené en toute hâte contre lui par le lieutenant-colonel Wassilizki,
attaquait la forteresse de Chunsak, puis chargé en tête par le général
Plake qui fit une sortie, chargé par derrière par le prince Argatinski
accouru au secours de la forteresse, il se retirait en bon ordre après
avoir fait éprouver aux Russes une perte considérable.

VI.

En 1844, un voyageur français qui a dernièrement publié un livre
plein d'intérêt écrit sur les bords du Nil et en Nubie, et qui faisait
alors un voyage en Orient, rencontra sur le bateau à vapeur qui
allait des Dardanelles à Constantinople un étranger avec lequel il se
lia. L'un parlait de la France et de Paris, l'autre des montagnes de
la Circassie et de la longue guerre que les habitants de ces montagnes soutiennent contre les Russes; de la situation de la Turquie,
des intérêts de la France en Orient. C'était un homme de taille
moyenne, vif, solide, et dont l'œil trahissait l'ardeur. Il paraissait
avoir quarante-cinq ans, était vêtu à l'européenne, parlait le français
avec facilité, gardant seulement l'habitude des Orientaux de tutoyer
leur interlocuteur. Sa parole était animée, ses descriptions colorées
respiraient la poésie. Il était suivi d'un seul domestique qui parlait
arabe, dont il n'était pas possible de tirer le moindre renseignement,
et il voyageait sous un nom inconnu.

Notre voyageur, vivement intéressé par la conversation de l'étranger, s'informa qui il était auprès du capitaine du vapeur, lequel le
traitait avec un respect indiquant assez clairement qu'il le connaissait, et il apprit, sous le sceau du secret, que c'était Schamyl.

Le Circassien et le Français se lièrent assez pour que le chef de la
montagne apprît à son compagnon de voyage qu'il venait à Constantinople pour solliciter des ministres du sultan des armes et des munitions afin de continuer plus activement la guerre contre les Russes,
guerre qu'une habile politique ordonnait à la Porte Ottomane de soutenir de tout son pouvoir. Mais elle ne pouvait le faire qu'en secret,
pour ne pas s'attirer une nouvelle attaque de la part des Russes.
Schamyl faisait assez fréquemment des excursions de ce genre pour
conférer soit avec les ministres turcs, soit avec ceux qui avaient in-

Les Turcs s'emparèrent de Gallipoli en 1356, commençant par cette ville la conquête des provinces grecques. Elle s'élève en amphithéâtre, couverte de maisons en bois, bien peintes, bien luisantes, entourées de jardins et de cyprès sur lesquels pointent les minarets, et la beauté des nuits orientales donne à tout cet ensemble de flots, de verdure sombre et de flèches élancées, un aspect des plus gracieux et des plus pittoresques.

Un peu en avant de Gallipoli s'élève un phare appelé le Fanal d'Europe; sur la rive opposée brille le fanal d'Asie, destinés tous deux à indiquer l'entrée du détroit aux navires qui descendent de la mer de Marmara, l'ancienne Propontide.

C'est là, sur ce promontoire, un peu avant d'arriver à Gallipoli, que les Français ont établi leur camp pour attendre les événements et l'ordre d'aller prendre position pour s'opposer aux progrès des Russes.

Gallipoli a deux ports, tous deux très-fréquentés par les navires du commerce qui font le cabotage le long de ces riches côtes, dans la mer de Marmara et dans la mer Egée. Cette ville a des fabriques considérables de maroquin, de tissus de soie et de coton, ainsi que des filatures. Comme point stratégique, c'est une place importante.

Le camp français est établi à deux lieues de Gallipoli, sur la pente d'une colline du sommet de laquelle on découvre à la fois la mer de Marmara et le golfe de Saros : aspect grandiose et émouvant.

Les soldats du génie sont les plus rapprochés de la ville; viennent ensuite les chasseurs de Vincennes, à un endroit appelé Bokhenne, — *fontaine cachée.* — Un peu plus loin, à Boyardi-Kouyoussou, est le grand campement de l'infanterie et des zouaves.

Avant que les troupes fussent arrivées dans la rade, le gouvernement turc avait fait dresser des tentes pour un millier d'hommes, et construire quatre fours pour la cuisson du pain. Aussitôt après le débarquement, les soldats se mirent au travail et la colline offrit bientôt l'aspect le plus animé. Les uns plantaient les piquets et les lances, dressaient les tentes, fixaient les cordes, d'autres nivelaient le sol, traçaient les rues et les passages; ceux-ci bâtissaient de nouveaux fours, ceux-là les ateliers de réparation, pendant que des voitures attelées de bœufs transportaient la paille pour le coucher et le bois pour la cuisine, et que les soldats préparaient le riz et le mouton destinés à faire le pilaw.

Un employé supérieur de l'administration turque occupe au bord de la mer une vaste tente verte sur laquelle flotte le drapeau ottoman, entourée d'un groupe de tentes blanches où sont campés des soldats turcs. C'est le dépôt du matériel.

Les chemins sont en Turquie dans un déplorable état; à l'exception des grandes routes, mal entretenues, qui vont d'une ville à l'autre, on ne trouve que des sentiers souvent peu praticables; les zouaves, habitués en Algérie à tracer des routes sur le flanc des montagnes ou dans les plaines marécageuses, ont immédiatement commencé un large chemin qui va du camp à la ville, associant ainsi la pioche au fusil, l'outil de la civilisation à la machine de destruction. Il restera de leur passage un travail utile.

L'escadre du vice-amiral Bruat prêtait un concours actif à l'armée de terre; les équipages et les embarcations des vaisseaux opéraient le débarquement des troupes, des chevaux, et le déchargement des navires du commerce arrivés dans la rade; les ouvriers charpentiers, mis à la disposition du général Canrobert, exécutaient des travaux de campement, aidant ainsi à passer les premiers jours, qui ont été des jours d'épreuve sous le rapport des subsistances et du campement.

Les Anglais s'étaient établis près d'un village nommé Bulair, à la suite du camp français; bientôt une partie de leurs troupes dut partir pour Scutari, mais ils manquaient des moyens nécessaires d'embarquement; les officiers supérieurs français leur prêtèrent un concours actif et amical. Le général Canrobert mit à leur disposition ses bateaux plats, l'amiral Bruat toutes les embarcations de son escadre. Le lieutenant général Brown, qui commandait les Anglais au camp de Gallipoli, en témoigna sa reconnaissance par une lettre rendue publique.

Lord Raglan, qui commande l'armée anglaise, fut d'abord sir James-Henry-Sommerset Fitzroy; né en 1786, il a aujourd'hui soixante-huit ans. Il entra au service en 1804 comme porte-étendard dans le 4e dragons. Lieutenant en 1805, capitaine en 1808, il devint secrétaire du duc de Wellington, assista en Portugal et en Espagne aux batailles livrées contre les Français. Major en 1811, lieutenant-colonel en 1812, il eut le bras droit fracassé par un boulet à la bataille de Waterloo et fut amputé le soir même.

Nommé membre de la chambre des communes en 1818, il s'attacha à la fortune politique du duc de Wellington et par conséquent au parti tory, monta et descendit avec lui. Major général de l'armée anglaise en 1824, lieutenant général en 1833, directeur général de l'artillerie lorsque lord Hardinge recueillit la succession de lord Wellington commandant en chef de l'armée, sir Fitzroy entra alors à la chambre des lords avec le titre de baron de Raglan.

Il y a certaine analogie entre le caractère du commandant de l'armée anglaise et celui de l'amiral Napier.

La guerre contre les Russes excitait l'enthousiasme dans les provinces turques : des Cosaques Zaporogues accouraient offrir leurs services, des irréguliers de divers pays venaient demander à faire partie de l'armée. Vers le milieu de mars, on vit arriver à Constantinople plusieurs escadrons de cavaliers volontaires kurdes conduits par une femme, la veuve de leur prince.

Partout la guerre suscite des soldats que la loi n'appelle pas, des hommes amoureux de combats, de périls, ardents aventuriers à qui plaît le bruit du camp, qui ont la fièvre de la bataille. Dans toute l'Europe, ces hommes qui viennent s'offrir à combattre sont incorporés et vont se perdre dans les régiments, nourris, habillés, armés aux frais de l'Etat. En Algérie et dans l'Inde, où il y a des bataillons indigènes auxiliaires des armées française et anglaise, il y a aussi des corps d'irréguliers inscrits sur les contrôles, appelés quand on a besoin d'eux; leurs chevaux leur appartiennent; ils doivent pourvoir à leur subsistance quand ils sont dans leurs foyers; ils reçoivent les vivres quand ils sont en campagne, et en tout temps, du jour où ils sont admis, une solde assez forte pour subvenir à leurs besoins et à ceux de leurs montures. La Russie a des troupes semblables recrutées dans les khans des Cosaques et dans le Caucase. La France, l'Angleterre, la Russie les emploient contre les tribus arabes, indiennes et circassiennes. La Turquie a aussi ses irréguliers, composés surtout d'Albanais, de Monténégrins, de Grecs, de Rouméliotes; on les appelle les Bachi-Bouzouks. Ce sont en général des hommes fort indisciplinés, ardents au pillage, au meurtre, et respectant peu l'honneur des femmes.

Aux trois corps d'armée français, anglais et turc, il faut ajouter un corps de six ou huit mille Egyptiens réguliers envoyés par le vice-roi au suzerain et formant son contingent. L'avant-garde de ce corps, composée de trois bataillons de cinq cents hommes chacun, s'est trouvée engagée, dès son arrivée sur les bords du Danube, contre une masse considérable de Russes. Les Egyptiens se sont battus bravement et ont été écharpés; dix-huit seulement ont survécu à ce massacre.

Le bey de Tunis envoie également un contingent de huit ou dix mille hommes. Enfin, des Polonais ont offert de composer une légion; mais les tâtonnements qui ont marqué les débuts de la guerre ont recommencé à ce propos, et la formation des Polonais en légion a été ajournée. La Russie marche plus nettement à son but : elle arme les Grecs, elle soulève les Epirotes et les Monténégrins, elle agite la Bulgarie; dans sa main la palme de Jésus-Christ devient une épée, et la Porte Ottomane n'ose pas même donner un uniforme à des proscrits qui viennent lui offrir de combattre pour elle contre son ennemi, qui est en même temps leur oppresseur.

Il s'était écoulé près de deux mois depuis l'établissement des Russes sur la rive droite; ils bombardaient les places, et continuaient à s'avancer vers les montagnes. L'armée d'Omer-Pacha était évidemment trop faible pour les arrêter lorsqu'ils se présenteraient en grandes masses par toutes les routes; il importait donc de déterminer quelle serait l'action des troupes françaises et anglaises, et d'arrêter un plan de campagne en suite duquel les trois corps d'armée agiraient avec ensemble.

M. de Saint-Arnaud et lord Raglan, dans le but de s'entendre avec Omer-Pacha, quittèrent Constantinople le 19 mai pour se rendre à Varna. Le ministre de la guerre, Riza-Pacha, était avec eux. Les deux amiraux Hamelin et Dundas furent invités à assister à la conférence, et Omer-Pacha, de son côté, devait y arriver de Schoumla, où était son quartier général.

La réunion eut lieu le 21 mai; les forces des trois armées furent calculées, les positions à occuper, à défendre, désignées; les voies et moyens déterminés; enfin un plan général fut arrêté entre les généraux de terre et de mer, qui tous devaient concourir à son exécution. M. de Saint-Arnaud fut nommé généralissime de l'armée combinée. De Varna les trois généraux se rendirent à Schoumla et passèrent en revue les troupes d'Omer-Pacha; elles se montaient à quarante-cinq mille hommes bien disciplinés, bien disposés; mais cette force était insuffisante, soit pour débloquer Silistrie, soit pour défendre les Balkans. Lord Raglan et M. de Saint-Arnaud ordonnèrent aussitôt aux troupes anglaises de Scutari et aux troupes françaises de Gallipoli de se rendre à Varna par mer; celles-ci étaient composées des deux divisions commandées par les généraux Canrobert et Bosquet.

Le 1er juin arrivait le premier convoi de troupes des deux nations; les zouaves ouvraient la marche. Varna et Schoumla allaient devenir la base des opérations des forces combinées.

Par une déclaration datée de Baltchik, le 1er juin, les vice-amiraux Hamelin et Dundas apprennent qu'ils ont établi le blocus effectif du Danube, par suite du passage de ce fleuve par l'armée russe. Dans ce blocus sont comprises toutes les embouchures du Danube qui communiquent avec la mer Noire.

Le *Moniteur* du 18 juin notifie ce blocus.

CHAPITRE XII.

Le bilan de la guerre.

I.

Au moment où la France et l'Angleterre, unies dans l'intérêt de la civilisation, sillonnent trois océans de leurs vaisseaux, envoient leurs troupes sur les limites de l'Asie et de l'Europe, où les armées du czar et du sultan sont aux prises sur les bords du Danube, il n'est pas sans intérêt de tracer le bilan d'une année de cette guerre dont nous avons vu les préparatifs, et dont nul ne peut prévoir l'issue et surtout les conséquences. Les dépenses auxquelles les gouvernements européens sont contraints ont leur importance, leur gravité; car chaque million dépensé par la guerre, cet horrible fléau créé par les hommes, est perdu pour l'amélioration du sort des citoyens de tous les États.

L'impôt de la guerre, c'est la taxe arrachée à la famille de celui qui va répandre son sang, c'est le chemin de fer qui s'arrête avant d'avoir atteint le but, c'est l'invention nouvelle non appliquée ou attardée dans ses développements, c'est la commune sans instituteur et les enfants sans instruction, c'est la route inachevée, le chemin restant à l'état de projet au détriment de l'habitant; c'est le loyer qui s'accroît de l'augmentation de l'impôt, c'est le prix des denrées alimentaires qui s'élève en même temps que le travail diminue, c'est la navigation fluviale devenue plus difficile et dès lors plus coûteuse, parce que le lit des rivières reste ensablé; c'est la navigation maritime du commerce tout à coup arrêtée, parce que l'industrie voit fermer ses débouchés ou que les navires manquent de sécurité, de protection dans les mers lointaines, les flottes étant retenues par les nécessités de la lutte engagée.

Au point de vue matériel, il n'est pas inutile d'évaluer à quel chiffre s'élèvent les sacrifices imposés à l'Europe par l'ambition moscovite. Au point de vue politique et moral, la guerre a des effets plus désastreux encore qu'il convient d'indiquer pour l'instruction de tous, de ceux qui la provoquent et de ceux qui la subissent.

II.

La somme que coûte à l'État chaque soldat sous les drapeaux est évaluée à mille francs par an; mille hommes, un million; cent mille hommes, cent millions. Ce chiffre, au-dessus de la réalité pendant la paix, reste inférieur à la dépense réelle en temps de guerre. A ce qui suffit dans les garnisons de l'intérieur il faut ajouter la solde et les vivres de campagne, les frais de transport des hommes, des denrées, du matériel, l'organisation de la manutention, la formation des camps, l'achat des objets de campement, la construction des forges, les ateliers, les équipages de pont, les outils des pionniers, la mise au complet des batteries de siége ou de campagne, les remontes de la cavalerie, les états-majors, qui absorbent une grande partie du budget de la guerre.

La Russie a fait marcher ses armées vers le Danube des divers points de son vaste empire; des corps sont allés du nord au sud, d'autres de l'est à l'ouest, et l'on peut estimer que chaque soldat, en arrivant au bord du fleuve, aura fait en moyenne deux cent cinquante lieues; on évalue à deux cent cinquante mille hommes l'armée qui, au commencement de juin, était réunie dans les provinces moldo-valaques et la Dobrutscha; cette armée a franchi le Pruth et le Danube, elle a fortifié plusieurs points sur la rive gauche de celui-ci, autour de Bucharest, et dans l'intérieur de la Valachie; elle a livré des combats, jeté des ponts, usé ou perdu une partie de son matériel, approprié des hôpitaux à ses besoins, organisé des ambulances. Sur la mer Noire, Sébastopol, Nicolaïef et Kaffa ont été mis dans un état de défense formidable; des travaux ont été faits en Crimée et sur tous les points où l'on pouvait redouter une attaque. L'abandon des forts sur les côtes de Circassie, le délaissement des boulets, des canons, l'immersion des poudres, l'incendie de l'ameublement, constituent des pertes considérables. A celles-ci viennent s'ajouter celles qui ont été la suite du bombardement d'Odessa, dans lequel ont été détruits le port militaire, des vaisseaux, des bâtiments incendiés, et une poudrière qui a fait explosion.

Dans le golfe de Finlande, des travaux dispendieux ont été faits à Cronstadt, à Riga, à Revel, à Helsingfors, à Viborg. Les mouvements des troupes destinées à couvrir les frontières de Prusse et d'Autriche ont encore occasionné des frais importants, et l'on peut, sans crainte d'exagération, évaluer à quatre cents millions les dépenses que la Russie aura faites depuis le passage du Pruth, en juillet 1853, jusqu'à la fin de 1854.

En outre des ressources ordinaires du budget, des billets de crédit et de la réserve métallique, par deux ukases rendus le 30 janvier 1854, et depuis, l'empereur de Russie, sur la demande du ministre des finances et après examen du conseil de l'empire, a jugé nécessaire d'ordonner l'émission de huit nouvelles séries de billets, de chacune trois millions de roubles argent, soit vingt-quatre millions de roubles ou quatre-vingt-seize millions de francs.

Quelques mois après, une offrande volontaire était demandée à tous les seigneurs, les propriétaires et les commerçants de Russie; mais les bureaux de souscription ne se bornaient pas à recevoir les prétendues offrandes, les dons volontaires; ils taxaient en réalité les individus suivant leur fortune; il n'est pas possible d'évaluer exactement le résultat de cette mesure financière, mais, d'après ce qui a transpiré des procédés employés par les bureaux, il est permis de penser qu'elle a produit des sommes très-considérables.

Prise au dépourvu par une brusque agression faite au moment où la Russie protestait de la loyauté de ses intentions, de son respect pour l'intégrité de l'empire ottoman, la Turquie a dû organiser à la hâte, créer, pour ainsi dire, une armée qu'elle pût opposer à l'ennemi et qui a traversé le Danube et occupé Kalafat. Elle a complété les travaux de défense des forteresses de la rive droite, et principalement de Widdin et de Silistrie; elle a, dans les six mois qui ont précédé le passage du Danube par les Russes, ajouté de nouveaux travaux à ceux qui existaient déjà.

Le matériel des forts évacués par ses garnisons ou enlevés par l'ennemi dans la Dobrutscha, comme Matchin, Isatcha, Hirsova, constitue pour elle une perte considérable. Elle a dû réorganiser son armée d'Asie, qui, mal administrée, mal approvisionnée, était dans un état déplorable. Elle a procédé à l'armement de la flotte qui agit aujourd'hui dans la mer Noire avec les escadres combinées. A toutes les dépenses occasionnées par ces opérations, il faut ajouter la perte des vaisseaux coulés, brûlés ou maltraités à Sinope. De cet ensemble on peut conclure que la Turquie aura déboursé, depuis le jour où ses armées se sont mises en mouvement jusqu'à la fin de 1854, au moins cent cinquante millions.

III.

L'Angleterre et la France ont deux flottes organisées en peu de semaines et par conséquent dans des conditions moins favorables que dans les temps ordinaires.

L'armée de terre envoyée en Turquie par la Grande-Bretagne était fixée d'abord à vingt-cinq mille hommes, et le chancelier de l'Echiquier, M. Gladstone, dans son exposé de l'état financier présenté à la chambre des communes, le 6 mars, a annoncé que cette armée coûterait en 1854 un million deux cent cinquante mille livres sterling, soit trente et un millions deux cent cinquante mille francs. Mais cette somme ne constitue pas la seule dépense, puisqu'elle ne s'applique pas aux flottes du sud et du nord, et il faut chercher ailleurs les éléments qui doivent servir à évaluer les sacrifices que s'impose l'Angleterre. M. Gladstone a dit dans le même exposé : « Sans les frais de la guerre d'Orient, il y aurait eu un excédant de recettes d'un million six cent soixante-six mille livres sterling; en comprenant ces frais, il y aura un déficit de deux millions huit cent quarante mille livres sterling. » La dépense de la guerre est donc évaluée par le ministre anglais à quatre millions cinq cent six mille livres sterling, soit cent douze millions six cent cinquante mille francs. On ne doutera pas de la précision de cette évaluation si on se rappelle que le ministre a demandé à augmenter de moitié l'*income-tax*, ou impôt sur le revenu, pendant un semestre, ne voulant pas, a-t-il dit, revenir à des impôts récemment abolis, ni, en recourant à un emprunt, faire peser la guerre sur la postérité.

Dans la séance du 5 mai, sir James Graham, en parlant à la chambre des communes sur le budget supplémentaire que M. Gladstone devait présenter le 8, annonçait que depuis le 8 mars vingt-cinq mille hommes et deux mille cinq cents chevaux avaient été envoyés en Orient, que des arrangements avaient été pris pour transporter le double de ce nombre de chevaux, que dix-huit bateaux à vapeur et quatre-vingt-six navires à voiles avaient été engagés pour le transport des troupes avaient été engagés pour un an. Onze mille hommes avaient été ajoutés à l'effectif de la marine depuis le mois d'avril; quatorze mille hommes étaient demandés en plus pour l'armée; mais l'augmentation des dépenses portait principalement sur le service naval effectif. (Etat de guerre.)

En résumé, il prévenait la chambre que le ministère demanderait :

Pour la marine (défalcation faite d'une somme relative aux découvertes arctiques).	4,473,731 livr. st.
Pour l'armée.	300,000
Pour l'artillerie.	742,132
Total.	5,515,863 livr. st.

Soit 137,896,575 francs.

En ajoutant cette somme supplémentaire à la dépense prévue au mois de mars, on trouve que l'Angleterre a voté en 1854, pour la guerre, deux cent cinquante millions de francs.

La France a deux flottes comme l'Angleterre; elle a en Orient une armée de terre dont le chiffre n'est point encore fixé, mais qui sera suffisant pour que le drapeau français laisse de glorieux souvenirs sur les bords du Danube inférieur, où il apparaît pour la première fois. L'effectif de l'infanterie a été augmenté par l'appel des réserves; un décret du 25 avril a ordonné la formation d'un sixième escadron dans les cinquante-trois régiments de cavalerie existants; le *Moniteur* du 6 mai a annoncé la prochaine formation de deux camps de manœuvres, l'un de cent mille hommes sur le rivage de la Manche, entre Montreuil et Saint-Omer; l'autre de cinquante mille hommes près de Marseille. Le gouvernement français a prêté dix millions à la Porte Ottomane; il a remis en vigueur une loi qui accorde des secours aux femmes et aux enfants des marins de la quatrième classe appelée sous les drapeaux. Enfin, un emprunt de deux cent cinquante millions a été demandé et voté en prévision des besoins de la guerre; il se peut que cette somme ne soit pas complétement dépensée cette année; cela dépendra des événements.

IV.

L'Autriche, tout en restant neutre jusqu'à ce moment, a concentré des troupes en Transylvanie et sur les frontières de la Servie et du Monténégro; elle a couvert sa frontière du côté de la Pologne, pris des mesures pour prévenir, soit en Hongrie, soit dans le royaume lombard-vénitien, toute tentative d'agitation.

Afin de subvenir aux frais de sa neutralité armée, elle a ouvert d'abord un emprunt de cinquante millions de florins, réduits à quarante-cinq par les frais de négociation; puis au commencement de mai elle a ouvert à Francfort un second emprunt de trente-cinq millions de florins. Depuis, l'empereur a appelé sous les armes quatre-vingt-quinze mille recrues dont l'époque de service se trouve devancée.

La Prusse, en suivant jusqu'ici l'exemple de l'Autriche, en annonçant la volonté de garder la neutralité, augmente son armée, arme sa landwehr, concentre des troupes dans les provinces du Rhin, se tient prête à tout événement, et l'on a vu M. de Manteuffel demander aux chambres, le 18 mars, un crédit de trente millions de thalers, ou cent douze millions de francs.

Les deux puissances qui occupent les rives opposées du détroit du Sund, craignant que leur neutralité ne soit qu'une fiction, ont songé immédiatement à la défendre par des moyens plus puissants qu'une déclaration de rester spectatrices de la guerre. Dès le 23 février 1854, sur la demande du gouvernement, les quatre ordres de la diète de Stockholm ont voté une somme de deux millions et demi de rixdales, environ quatorze millions de francs, applicables aux préparatifs nécessaires pour le maintien et, au besoin, la défense de la neutralité. Des subsides ont été également demandés à la diète de Norvège.

Bien que moins exposé aux coups immédiats de la Russie, le Danemark a rappelé sous les drapeaux trois classes de soldats congédiés, il répare ses forteresses, met le littoral en état de défense, essaye de couvrir Copenhague.

Dans la prévision d'une lutte dans l'Europe occidentale, la Hollande et la Belgique augmentent leurs armées, se mettent en état de faire face aux circonstances. Le conseil fédéral suisse, réuni à Berne, où est le vorort, a, le 5 mars 1854, adressé aux Etats de la Confédération une circulaire par laquelle il leur rappelle l'invitation précédemment faite de tenir au complet le personnel et le matériel de l'armée fédérale, et de s'assurer de bons chevaux pour la mobilisation des contingents.

Le Piémont a dû prévoir la possibilité d'une lutte en Italie; par sa position sur les frontières lombardes, par les aspirations libérales de son gouvernement, il peut être entraîné à prendre parti; il le sait, il se prépare aux éventualités et augmente le chiffre de son armée.

V.

On peut, d'après cet aperçu, estimer que les dépenses s'élèveront à ONZE OU DOUZE CENTS MILLIONS, dépenses non pas productives, mais destinées à la destruction. Eh bien! ces millions perdus, dissipés, jetés aux vents, ne sont que la plus faible portion des sacrifices que la guerre aura imposés à l'Europe à la fin de 1854. L'Angleterre, la France, la Russie, la Turquie, pour augmenter leur marine, doivent recruter des matelots, les emprunter à la marine marchande, à la grande pêche, à la pêche des côtes, au cabotage. Voilà des navires dans l'impossibilité de former leurs équipages, condamnés à rester inutiles dans les ports; voilà les produits ordinaires de la pêche haussant de prix en raison de leur rareté, et la consommation frappée.

Le commerce de transport n'est pas moins affecté, et le prix du fret s'élève par la diminution du nombre des concurrents, et par les risques encourus par les navires que les flottes occupées à la guerre ne peuvent pas protéger contre les corsaires, ces voleurs de la mer. Tout accroissement dans les prix de revient augmente le taux de la marchandise et diminue la consommation; toute guerre ferme les débouchés de l'industrie et prive de travail un certain nombre d'ouvriers dont ce travail est la seule ressource.

Les douze nations, dont quatre prennent part à la guerre dès ce moment, dont les autres attendent l'arme au bras, en expectative, ont dû accroître leurs armées d'un nombre de soldats qui n'eussent pas été levés si la collision n'eût pas éclaté. Autant de soldats appelés sous les drapeaux, autant d'hommes arrachés à l'agriculture ou à l'industrie. On peut évaluer à cinq cent mille le nombre des hommes qui viennent grossir les contingents ordinaires, et ce chiffre sera certainement au-dessous de la réalité, si la guerre continue. Si l'on estime à cinq cents francs par an le travail de chaque homme, en prenant

une moyenne entre le travail des villes et celui des campagnes, il en résulte qu'aux pertes constatées ci-dessus il faut ajouter deux cent cinquante millions.

Ce n'est encore là qu'une faible partie des dépenses, et si l'on manque des éléments nécessaires pour apprécier exactement les autres, on peut du moins les indiquer. Ainsi il faut compter dans le bilan de la guerre les faillites des négociants en Russie, en Grèce, et sur toutes les grandes places de l'Europe; la suspension des exportations de Russie par la Baltique et la mer Noire, la cessation des envois des produits français et anglais dans le même pays, et par conséquent le chômage des manufactures; l'anéantissement du commerce par le Danube; quatre-vingts millions de pertes supportés par les provinces moldo-valaques, qui n'ont pu envoyer ni leurs blés ni leurs autres produits; le fret perdu de cent soixante bâtiments arrivés à Galatz et Ibraïla pour charger des denrées, et qui ont dû s'en retourner sur l'Est; les grains retenus à Odessa par les autorités russes; les bois de construction, les chanvres et d'autres matières premières dont deux ukases ont défendu la sortie: enfin la valeur des bâtiments capturés et des marchandises dont ils étaient chargés : toutes choses qui produisent une perturbation profonde dans les relations industrielles et commerciales.

Comment évaluer encore le prix des champs foulés par les armées en marche ou en bataille, des récoltes détruites, des arbres coupés, perdus pour une génération, des maisons abattues par le boulet ou ruinées par l'incendie, des chevaux tués, enlevés à l'agriculture, aux transports, la valeur des pillages et des dévastations? Qui dira combien de milliards va coûter à l'Europe l'ambition moscovite?

Et on ne parle pas des hommes tués ou mutilés, on ne dit pas les larmes des mères, des épouses, les douleurs, les souffrances matérielles des familles privées de ceux qui gagnent leur pain; sang versé, larmes et souffrances qui cependant doivent être comptés dans l'humanité et dont la civilisation doit gémir.

VI.

Aux pertes matérielles, au froissement des intérêts, à l'inertie forcée de l'industrie, vient se joindre le sacrifice des intérêts purement politiques, et il ne faut pas en méconnaître la gravité. Ainsi la nation anglaise demandait depuis longtemps une réforme dans sa loi électorale, dans un sens plus large, plus libéral. Les pouvoirs étaient d'accord sur l'opportunité d'une loi nouvelle, restait à fixer le jour de la discussion, car la reine, dans son discours à l'ouverture du parlement, le 31 janvier 1854, avait annoncé la présentation d'un projet de loi sur cet objet. Le 13 février, lord John Russell avait en effet proposé un bill dont la seconde lecture était fixée au 13 mars. Des abus allaient disparaître, un mode meilleur de répartition dans la représentation du pays devait donner satisfaction à de légitimes exigences, faire cesser des plaintes fondées, car la reine avait dit : « En recommandant cette matière à votre examen, mon désir est de » faire disparaître toute cause de juste plainte, d'augmenter la con- » fiance générale dans la législature et d'ajouter une nouvelle stabi- » lité aux institutions solides de l'Etat. »

Mais le ministère anglais acquiert la certitude que la guerre est désormais inévitable, et lord John Russell, se fondant principalement sur l'état des relations extérieures, demande à la chambre des communes, au nom du gouvernement, l'ajournement de cette lecture, ajournement accordé, et enfin, au mois d'avril, toujours pour le même motif, il retire le bill sans que l'on sache quand il sera présenté de nouveau.

On ne voit pas bien clairement quelle connexité peut exister entre la guerre d'Orient et le bill de réforme de la représentation anglaise. Il y aurait eu quelque grandeur dans la situation d'un pouvoir et d'un parlement qui, malgré le bruit de la guerre et l'agitation qui l'accompagne, eussent tranquillement discuté les moyens d'améliorer la constitution du pays; il eût été beau de voir les représentants du peuple anglais corriger les lois fondamentales alors que les enfants de ce même peuple défendaient ses intérêts matériels. Il est à regretter que le ministère n'ait pas compris ce qu'un pareil spectacle aurait eu d'imposant. L'ajournement d'une loi qui, dans la pensée du pouvoir lui-même, doit faire disparaître des causes de justes plaintes et ajouter une nouvelle stabilité aux institutions solides de l'Etat, peut donc être rangé parmi les maux qui naissent de l'invasion russe et prendre place dans le bilan de la guerre. Les luttes des nations sont passagères, les lois sont plus stables, et tout ajournement d'une amélioration impose une perte morale qui ne se compense jamais.

Quant à la France, le maintien de la paix eût sans doute inspiré des modifications à l'état actuel, et la guerre les ajourne.

C'est un nouveau chapitre, et ce n'est pas le moins important, à ajouter au bilan de la guerre.

Ces dernières observations ne concernent que l'Angleterre et la France, mais la guerre a bien d'autres conséquences, et celles-ci intéressent l'Europe tout entière. Par elle la perturbation est jetée dans les esprits. En voyant les manœuvres de la diplomatie moscovite, les actions en opposition avec les serments, la religion servir de moyen d'usurpation, un empereur caresser d'une main et saper de l'autre, on se demande ce que sont la foi jurée, la sainteté des promesses, la religion masquant des pensées ambitieuses, et on doute de tout ce qui doit servir de règle à la conduite des hommes.

Par la guerre les travaux intellectuels sont suspendus, et le combat est la seule chose qui intéresse.

Les idées de fraternité entre les hommes font place à des idées de haine, car on fait retomber sur les peuples les fautes de leurs gouvernements.

Ainsi les progrès de l'humanité sont attardés.

APPENDICE.

Conférence de Bamberg. — Traité entre la Porte Ottomane et l'Autriche.

Après la convention du 20 avril, par laquelle l'Autriche et la Prusse se garantissaient l'intégrité de leurs possessions allemandes et autres, l'adhésion de tout le corps germanique pouvait seule donner à ces puissances la force dont elles avaient besoin : elles firent communiquer à la diète le 24 mai un memorandum dans lequel, s'appuyant sur les intérêts généraux de l'Allemagne et sur les intérêts plus spéciaux de son commerce dans le bas Danube, elles demandaient l'adhésion des Etats à la politique suivie par elles.

Déjà il avait été arrêté que les représentants des Etats secondaires d'Allemagne se réuniraient à Bamberg le 25 mai pour examiner cette convention. La réunion eut lieu en effet, et des dissidences se manifestèrent. Quelques Etats voyaient avec peine naître l'éventualité d'une rupture avec la Russie ; d'autres voulaient des garanties du maintien du *statu quo* relativement aux possessions russes et au royaume de Grèce. Après de vives discussions, la conférence rédigea une note collective.

Cette note, dégagée d'une phraséologie méticuleuse et nuageuse, porte en substance :

Par la conclusion de l'alliance du 20 avril, les gouvernements allemands voient se réaliser l'espérance qui doit les animer et les soutenir dans les complications du moment ; cette alliance mettra au jour l'unité, la fidélité et la force de l'Allemagne pour le plus grand bien de la patrie commune. La volonté de protéger les droits et les intérêts de l'Allemagne contre toute atteinte ne peut manquer de réunir tous les membres de la confédération, mais la conférence est satisfaite de ce que la convention garantit les possessions non allemandes de l'Autriche et de la Prusse (c'est-à-dire l'Italie et la Pologne).

La conférence doute que l'Autriche et la Prusse aient fait assez en invitant la Russie à se retirer, et émettant l'avis que cette invitation ne sera complétée que si elle est adressée également à la France et à l'Angleterre. Le refus d'un côté ou de l'autre d'accepter cette invitation fournirait à l'Allemagne l'occasion d'intervenir. Elle désire sauvegarder :

L'entière liberté de navigation de toutes les eaux conduisant à la mer Noire ;

Une protection efficace et sûre des populations chrétiennes soumises à la Turquie ;

La durée inviolable du royaume de Grèce, dont la dynastie allemande a de légitimes droits aux vives sympathies de l'Allemagne.

La conférence se joint au désir d'éviter toute participation à la guerre et de contribuer au rétablissement de la paix générale. Elle a la ferme confiance que les efforts des deux puissances auront le succès espéré si elles font valoir toute l'influence de leurs Etats et de la confédération germanique dans la médiation, et offrent aux puissances belligérantes un accommodement juste et équitable pour tous.

Cette politique veut évidemment faire de l'Allemagne l'arbitre des affaires de l'Europe. Mais les représentants des Etats secondaires à la conférence de Bamberg semblent ne pas comprendre que l'Angleterre et la France ne peuvent suivre la ligne de conduite indiquée par eux. Maintenir le *statu quo* à l'égard de la Russie, ce serait ajourner le danger et non le faire cesser ; ce serait livrer la Turquie à son ennemie, qui choisirait son heure ; ce serait exposer l'Europe à de nouvelles et prochaines perturbations. Dans la séance de la chambre des lords du 20 juin, lord Clarendon a déclaré qu'il n'y avait de sûreté qu'à la condition de réduire la Russie, qui menace la paix de l'Europe et la cause du progrès et de la civilisation.

Ainsi les deux puissances occidentales ne sauraient être d'accord avec les Etats secondaires allemands ; d'un autre côté, l'Autriche a conclu le 14 juin avec le cabinet ottoman une convention par laquelle elle serait, dans un cas déterminé, appelée à occuper les principautés. L'Angleterre et la France n'ont pu consentir à ce traité qu'après s'être entendues avec l'Autriche.

Aujourd'hui 24 juin on attend les rapports sur les premières opérations des armées française et anglaise sur le Danube et la réponse de l'empereur Nicolas à une note que l'Autriche lui a adressée le 3 juin.

SIÉGE DE SILISTRIE.
Sortie des Turcs contre les Russes.

FIN DE LA RUSSIE ET L'EUROPE.

Paris. — Typ. Gaittet, rue Gît-le-Cœur, 7.